宋词一阕话古今

一典藏版一

鞠菀 著

清华大学出版社

北京

内 容 简 介

本书以宋词为主线，以史书史料、野史轶事、神话典故、诗词歌赋等为支线，将众多历史人物及其背后的故事有机地交织成一张网。

本书绝非枯燥的历史书，也非一般介绍宋词的文学书。作者在书中旁征博引，将中国古代诗词、中国社会发展史与艺术史等巧妙地融合在一起。全书气势恢宏而不失幽默，读来令人拍案叫绝、不忍释卷，是老少咸宜的休闲读物。从学龄儿童到成年人，从原本畏惧诗词与历史的人到文学历史爱好者，都能从中找到兴趣点。

图书在版编目 (CIP) 数据

宋词一阕话古今：典藏版 / 鞠菀 著 . —北京：清华大学出版社，2023.3
ISBN 978-7-302-62536-0

Ⅰ．①宋… Ⅱ．①鞠… Ⅲ．①词人－生平事迹－中国－宋代
Ⅳ．① K825.6

中国国家版本馆 CIP 数据核字 (2023) 第 017417 号

责任编辑： 陈立静
装帧设计： 杨玉兰
责任校对： 张文青
责任印制： 杨 艳

出版发行： 清华大学出版社
    网 址： http://www.tup.com.cn, http://www.wqbook.com
    地 址： 北京清华大学学研大厦 A 座 **邮 编：** 100084
    社总机： 010-83470000   **邮 购：** 010-62786544
    投稿与读者服务： 010-62776969, c-service@tup.tsinghua.edu.cn
    质量反馈： 010-62772015, zhiliang@tup.tsinghua.edu.cn
印 装 者： 三河市东方印刷有限公司
经 销： 全国新华书店
开 本： 170mm×240mm **印 张：** 20.75 **字 数：** 339 千字
版 次： 2023 年 3 月第 1 版 **印 次：** 2023 年 3 月第 1 次印刷
定 价： 69.00 元

产品编号：088806-01

再版前言

　　近世最伟大的历史学家之一汤因比说过："如果让我选择，我愿意活在中国的宋朝。"这是一个结束了唐末五代十国百年战乱、带给人民逾百年和平的时代；这是一个当时中国 GDP 占当时全球 GDP 约 70%（尽管此说法有争议）、经济繁荣、百姓安居乐业的时代；这是一个有着"不杀士大夫及言事者"传统、政治相对开明的时代；这是一个范仲淹、欧阳修、司马光、王安石、苏轼、柳永、张择端、沈括、李清照、岳飞、陆游、辛弃疾、文天祥等无数巨星次第闪耀、令人目不暇接的时代。

　　宋词，是中国文化史上的最高峰之一。与唐诗相比，宋词更自由、更细致、更深刻、更变化多端。不同于唐代因为尚无活字印刷导致的资料保存困难，宋词和词人的历史故事保存下来的原始资料较为丰富，这使得本书的史实性比《唐诗为镜照汗青》的史实性更强。

　　需要感谢的人实在太多了。首先，非常感谢广大读者一直以来的支持，使得本书能够再版。许多读者一买再买，甚至有人购买多至几十套来赠送给亲友、学生。对中国古代诗词、历史文化的喜爱，吾道不孤，令人欣慰。

　　其次，感谢清华大学出版社的信任与支持。在再版过程中，编辑张文青女士细致校订了第一版内容中的疏误，封面设计师杨玉兰女士和版式设计师陈永龙先生再次联手，为本书打造了精致秀雅的装帧设计，在此致以诚挚谢意。

最后，再次衷心感谢亲爱的读者们！

鞠 菟

2023 年 1 月

作为中国历史上武功强盛、文化繁荣、心态自信的伟大朝代，唐朝常常令人悠然神往。将近三百年间，在优越的环境中养育出的天才诗人们如同璀璨群星，让我们在仰望中目眩神迷。拙作《唐诗为镜照汗青》用一根绳子从初唐一直串到晚唐，连起了众多历史人物之间的典故轶事。

然而正如《三国演义》开篇第一句话所说，"天下大势，分久必合，合久必分"，历史的规律不因人的情感而改变，前朝败亡的旧事最终在唐朝照样重演。朱温篡唐后，中国进入五代十国大半个世纪的分裂乱世，直到赵匡胤建立宋朝，中国才在某种程度上进入新的统一时代，耿耿星河再现于文化的天空中。大宋，以其无与伦比的优雅和宽容，与大唐相比别具一格，书写了中国古代文化史上又一辉煌篇章。

宋词与唐诗是中国文学史上并峙的巍峨双峰，而宋朝那些大名鼎鼎的诗词作者彼此之间有着更为紧密有趣的关联和故事。现在就让我们沿着晚唐到五代的历史文化脉络，漫步进入宋朝这个乱花渐欲迷人眼的朋友圈吧。

鞠菟

2017 年 6 月

目录

唐朝灭亡以后，中原地区有五个政权依次更替，即后梁、后唐、后晋、后汉与后周，这一时期被称为"五代"。赵匡胤陈桥兵变、黄袍加身，欺负孤儿寡母，篡了后周，建立宋朝，结束了五代乱世。而从唐末跨越五代直到宋初，在中原政权之外，存在过许多割据政权，其中的前蜀、后蜀、吴、南唐、吴越、闽、楚、南汉、南平、北汉被统称为"十国"。这个历史阶段，就叫作"五代十国"，也可简称为"五代"。比如唐末诗人韦庄，就有人将其归为五代。

五代是一个词人迭出的时代。其中在诗词史上，最重要的角色是定都金陵、占据江淮地区的南唐。

干卿底事

南唐第一位著名词人是冯延巳，又名延嗣，字正中。他的出生比温庭筠（字飞卿）晚九十多年，比南唐后主李煜早三十多年，是一位承上启下的重要人物。晚清著名词评家陈廷焯评论道："正中词为五代之冠，高处入飞卿之室，却不相沿袭，时或过之。"虽然冯延巳与温庭筠并非同时代之人，但后人却常将他们两人联系在一起来评价。王国维在《人间词话》中说，张惠言先生（清代词人）认为温飞卿之词有"深美闳约"的意境，但我觉得这四个字只有冯正中才足以当得起。我们来看看冯延巳的名篇《鹊踏枝》：

> 谁道闲情抛掷久？
>
> 每到春来，惆怅还依旧。
>
> 日日花前常病酒，不辞镜里朱颜瘦。
>
> 河畔青芜堤上柳，
>
> 为问新愁，何事年年有？

独立小桥风满袖，平林新月人归后。

春日一派好风景，但是没有正确的人陪着，就更容易发愁，相信大家对这一点都感同身受。当然，你即使有此感受，也不敢对正陪着你的人承认，我相信你对这一点也会内心暗自同意。赏花愁，对镜也愁；家里愁，出门还愁；白天愁，夜里继续愁，只好每天借酒浇愁，"日日花前常病酒，不辞镜里朱颜瘦"，抽刀断水水更流，举杯消愁愁更愁。虽然我不大欣赏这个调调，但不得不承认这个"病"字算是将颓废美写到了极致。能在艺术的任何一个方面做到极致的人，都值得钦佩。

冯延巳的才华一流，但人品却令人不敢恭维。他历仕两朝，三度拜相，与他并列宰相之位的孙晟就很瞧不上他，讥诮他"善柔其色"去巴结君主。冯延巳作品中名气最大的，应该是这首《长命女》，正好可以作为例证：

> 春日宴，绿酒一杯歌一遍。
> 再拜陈三愿：
> 一愿郎君千岁，二愿妾身常健，
> 三愿如同梁上燕，岁岁长相见。

这首词中的"君"字有双关之意，借女子为郎君祝寿之口，实则是在为君王山呼万岁，希望自己得到长久的赏识重用，不要离开政治权力中心，所以有人说冯延巳词有明显的"臣妾心态"。如果说这种心态在《长命女》中还若隐若现的话，在《谒金门》中就一览无余了：

> 风乍起，吹皱一池春水。
> 闲引鸳鸯香径里，手揉红杏蕊。
> 斗鸭阑干独倚，碧玉搔头斜坠。
> 终日望君君不至，举头闻鹊喜。

此词不但"皱"字有双关之意，明着是说水波被风吹皱了，暗着是说心情被漫长的等待拖皱了；而且同《长命女》一样是用"君"字双关，明着写女子在春日里思念郎君而百无聊赖，心中颇有抱怨之意，暗着抒发盼望君王眷顾宠信的心情。

如果这只是一首闺怨词，那么毫无疑问是第一流的佳作，但如果考虑到这也是一首抒怀词，我们在其中就不大看得出士大夫的独立人格，只看得到一位姿态很低的臣妾。有人觉得冯延巳只是写闺怨，不见得有什么深意，那真是低估他了。

冯延巳的君王，《谒金门》的实际被献与者南唐中主李璟可是看得懂冯延巳想表达什么。有天李璟闲来无事，就问冯延巳："吹皱一池春水，干卿底事？"意思是说，就算东风吹皱了一池春水，郎君没来，但人家郎君爱去哪里就去哪里，又关你什么事！李璟和冯延巳的关系很不错，在李璟十几岁还是王太子时，二十几岁的冯延巳就开始陪伴他一起愉快地玩耍了，这个关系有点像康熙和韦小宝的总角之交。李璟这句话虽然是在开玩笑，但多少也有敲打冯延巳的深意在其中：虽然你是寡人宠信的大臣，可也没资格抱怨寡人同时宠信别人吧？别犯这种小心眼的错误。

冯延巳一看，自己写词抒怀邀宠，本来想拍个马屁，结果拍到了马蹄上，这个质问很难直接回答，干脆就不回答了，于是恭身道："微臣这句，实在远不及陛下的'小楼吹彻玉笙寒'啊！"看起来答非所问，却是给君王戴了一顶大大的高帽。李璟闻言，抬头捻须，龙颜大悦。从这个故事一方面可以看出冯延巳的机敏，另一方面也可以看出他善于逢迎的品性。俗话说"千穿万穿，马屁不穿"，可谓洞悉人性。

| 小楼玉笙 |

李璟，字伯玉，是南唐开国之君烈祖李昪（原名徐知诰，南吴大将徐温的养子）的长子。他从父亲那里继承的本来是皇帝的称号，但在日益强大的后周的威胁下，不得不削去皇帝尊号，改称"国主"，所以史称"南唐中主"。李璟也是一位著名词人，最负盛名的作品就是被冯延巳大力吹捧的这首《摊破浣溪沙》：

> 菡萏香销翠叶残，西风愁起绿波间。
> 还与韶光共憔悴，不堪看。
>
> 细雨梦回鸡塞远，小楼吹彻玉笙寒。
> 多少泪珠何限恨，倚阑干。

《摊破浣溪沙》是大家都很熟悉的词牌《浣溪沙》的变调，是在原调的上下阕最后各增加了三个字，并将韵脚移到了结尾。菡萏，如今的人不大熟悉，其实就是荷花的别名。《西游记》里观音菩萨莲花池里养大的一尾金鱼，将一枝未开花的菡萏炼成九瓣铜锤，武功高强，后来逃到通天河里成了妖精，和齐天大圣的武力值不相上下。

李璟此词描写了一位女子的悲秋之情，思念远在万里之外的鸡塞戍边的夫君。冯延巳奉承李璟的悲秋之句远超自己的思春之句，本意固然是吹捧君主，选了这句，也算是很有眼力了，因为它后来果然成为千古流芳的名句，苏东坡、王国维等名家都对其赞赏不已。有一次，王安石同黄庭坚谈论南唐的词，就说最好的便是这句"细雨梦回鸡塞远，小楼吹彻玉笙寒"了。

对于王安石的这个评价，估计今天的大多数人不会认可。纵然"小楼吹彻玉笙寒"确实上佳，但南唐绝对还有远远超出此句的好词，比如大家耳熟能详的"一江春水向东流"，那不只是南唐最好的词，还是可以排入"中国历史十大好词"之列的名作。这首词的作者就是李璟的儿子——南唐后主李煜，比他父亲的名气要响亮得多。

| 后主即位 |

李煜是李璟的第六子，原名李从嘉。按道理讲，本来君位怎么也轮不到他，因为李璟的法定继承人是皇太弟李景遂，而且李从嘉的上面还有一位非常有胆略和军事才能的长兄李弘冀。李弘冀一心想继承父亲的位置，一面在父皇面前挣表现、排挤李景遂，另一面对这个聪敏的六弟很猜忌。李从嘉为了避祸，经常不做正事，跑去江边垂钓，一混就是一整天，还写了两首著名的《渔父》，故意流传出去，以宣扬自己的遁世之心，其一是：

> 浪花有意千重雪，桃李无言一队春。
> 一壶酒，一竿纶，世上如侬有几人？

其二是：

> 一棹春风一叶舟，一纶茧缕一轻钩。
> 花满渚，酒盈瓯，万顷波中得自由。

清初诗人王士祯那首嵌入了九个"一"字的《题秋江独钓图》，很明显是从《渔父·其二》中化来的：

> 一蓑一笠一扁舟，一丈丝纶一寸钩。

一曲高歌一樽酒，一人独钓一江秋。

李弘冀一看这个六弟醉心于隐士诗人的生活，无意争夺储君之位，便不再以他为潜在敌人，转头去专心对付叔叔。通过建立战功、逼迫李景遂辞去皇太弟头衔后，李弘冀如愿入主东宫。为了斩草除根，他又派人毒死李景遂。李璟查出实情，盛怒之下废了李弘冀还没有坐热的太子之位。次年，李弘冀病逝，李璟立李从嘉为太子。这真是不争不抢，天上掉下来一个大馅饼，正好砸中李从嘉的脑袋，虽然这个馅饼可能并非他真心想要。

李璟病逝后，李从嘉即南唐国主位，改名李煜，字重光。新皇帝登基时，经常给自己改一个比较生僻的名字，一来是为了和兄弟辈拉开距离，二来是让臣民避讳起来比较方便。皇帝的名字如果太常见，会带来无数的改动工作，比如唐太宗的名里有个"民"字，从汉朝起就开始设置的"民部"便不得不改为"户部"。"煜"字是明亮的意思，加上"重光"，总之就是很光华璀璨了。给自己改成这样的名和字，大概是希望前途一片光明。

李煜在二十五岁风华正茂之时即位，此刻他的天空其实是一片阴霾的，因为亡国的危险从他即位之初就如达摩克利斯之剑般悬在头顶。之前他父亲在北方后周的强大压力下，已经去了帝号，现在李煜面对的是篡夺了后周且更加强盛、有一统天下之势的宋朝，自然更加岌岌可危。李煜对自己所处的困局无力回天，干脆纵情声色来麻醉自己。他前期的词作主要是描写宫廷生活和男女情爱，其中最有名的是这首《菩萨蛮》：

花明月暗笼轻雾，今宵好向郎边去。

刬袜步香阶，手提金缕鞋。

画堂南畔见，一向偎人颤。

奴为出来难，教君恣意怜。

大小周后

李煜十八岁还为太子时，娶了一位名叫周娥皇的妃子。娇妻常常"烂嚼红茸，笑向檀郎唾"，小日子过得那叫一个蜜里调油。李煜即国主位后，册封周娥皇为国后，史称"大周后"。李煜和大周后都沉迷于音律，夫妻俩琴瑟和谐，很有共同语言。婚后第十年，大周后病重，李煜每天早晚都来陪她吃饭，汤药也要自己先尝一下才给她喝下，有时候陪夜几个晚上都衣不解带，作为一国之君，实属难得。可惜这个"娥皇"的名字起得不好，我们知道帝尧的两个女儿娥皇和女英是二女共侍一夫，都嫁给了帝舜。父亲敢给自己的女儿起这个名字，就要做好将来两姐妹有类似命运的准备。

有一天，大周后突然发现貌美的亲妹妹出现在宫中，不禁吃了一惊："你是哪天进宫来的？"妹妹年纪尚小，不知道姐姐担心哪方面的事情，老老实实地回答道："进宫已经有几天了。"大周后一听大怒，妹妹进宫几日了，自己居然都不知道，那八成和李煜有什么不清不楚的关系，于是翻身向里睡去，一直到病逝，再也没有将脸露出来过。这段故事可不是稗官野史，而是采自陆游所撰的史书《南唐书》。大家都知道陆游是位诗人，可能还不知道他同时是位史学家。

娥皇病逝三年后，她的这位妹妹被继立为南唐国后，史称"小周后"。史书有言，小周后自姐姐逝世后就常在宫禁之中，所以后主才有"刬袜步香阶，手提金缕鞋"这样的艳词流传于外。可能李煜是想等到为亡妻的三年服丧期满，再正式立小姨子为后，那么这首词所描写的，可能就是在此之前李煜与小周后的一次私会。

熙载夜宴

虽然李煜的治国才能平平，但他并不是昏君，更不是暴君。他心地仁慈，刑罚宽松，曾经多次亲自到大理寺审案，释放了很多冤枉或者罪轻之人。遇到不得不判死刑的案子，他还忍不住为之流泪。中书舍人韩熙载为此上书道，审案这种事情嘛，自有专业的司法人员掌管，君主亲自驾临那种地方，是不合适的，您这是同情心泛滥，好心办坏事啊，应该从您的内库私房钱中罚款三百万，以资国用。李煜没有听从韩熙载的建议，但也未因受到批评和罚款的逆耳之言而对他打击报复，反而觉得他忠心耿耿、有见识，打算重用他。

韩熙载，字叔言，出身于北方的名门望族，曾经在唐朝末年得中进士，从家世到才学在乱世中都是凤毛麟角。他不但擅长诗文书画、精通音律，而且很有政治才能。李煜对于在南唐做官的北方人都心存防范，生怕他们故土情深、里通宋朝。某天有人密报李煜，当晚有多位朝中官员要去韩熙载家中聚会，对外宣称是吃饭宴乐，具体要谈些什么可就没人知道了。李煜心中疑虑，便派宫中最顶尖的待诏画师顾闳中和周文矩想办法夜入韩府，将他们的眼目所见都画下来汇报给自己。

顾闳中和周文矩这俩"人形摄像机"深夜进了韩府之中，只见灯火辉煌、高朋满座，来宾中有当年的新科状元、主管礼仪的太常博士、教坊司的管事，都是一群文艺中老年。在当红乐伎的歌舞助兴下，宾主觥筹交错，欢歌达旦。顾闳中凭借惊人的细节观察力，将韩熙载府中的整个夜宴过程看在眼里，记在心中，一回到宫里，即刻凭着记忆挥笔作画，完成了一幅《韩熙载夜宴图》。图中一共描绘了五个不同的场景，每个场景的主角都是韩熙载，将他在不同场景中的表现细致生动地勾画出来，包括他兴起时亲自挽袖击鼓的情景。李煜看了画，原来韩熙载只是喜欢醇酒、音乐、妇人，并没有背着寡人在和大臣们密谋什么，戒心一下子就减了不少。之后韩熙载在南唐累官至中书侍郎、光政殿学士承旨，一直是被李煜信任的近臣，并且得以善终。

画师周文矩同样也绘制了一幅图上呈后主，所以其实当初《韩熙载夜宴图》一共有两幅，但周文矩所作的那幅已经失传，今天我们能见到的只剩下顾闳中的作品。这是中国古代十大传世名画之一，也是顾闳中唯一的传世作品（有观点认为此画为宋人摹本），现在被完好地收藏于北京故宫博物院，1990年还为它出过一套五张的邮票。

有人说每幅画中的韩熙载都没有笑容，说明他心事重重、韬光养晦，内心世界矛盾复杂，这种评论在我看来很不靠谱。精明的韩熙载不会没有注意到来宾中多了两位不请自来的宫廷画师，大智若愚的他若想故意表现得沉湎声色、毫无政治野心，一定会以愉快的精神面貌展现出对领导的满意和忠诚，而不是以苦哈哈的脸庞表现出对生活的苦大仇深。其实如果你仔细观察《韩熙载夜宴图》，就会发现画中每个人物脸上都没有笑容，所以我猜画中人物不笑是大部分中国古代画师的作画习惯而已。

无论是韩熙载还是李煜，都没有扶大厦之将倾的本事。宋太祖赵匡胤攻灭南汉之后，李煜慑于宋朝的威势，"唐国主"也不敢叫了，进一步去了"唐"的国号，改称"江南国主"。三年之后，宋太祖遣使至南唐，诏李煜入京"祭天"。李煜当然深知此行凶险，对宋朝使者推辞说："寡人体弱多病，受不了舟车劳顿，只怕会客死途中。之所以愿意屈节侍奉上朝，只希望得以保全祖先宗庙，想不到事情竟然发展到这样，那也唯剩一死了。"

第二章

最是仓皇辞庙日 人生长恨水长东

做完一轮外交试探后，宋太祖心知对李煜不来硬的不行，便派大将曹彬统兵十万，进攻南唐。

江南群臣一看宋军来势凶猛，很多人劝李煜不如投降。李煜大怒道："你等可知宋国灭蜀时，花蕊夫人所作之诗？"原来后蜀主孟昶有一位特别宠爱的费贵妃，因其美貌而号"花蕊夫人"，与卓文君、薛涛、黄娥并称蜀中四大才女。十年前赵匡胤发兵数万入蜀，孟昶坐拥十四万大军，而且背靠坚城雄关，居然不战而降。孟昶和嫔妃一行俘虏被送到汴京，自然有不少迂腐之人认为花蕊夫人是红颜祸国。据说赵匡胤久慕花蕊夫人绝色倾国而且善于作诗之名，立即将她纳入自己的后宫，还命她作诗一首，想看看是否名副其实。花蕊夫人当堂做了一首七绝，即《口占答宋太祖述亡国诗》：

> 君王城上竖降旗，妾在深宫那得知？
> 十四万人齐解甲，更无一个是男儿！

┃卧榻之侧┃

众臣听到李煜说了花蕊夫人此诗，都闭口不敢再劝。李煜决计不降之后，便高筑城墙，收聚粮草，坚壁清野以备战。此时长江下游的邻居吴越王钱俶在宋太祖的要求下出兵进攻南唐的常州、润州，以策应宋军的攻势。李煜急得修书一封送与钱俶："今日无我，明日岂有君？一旦明天子易地赏功，王亦大梁一布衣耳。"所谓"异地赏功"，意即将来宋廷必以升赏钱俶为名召他入京，行软禁之实，这是以"唇亡齿寒"之说晓以利害。钱俶哪会不懂得这些粗浅道理？不过是眼看宋朝兵强马壮、君臣同心，一统天下之势已成，再苦撑也是无益，只能两害相权取其轻罢了，早已拿定主意归顺宋朝，所以并不答复李煜，只是将来信转呈宋廷。

山河碎闺诗讽三军

南唐在两面夹攻之下节节败退，曹彬兵至金陵城下，将城池四面团团包围，水泄不通。退敌无计的李煜赶紧派遣以能言善辩著称的大臣徐铉出使宋朝，进贡大批钱物，谢罪道："我们江南事奉大宋，礼节一直甚为恭谨，只是因为国主身体有恙，一时无法胜任来朝贺的义务，并不是敢于拒绝。"徐铉恳求大宋缓兵，以保全江南一方百姓的性命，言辞十分恳切。宋太祖说不过他，懒得再用外交辞令绕来绕去，干脆拔剑而起，直截了当地说："此不须多言，江南又有何罪！但是天下一家，朕的卧榻之侧，岂容他人鼾睡乎？"自此，"卧榻之侧岂容他人鼾睡"这个最长的成语就面世了。徐铉听后，不敢再发一言。

南唐百姓的幸运是，敌军主帅曹彬是以仁恕闻名的宋朝开国名将。在长期的围城中，曹彬常常有意放缓攻势，并且派人入城劝说李煜："天下大势已定，你内无粮草、外无救兵，城破是早晚的事情。纵然你誓死不降，只可惜了这一城的百姓都要为你殉葬。及早归降，才是上策啊！"李煜答应了投降，却又迟迟不行动，显示出极低的决断能力。

眼看金陵城中箭尽粮绝，即将被攻克之时，宋军主帅营帐中突然传出消息：曹彬病重，不能处理事务。诸将赶紧前来探望，躺在床上的曹彬见手下大将都聚齐了，便撑起身体，气喘吁吁地说："我这个病嘛……咳咳……乃是心病，可不是草药针灸能治好的。只要诸公诚心立誓，克城之日，不妄杀一人，我的病嘛……咳咳……就会自动痊愈啦！"

诸将见曹彬如此拼演技，只能面面相觑。这些将领的士卒已经死伤无数，在城外熬了一年，本来只想等破城后大大纵容手下烧杀掳掠一番，现在不得不答应曹彬，一起焚香立下重誓。第二天，曹彬便宣告自己的病情在众将的关怀下迅速好转。第三天，宋军攻陷金陵，时年三十九岁的李煜与大臣数十人一起被俘。

沈腰潘鬓

李煜按照亡国之君投降的惯例，率领几十位大臣，脱光上衣，跪在曹彬的军营外，这种屈辱的仪式叫作"肉袒出降"。完成这个必需的环节后，曹彬改以贵宾之礼相待，温言安慰，并请李煜返宫整装，只派了几个骑兵等在宫门外。

曹彬的部下暗地劝说他："您辛苦围城一年，好不容易捉住一个活的李煜，这是天大的功劳啊！就应该对他严加看管，赶紧送回京师献捷。现在放李煜回宫，万一他想不开自杀了，那可怎么办？"曹彬微笑答道："李煜为人一向懦弱，遇事不果断。他若想要自杀,城破时早就玉石俱焚了,何必等到今日?如今既已投降,就一定不会自杀。"

不出曹彬所料,李煜匆匆换好衣装、拜辞宗庙后,依约赶回曹彬军营,随后便踏上了北上汴京的俘虏之路。他在不久之后写下的名篇《破阵子》,就是对这段不堪回首的往事的记忆:

> 四十年来家国,三千里地山河。
> 凤阁龙楼连霄汉,玉树琼枝作烟萝,
> 几曾识干戈?
>
> 一旦归为臣虏,沈腰潘鬓消磨。
> 最是仓皇辞庙日,教坊犹奏别离歌,
> 垂泪对宫娥。

南朝史学家沈约晚年时身体状况不佳,形容自己消瘦得每过几个月就要把腰带移一个孔,后人就用"沈腰"指代人日渐消瘦。放在今天,沈约会是很好的瘦身产品代言人。读到这里,说不定你正在会心一笑,因为自己每隔几年腰带也会移一个孔,不过是方向相反而已。西晋文学家潘岳说自己刚过而立之年就出现了白发,后人就用"潘鬓"指代中年白发。李煜描绘了自己做俘虏后的生活,像沈约一样迅速消瘦,像潘岳一样早生华发,都是因为心境低沉的缘故。

这位潘岳,字安仁,就是我们耳熟能详的大帅哥潘安。他年轻时手拿弹弓走在京城洛阳的大街上耍酷,年轻女孩们会一哄而上,手拉着手组成天罡北斗大阵,拦着不让他过去,好多欣赏一会儿盛世美颜。潘安后来就坐车出行,心想这下你们拦不住了吧。那些大姑娘小媳妇们碰不到他,就将手中的水果往他车上丢,让水果代替自己和男神来一个亲密接触,搞得潘安每次坐车回家都是满载而归,家中从来不需要花钱买水果,想吃了就驾车出去兜风,这个典故叫作"掷果盈车"。平话小说里才貌双全的男子登场时,常出现"才如宋玉、貌比潘安"之类的话,这是古人评价男神时的惯用语。

当时有位还没有成名的才子,名叫左思。他看潘安那么受欢迎,便学人家的样子,在洛阳的大街上巡游,结果那些大姐大妈们一看,长得这么丑不是你的错,可出来吓人就是你的不对了。只听得数声娇叱,无数的水果,哦,不对,是无数的石块呼啸着破空而至,左思只能狼狈逃回家,闭门不出。

痛定思痛，既然拼不过颜值，就只能拼文才了。于是他苦思冥想，花十年时间写了一篇《三都赋》，将三国时魏都邺城、蜀都成都、吴都金陵均写入赋中。著名文学家陆机正巧也打算写一篇《三都赋》，听说左思已经先动笔了，很是不以为然，在写给弟弟陆云的信中说："洛阳城里有个不知天高地厚的家伙，居然和我抢着写《三都赋》，我估计他写成的纸稿只配拿来给我盖酒坛子。"没想到左思的作品大受好评，风靡京城文化界，大家纷纷买纸传抄，将文具店囤积的纸张一扫而空，供少求多，导致纸价飞涨，这个典故就叫作"洛阳纸贵"。

陆机看左思一炮而红，也不得不派佣人去抄了一份回来仔细阅读。他一边读一边连声叹道："此人文章竟能如此，实在令人意想不到！"他评估了一下，如果自己再写一篇《三都赋》，绝无可能超越左思，便搁笔不写了。无数的历史经验告诉我们，来自女人的挫折，常常是一个男人成大器的催化剂。所以，正在看本书的失恋男青年们，恭喜各位了。

| 中流砥柱 |

别人可能是颜良而文丑，左思是颜丑而文良，他靠着这篇名动天下的《三都赋》，与潘安一起混进了著名土豪石崇的圈子。共有二十四位文艺青年，经常混迹于石崇的金谷园中，日日纵酒，吟诗作赋，人称"金谷二十四友"。这个圈子里除了斗富小霸王石崇、美少年潘安、丑才子左思、名门之后陆机，还有两位不可不提的人物。

第一位要提的是陆机的弟弟陆云。他和哥哥同为著名文学家，后世若有兄弟在文学上齐名的，常被拿来和陆机、陆云相比，直到被后来更拽的一对兄弟苏轼、苏辙所超越。陆氏兄弟的父亲是东吴名将陆抗，当年晋朝统一天下的奠基人羊祜曾说，咱们得等到陆抗逝世，发动灭吴之战的时机才会到来。他们的祖父，是大名鼎鼎的陆逊，在夷陵之战中大败以倾国之兵前来为关羽、张飞报仇的蜀帝刘备。

在那个著名的"周处除三害"的故事里，周处知道乡里特别厌恶自己之后，便去向陆机、陆云求教。当时陆机不在家，周处见到陆云，以实情相告后问道："我对年轻时的轻浮很后悔，想修养操行，但是现在年纪已大，恐怕来不及了。"陆云摇头指出周处的错误："古人早上听懂道理，晚上就改正过失。你应该担心的是没有志向，现在既然有了志向，又何必忧虑美名不能彰显呢？"受到陆云激励的周处回去后便发愤好学，磨砺意志，很快就变得既有文才，又仁义刚烈，终于成为一代忠臣名将，更成为无数后人的励志楷模。

劝人回头向善，是陆家兄弟的必杀技，《世说新语》里就记载了一个"戴渊投剑"的故事。有一次，陆机坐船出行，在湖上被一伙盗贼围困，远远看见对面船中的强盗头子戴渊器宇轩昂、指挥有方，便朗声道："如今四方扰乱，正是大丈夫沙场杀敌、建立功名的时候。我看你气度不凡，奈何在此为盗呢？"对方幡然醒悟，扔掉剑，投靠了陆机，后来果然投军报国，一直做到征西将军，都督北方军事，位在祖逖之下。

第二位要提的是刘琨。刘琨年轻时与祖逖一起担任司州主簿，是做文字工作的同事。两人都是理想远大的有志青年，友情深厚，经常同床而卧，慷慨激昂地谈论国家大事，以在乱世中报国救民为己任。有一天半夜，祖逖睡得迷迷糊糊时，听到雄鸡鸣叫，就叫醒刘琨："听，半夜鸡叫哦！"刘琨皱眉道："大家都说，听到半夜鸡叫不吉利。"祖逖摇头："有什么不吉利的！这是叫醒我们起床练武，准备报效国家啊！"便拉着刘琨起床练剑。后来，每天夜里只要听到鸡鸣之声，两人就早早起来舞剑练习，寒来暑往，从不间断，终于练得一身钢筋铁骨、文武全才。这个典故就叫作"闻鸡起舞"。

两人各奔前程后，依然互为激励。刘琨在给家人的信中写道："在现在这种国家危难的时刻，我经常枕着兵器睡觉，等待天明，立志击败敌寇，就担心祖逖比我先挥鞭催马啊！"这便是成语"枕戈待旦"和"先吾著鞭"的出处。刘琨后来一直做到司空的高位，都督并、冀、幽三州的军事，在沦陷的中原，以晋阳为据点，坚守十年，为东晋成功抵御了刘渊建立的前赵。

而祖逖被授为豫州刺史，率部北伐。当他北渡长江，船至中流之时，望着面前滚滚东去的江水，想到国家山河破碎、百姓生灵涂炭，忍不住热血沸腾，敲着船楫朗声发誓："今日大江作证，我祖逖若不能扫清中原、恢复失地，绝不重回江东！"这个豪气干云的典故，便叫作"中流击楫"。祖逖的部队纪律严明，各地人民望风响应，数年间就收复了黄河以南的大片土地，使得后赵石勒不敢南侵，祖逖最终因功晋封镇西将军。文天祥的《正气歌》有一句"或为渡江楫，慷慨吞胡羯"，就是在说祖逖的这个故事。在五胡乱华的大乱世中，刘琨与祖逖两人都成了东晋的柱石之臣。

"金谷二十四友"中的很多人都在"八王之乱"中死于非命。小人得志的孙秀向石崇索要美女绿珠未果，怀恨在心，诬陷石崇为乱党，夷灭其三族，这个故事我在拙作《唐诗为镜照汗青》中讲过。作为好友的潘安也与石崇死在一起。三年后，陆机、陆云兄弟被小人陷害而死。乱世之中，无论你拥有的是巨富、美姬还是高才，都可能成为取祸之道。

| 烛影斧声 |

让我们回到李煜。李煜君臣和金陵全城的百姓，最终在曹彬的仁心之下得以保全性命。宋军众将士自出兵到班师都很畏服统帅曹彬，不敢滥杀江南一人，这在自古以来的征服战争中是非常罕见的。曹彬奏凯回朝，入宫觐见天子时，名帖上写的不是"赖陛下天威攻灭盘踞江南四十年之南唐凯旋班师"之类的套话，而是平平淡淡地写着"奉敕江南勾当公事回（奉令到江南办事回来）"，就是这么谦恭。

因为李煜是被围城一年，城破被俘之后才投降的，比起主动献土归宋的吴越王钱俶来说太没眼色，宋太祖封他为"违命侯"。虽然封号带有侮辱性，但赵匡胤毕竟算是仁厚之君，并没有打算从肉体上消灭李煜的意思。可惜李后主才过了不到一年好死不如赖活着的平静日子，宋朝就发生了惊天动地的大事。

宋太祖赵匡胤和弟弟赵光义饮宴谈心至夜半，所有太监宫女都被屏退，两人共宿宫中，再无第三者在场。据说当晚有人在窗外看见烛影摇曳，听见斧声破空。翌日清晨，一向身体健康的赵匡胤突然被宣布"暴病驾崩"。第三天，晋王赵光义即位（庙号太宗）。这就是宋朝第一谜案"烛影斧声"。关于这件疑案的前前后后，有各种不同版本的记载，仔细分析起来的话足可以写一本厚书。多数历史学者认为，赵光义并未弑兄。

宋太祖死得太突然，没有来得及留下遗诏。为何按照兄终弟及的方式传位于弟弟，而不是按照父死子继的方式传位于儿子赵德昭或赵德芳（赵德芳就是演义小说《三侠五义》《杨家将》中鼎鼎大名的八贤王）呢？拖了多年之后，官媒终于对此作出了解释，据著名宰相赵普所说，事情是这样的。

赵匡胤、赵光义的母亲杜太后临终之际，召太祖赵匡胤、宰相赵普入宫记录遗命。杜太后问太祖："你自问何以能得到天下？"太祖回答："自然是祖宗和太后的恩德与福荫！"这是一个帝王应该给出的标准答案。太后摇头道："你想错了。若非周世宗传位幼子，使得主少国疑，你又怎能取得天下？你当吸取教训，百年之后将帝位先传弟弟光义，光义再传弟弟廷美，廷美传回于你的儿子德昭。如此，则国有长君，乃是社稷之幸。"大孝子赵匡胤流泪拜受教训。杜太后便让赵普将遗命写为誓书，藏于金匮之中，号称"金匮之盟"。

宣布这件事情是在宋太宗即位五年之后，而不是宋太祖身前，公信力到底有多少，大家都是熟读历史的人，可以自己判断一下。而且赵匡胤驾崩时，赵德昭已经二十六岁，赵德芳十七岁，都不算幼主了。最关键的是，赵廷美、赵德昭、赵德芳三人均在宋太宗一朝中以二三十岁的英年早逝，实在太巧了。既然"金匮之盟"的继承者都挂掉了，赵光义自然就名正言顺地将皇位传给了自己的儿子。

大家都认为宋太宗做得很厚黑、很不地道，包括他的子孙也这么想。到了金兵大举南侵的"靖康之耻"，北宋灭亡，宋廷南迁之时，宋高宗赵构的儿子在"苗刘之变"中夭折，赵构本人也在金兵的追击中受到惊吓而失去生育能力，继嗣无人。传说这个时候太祖给他托梦讲了"烛影斧声"的故事。内心非常不安的赵构收养了太祖之子赵德芳的两位后裔为养子，三十年后从中选定了赵伯琮，立为太子，改名为赵眘，即后来的宋孝宗。孝宗为抗金名将岳飞平反，整顿吏治，使百姓一度过上安康的生活，是南宋一朝最有作为的皇帝。至此，皇位才终于回归太祖一系。

浮生若梦

宋太宗即位后，改封李煜为陇西公。看起来是从侯爵升到了公爵，但李煜的日子却更加不好过了。赵匡胤为人宽厚，比如陈桥兵变后，赐给被夺皇位的柴家"丹书铁券"，约定柴家后人即使犯罪也不得加刑，《水浒传》里的小旋风柴进就一直以此自傲；"杯酒释兵权"，不杀功臣；据说还在太庙中为后世子孙立下祖训密誓，不得杀士大夫及上书言事者。而赵光义为人则猜忌得多，这一点从他对待弟弟和侄子的态度上就能够看出来，那么对待李煜这种降君，还能好到哪儿去？在这样压抑的环境中，李煜反而迸发出巨大的创作才华。他的两首《相见欢》名篇就诞生于这个时期。其一如下：

无言独上西楼，月如钩，

故国破宫词宣愁绪

寂寞梧桐深院锁清秋。

剪不断，理还乱，是离愁，

别是一般滋味在心头。

"无言"并非无言可诉，而是无人可听。清冷的秋月、孤独的树影、无人的院落，一派寂寞寥落。萦绕在心间的离愁，让人"剪不断，理还乱"，最终只能放弃努力，"别是一般滋味在心头"，如今这已经成了在抒发离愁时引用频率非常高的句子。邓丽君唱过一首歌，名为《独上西楼》，就是直接用这首词作为歌词。李煜没有明说这"离愁"是离开什么的愁，我们可以作为离开爱人的愁来引用，但他心中真正想表达的，无疑是离开家国的愁。另一首《相见欢》，也是隐晦地表达了同样的离愁：

林花谢了春红，太匆匆。

无奈朝来寒雨晚来风。

胭脂泪，相留醉，几时重？

自是人生长恨水长东。

收尾的"人生长恨水长东"乃是名句。这个词牌的正名叫作《相见欢》，别名叫作《乌夜啼》。还有一个词牌，正名就叫作《乌夜啼》，李煜写了一篇更悲凉、更深刻的：

昨夜风兼雨，帘帏飒飒秋声。

烛残漏断频敧枕，起坐不能平。

世事漫随流水，算来一梦浮生。

醉乡路稳宜频到，此外不堪行。

"世事漫随流水，算来一梦浮生"，这句是一些中年男性的大爱，常被放在微信的签名档里，看起来好像已经对人生大彻大悟了一样。"醉乡"反而"路稳"，"此外不堪行"，那就是说清醒后的现实世界之路，他已经没有走下去的力气了。

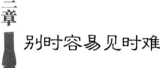

第三章

春花秋月何时了　　别时容易见时难

亡国之君要想全身保命，最好的教材就是"乐不思蜀"的后主刘禅。

| 乐不思蜀 |

蜀汉被魏国灭亡以后，刘禅归降，被封为"安乐公"。有一天，晋王司马昭设宴款待刘禅，让乐队演奏蜀地的乐曲，并以歌舞助兴。陪同刘禅在座的蜀汉旧臣们想起亡国之痛，个个低头掩面流泪。唯独刘禅跟着音乐的节奏打起拍子，一派怡然自得，毫无悲伤之意。司马昭便问道："安乐公听到此曲，是否思念蜀地啊？"刘禅不假思索地回答："此间乐，不思蜀也。"

一旁的蜀汉旧臣郤正听了，心想这种没心没肺的回答，将来必定会成为史书中的笑柄，我们要跟着一起丢人的，便趁刘禅出恭之际劝他："对于刚才晋王的问话，陛下的回答很不得体。如果下次晋王再问同样的问题，您应该先抬头闭眼沉思片刻，然后张开双眼，很认真地说'先人坟墓，远在蜀地，我没有一天不想念的'，这样才合适啊！"刘禅听后，牢牢记在心中。

回到席上，酒至半酣，司马昭果然又问道："安乐公想念蜀地吗？"刘禅赶紧抬头看着房顶，仿佛在努力忍住夺眶而出的泪水，然后将郤正教他的话学了一遍。司马昭听了便说："咦，这话怎么像是郤正的口气呢？"刘禅大感惊奇："正是郤正教我的，晋王您怎么知道呀？"司马昭和左右大臣哄堂大笑。见刘禅如此老实，司马昭从此再也不怀疑他了。刘禅就这样在洛阳安乐地度过余生，恰如他的封号。

通过这个故事，不得不让我们佩服刘禅的大智若愚，郤正在政治上反而不太成熟（也有观点认为，郤正为了保护刘禅，故意如此，这对君臣算是上演了一出成功的双簧戏）。相比之下，李煜的表现就更加幼稚了。

流水东逝

被宋太祖教导了"卧榻之侧岂容他人鼾睡"的徐铉，随李煜归降宋朝后，累官至散骑常侍。宋太宗即位后的第三年，派徐铉去见李煜，想借此了解一下李煜的思想状态。对亡国一直耿耿于怀的李煜见到昔日臣子，两人相对流泪，静坐不发一言。徐铉回去复命，宋太宗问他："你这次去见陇西公，聊了些什么啊？"徐铉不敢不据实回答。宋太宗听了，心里很不高兴，转头问左右："陇西公最近可有什么词作？"一直受命监视李煜的侍从便呈上一首抄录的《浪淘沙》：

> 帘外雨潺潺，春意阑珊，
> 罗衾不耐五更寒。
> 梦里不知身是客，一晌贪欢。
>
> 独自莫凭栏，无限江山，
> 别时容易见时难。
> 流水落花春去也，天上人间。

李煜追忆昔日君主的尊贵地位，对比今日阶下囚的悲凉境遇，二者就像天上和人间的差距般遥不可及，只有在梦里才可能找回一点欢乐。宋太宗一看到这句"无限江山，别时容易见时难"，眉头立刻紧皱起来。哟，分明是在怀念失去的江山嘛！就算你李煜不怀念，我尚且担心你那些怀念故国的前部下用你当大旗造反呢，何况你自己还告诉人家你在怀念。作为一个亡国之君，不像刘禅那样夹起尾巴装傻做人，还敢公然写出这样的怀旧作品，政治素质不是一般的差，绝对是不稳定因素。为了维护大宋朝安定团结的大好局面，赵光义认为有必要让李煜彻底消失。

过了几日便是七夕节，一贯冷清的陇西公府居然张灯结彩，大家的脸上难得露出一丝喜色，因为今天是李煜的四十二岁生日。虽然再没有什么节日能让亡国之君有普天同庆的喜悦，李煜自己也不觉得长命百岁是一种值得庆祝的幸福，但这好歹也是一个让大家苦中作乐的由头。正当一家人觥筹交错时，突然收到了一份意料之外的寿礼——宋太宗派弟弟赵廷美送来了一壶御赐美酒，为陇西公祝寿。李煜立刻明白自己的大限已至，一言不发，回到房内，提笔挥毫写下一篇词作，递给小周后："你来咏唱这首新词吧。"小周后默然接过，轻抚琵琶，婉转低回地唱出了这首名传千古的《虞美人》：

春花秋月何时了，往事知多少？

小楼昨夜又东风，故国不堪回首月明中！

雕栏玉砌应犹在，只是朱颜改。

问君能有几多愁？恰似一江春水向东流。

　　看着眼前春花秋月的美景，不禁思念故国往事，这只是第一层解读。如果仅仅是思念故国之情，这首词绝对达不到现在的高度。"春花秋月何时了"，更有叹息时间看起来漫长无尽的意味，那么对比人生的短暂无常，又有谁能逃得出这种悲哀呢？怪不得俞平伯先生评论李煜这首词的头两句是"奇语劈空而下"。在前几首词中，李煜频频使用无法挽留的"流水"来表达对过去时光的怀念，落花、夜风也被他信手拈来。如今在此基础上进一步升华，将"人生长恨水长东"扩展到"一江春水向东流"，这篇《虞美人》可谓是水到渠成、瓜熟蒂落。

　　李煜一面听小周后曼声吟唱自己刚刚所作的这首绝命词，一面斟满了一杯御酒。小周后的"流"字声音一停，李煜长叹一声，仰首将杯中酒一饮而尽。不到片刻，酒中牵机药的毒性发作，李煜腹痛难忍、浑身抽搐收缩，以至于头碰到自己的脚尖，很快便气绝身亡。

　　刘禅靠着匪夷所思的情商骗过了司马昭，骗过了所有人，甚至骗过了他自己，所以能在亡国后得以善终。李煜在活命的本事上远不如刘禅，但他的理想也不是活得更长。既然他根本就不想如刘禅那样窝窝囊囊地活着，现在也算求仁得仁了。对他来说，死亡未尝不是一种解脱。李煜让我们永远记住了那些如烟花般绚烂的词句，而刘禅除了一句"扶不起的阿斗"之外，没有给我们留下其他任何深刻的印象。

　　李煜生在七夕，死在七夕，连生死的日子都选得如此浪漫，这就是一个浪漫入骨以至于不适合做君王的人。正所谓"做个才子真绝代，可怜薄命做君王"。李煜死后不到一年，了无生趣的小周后也随之辞世而去。

　　李煜一死，还让中国历史中一种著名的体貌特征绝了迹。在他之前，有造字的仓颉、盛德的虞舜、晋文公重耳和西楚霸王项羽等人，史载都是"重瞳"，就是每只眼睛中有两个瞳孔。李煜是最后一位有此奇异特征之人（欧阳修《新五代史·南唐世家》中载其"丰额骈齿，一目重瞳子"），之后中国的史书中再没有出过重瞳的名人。

尼采曾说："一切文学，余爱以血书者。"王国维接着这句话评论道："后主之词，真所谓以血书者也。"《虞美人》就是最有代表性的绝命血书，李煜一生的精气神，仿佛都在这一篇血书中喷薄而出。顺便提一句，尼采最为人所熟知的名言是"上帝死了"。上帝有没有死，人不能证明，但尼采自己后来确实是疯了，为"神欲使之灭亡，必先使之疯狂"这句古希腊名言做了一个注脚。

| 后主转世 |

李煜死后，面临着官方的盖棺定论。宋太宗问南唐旧臣潘慎修："依你看，你的旧主是暗弱无能之辈吗？"潘慎修恭恭敬敬地答道："假如他是无能无识之辈，何以在太祖之世尚能偏安守国十余年呢？"徐铉则在后主的墓志铭中写到，李煜有"恻隐之性"，"赏人之善常若不及，掩人之过惟恐其闻，以至法不胜奸，威不克爱"，所以在"当用武之世"的大环境中，不免"终于亡国"。纵然如此，"道有所在，复何愧欤"。对于一位亡国之君，这是相当高的评价了。

一般灭他人者，都把对方说成桀纣再世，这样方能显得自己站在道义的制高点上，兴兵打仗才师出有名。南唐旧臣们能够公然给予李煜这样中正的评价，一方面说明李煜的品性是众所周知的，另一方面也能看出宋朝的言论气氛相对宽松。

时间过去一百多年，宋太宗的玄孙宋神宗赵顼生了一个儿子，取名为赵佶。这孩子长大后，成为一位杰出的艺术家。宋人笔记《养疴漫笔》写到，宋神宗曾驾临秘书省，在那里看到了后主的画像，惊叹于这位亡国之君的儒雅风度，随后赵佶就降生了。赵佶出生时，宋神宗还梦见李煜前来拜谒。宋哲宗赵煦英年早逝，没有留下子嗣，弟弟赵佶即位，就是中国历史上又一才子皇帝——宋徽宗。

施耐庵的《水浒传》中说徽宗是琴棋书画无所不通，连蹴鞠——也就是中国古代版足球，都是能入选国家队的水准。我一说中国足球队，很多人都笑了，但事实是，当时的中国足球的确处于世界领先水平，是不是挺颠覆你对中国足球的一贯认知？

在蹴鞠这方面，唯一能让徽宗佩服的人就是高俅。此人可谓人如其名，技术精湛，能得"金球奖"，还写得一手好字，会舞枪弄棒，算得上文武双全。有了种种投皇帝所好的才能，又善弄权术、长于媚上，他一直深受徽宗的宠信，从一个陪王爷踢球的小史，一跃迈入大宋的权力中枢，无战功，却可官居太尉。

宋徽宗的花鸟画独步当世，书法更是能开宗立派，其独创的字体，被后世称为"瘦金体"。这样一个不世出的艺术全才，偏偏薄命做皇帝。他在位期间，大肆任用蔡京、童贯等中国历史上第一流的奸臣，以"花石纲"等名目搜刮民脂民膏，逼得方腊、宋江等人领导的农民起义风起云涌。北宋在"靖康之变"中，被北方的游牧民族女真所灭。金兵将宋徽宗、宋钦宗父子，加上宋太宗一系的所有皇子、公主、皇孙，来了个一锅端（只有康王赵构这一条漏网之鱼），全部押到北方苦寒之地。这些原本生活在王朝最顶层的人，都成了屈辱的阶下囚，自己动手种田洗衣，直到老死。

宋徽宗被押往金国后，被封为"昏德公"，这个封号倒是实至名归，不算羞辱他。后世人评价他"诸事皆能，独不能为君耳"。俗话说"女怕嫁错郎，男怕入错行"，赵佶就是中国历史上男人入错行的最凄惨代表。有人曾做过这样的联想：赵佶的艺术天分之高，与李煜在一个水平线上；不会做国君，比之李煜则更上一层楼，因此赵佶很像是李煜的转世。许多人怜惜怀才而无罪的李煜被宋太宗害死，就这样为他臆想出了托生为赵光义子孙来断送北宋江山的复仇方法。

| 诗家之幸 |

几乎所有了解李煜的人，都认同对于他的一生最精辟的一句概括——国家不幸诗家幸。这句诗的出处，是清人赵翼为缅怀金末元初诗人兼诗评家元好问（号遗山）而作的《题遗山诗》：

> 身阅兴亡浩劫空，两朝文献一衰翁。
>
> 无官未害餐周粟，有史深愁失楚弓。
>
> 行殿幽兰悲夜火，故都乔木泣秋风。
>
> 国家不幸诗家幸，赋到沧桑句便工。

尾联的意思是，只要诗歌中融入感慨国家不幸的沧桑感情，诗句自然就工整、细腻、深刻了。顺便说一句，赵翼最有名的诗句还不是这句"国家不幸诗家幸"，而是出自下面这首《论诗五首·其二》：

> 李杜诗篇万口传，至今已觉不新鲜。
> 江山代有才人出，各领风骚数百年。

就在李煜被毒死的同一年，吴越王钱俶奉旨入汴梁朝见宋太宗，被扣留软禁，无法归国，最终不得不顺应天下大势，献土归宋。第二年，宋太宗率领大军亲征太原，消灭北汉，结束了五代十国的分裂割据局面，中国大部分地区重归统一。虽然领土比起唐朝时少了重要的燕云十六州，但那是被后晋"儿皇帝"石敬瑭出卖给契丹的。本来宋太宗亡北汉之后，是想顺手把燕云十六州一起打回来的，可惜被契丹人打得单骑而逃。钱俶在归宋十年后的六十大寿时，也被宋太宗遣使赐御酒贺寿，当夜便暴病身亡。

尽管统一仅限于某种程度，但中国在宋太祖、宋太宗兄弟两人的手中，再次迈向盛世。为了防止五代十国时期走马灯似的大将篡位、改朝换代的戏码在自家王朝上演，赵宋扬文抑武，文官地位在九天，武将地位在九地，虽然彻底解决了武将造反的风险，但也极大地削弱了军队的战斗力。而北方的契丹、党项、女真、蒙古等游牧民族相继崛起，并且建立了强大的辽、西夏、金、元等国家，两宋三百余年，几乎始终处于强敌威胁的状态之下。宋朝对内政治开明、商业发达、文化繁荣；对外则军力弱小、被动防御。在这样的大环境中生长出来的宋词，其风格注定与唐诗截然不同。

在李煜之前，词的题材很狭窄，基本就是以花间派为代表的闺阁恋爱、离愁别绪、宫廷饮宴，比之"诗言志"的立意高远，完全不在一个等级上。正是李煜将词这种文学形式发扬光大，将国仇家恨、社会生活的内容写入其中，使得词从"艳科"中解放出来。所以王国维在《人间词话》里说："词至李后主，眼界始大，感慨遂深，变伶工之词为士大夫之词。"词在李煜之后，才真正开启与唐诗双峰并峙的宏伟征程。

|词之三境|

王国维的《人间词话》在中国文学评论史上有着很高的地位。其中最有趣也是最有名的一段话，是描述古今之成大事业、大学问者必须经过的三层境界，均用著名词人的著名词句来描绘。

第一层境界是晏殊的"昨夜西风凋碧树，独上高楼，望尽天涯路"；第二层境界是柳永的"衣带渐宽终不悔，为伊消得人憔悴"；第三层境界是辛弃疾的"众里寻他千百度，蓦然回首，那人却在灯火阑珊处"。

这三层境界的逐步升华，以今天的社会潮流来打比方，就是大家先放眼浮华世界，为自己的人生苦苦寻找到一个世人公认算是成功的目标；然后辛苦奔忙、蝇营狗苟地追求这个目标，务必要累得半死；最后发现，先前都在瞎忙，自己真正想要的其实就在身边。如果你不幸先知先觉，不走弯路，直接找到了自己想要的东西，你都不好意思说自己年轻过。

晏殊的《蝶恋花》全词如下：

> 槛菊愁烟兰泣露，
>
> 罗幕轻寒，燕子双飞去。
>
> 明月不谙离恨苦，斜光到晓穿朱户。
>
> 昨夜西风凋碧树，
>
> 独上高楼，望尽天涯路。
>
> 欲寄彩笺兼尺素，山长水阔知何处？

王国维特别推崇晏殊这首词。他认为《诗经》中的"蒹葭苍苍，白露为霜。所谓伊人，在水一方"是"最得风人深致"的一篇，而"昨夜西风凋碧树，独上高楼，望尽天涯路"的意味和它颇为接近，不同之处在于前者洒脱而后者悲壮。晏殊一生高官厚禄、富贵优游，也不知道和"悲壮"是怎么扯上关系的。纵然是王国维先生说的话，我也不得不唱个反调，认为此句"悲"则有之，"壮"则未见。另外，如果我们比较冯延巳的《鹊踏枝》和这首《蝶恋花》，会发现它们都是双调六十字。其实此词牌本名"鹊踏枝"，是晏殊将其改名为"蝶恋花"。

第四章
无可奈何花落去　当时明月彩云飞

晏殊，字同叔，抚州临川（今江西省进贤县文港镇）人，是宋朝第一位知名神童，号称七岁就能写得一手好文章。他的词上承晚唐五代余韵，下启有宋一朝新声，有"北宋倚声家初祖"之称。

| 不学无术 |

十四岁时，晏殊在皇宫大殿之上，与千余名叔伯、爷爷辈的进士候选人一起考试，淡定的他表示毫无压力，很快完成答卷。当时还有另一位神童，是来自河北大名府的姜盖，只有十二岁，才名与晏殊不相上下。宋真宗赵恒特意给他俩加菜，让晏殊写诗、赋各一首，让姜盖写诗六篇。结果晏殊的诗、赋都写得文采飞扬，明显胜过姜盖一头，真宗非常欣赏。宰相寇准在侧，赶快上奏："晏殊并非中原人，不可重用，不如用姜盖。"真宗摇头道："朝廷取士，惟才是求，四海一家，岂限远近？如前代的张九龄，出身比江西还偏僻得多的岭南，不照样是一代贤相么？玄宗何尝以他的出生之地僻陋而弃置不用呢？"于是晏殊高中进士，位次在姜盖之上。

寇准，字平仲，比晏殊大三十岁，幼时也是神童一枚。他七岁登西岳华山时，就能作《咏华山》诗一首：

> 只有天在上，更无山与齐。
>
> 举头红日近，回首白云低。

由此诗看来，小寇准睥睨天下、心气十足，果然十九岁便少年得志，进士及第。在决定大宋国家命运的"澶渊之战"前，朝廷中逃跑主义论调甚嚣尘上，唯有寇准力主抵抗，劝得宋真宗御驾亲征，最终和契丹签订大体平等的"澶渊之盟"，以很小的经济代价维持了两国间百余年的和平，算得上一代英雄，但他的见识和性格确实存在缺陷。

张咏与寇准是同年进士，曾背后夸赞寇准："面折廷争，素有风采，无如寇公。"但听说寇准拜相时，便对幕僚说："寇公天下奇才，可惜学术不足。"有一次，寇准送别张咏，问道："张公有什么可以教导提醒我的事情么？"张咏想了想，回答道："《汉书·霍光传》不可不读。"当时寇准不明白张咏是何意思，回家赶紧取了书来读，一直读到班固评价霍光"不学无术"，不禁哑然失笑："原来这就是张公对我的提醒。"还好真宗在提拔晏殊这件事情上，没有听从寇准这种地域歧视的言论。

| 富贵文宗 |

后来学霸晏殊继续参加各类诗、赋、论的考试，全方面大显身手。有一次，拿到发下来的考题，晏殊先是迅速将卷子做好，然后起身上奏："臣在家做模拟试题时，曾经练习过这个题目，请再出一道吧。"换了题目以后，晏殊的答卷依然是远超同侪。宋真宗一看这个年轻人诚实不欺、德才兼备，对他更是另眼相待。

此后晏殊官运亨通，一路做到宰相。虽然他一生中没有特别突出的政绩，但慧眼识人、奖掖后进，后来的名相范仲淹、富弼、欧阳修、韩琦、王安石，还有"红杏尚书"宋祁、"汉书下酒"的苏舜钦等人，都出自他门下，富弼还做了他的乘龙快婿。所以有人为他写了一副对联："堂上葭莩推富范，门前桃李重欧苏。"

自年少即登天子堂后，晏殊几十年间一直高居庙堂，在北宋前期盛世发达、歌舞升平的都市文化环境中，过着富贵优游的生活，同一众雅士娱宾遣兴、应歌唱酬，形成了以中上层文人士大夫为骨干的台阁词人群体，即"江西词派"。江西词派突破了花间词派的香艳温软，赋予词较为深邃真挚的思想意境与情感寄托，开宋词繁荣之先河，而晏殊正是这一时期词坛的领袖文宗。

仕途得意的晏殊，世称"富贵闲人"——提到这个绰号，我猜你肯定想到了贾宝玉。他从小喜爱揣摩冯延巳的作品。清代文学家刘熙载在《词概》中写道："冯延巳词，晏同叔得其俊，欧阳永叔得其深。"晏殊在花间词的富贵雍容中融入冯氏的清俊，从而形成自己所独有的"清新俊逸下的富贵气象"。他很瞧不上别人在诗文中堆金砌玉地显摆富贵，为此曾嘲笑道："有人写'轴装曲谱金书字，树记花名玉篆牌'，富贵哪里是这种写法？这分明是乞丐对富贵人家的想象而已。白乐天的'笙歌归院落，灯火下楼台'就要好得多。若想表现真正的富贵，不要去实写什么金玉锦绣，唯要虚描那种气象，比如老夫的'楼台侧畔杨花过，帘幕中间燕子飞'，或者'梨花院落溶溶月，柳絮池塘淡淡风'。穷人家能有这种景致吗？"说完，还从鼻孔里哼了一声出来。原来他有一首颇为得意的《无题》，就是他这个说法的反映：

> 油壁香车不再逢，峡云无迹任西东。
>
> 梨花院落溶溶月，柳絮池塘淡淡风。
>
> 几日寂寥伤酒后，一番萧瑟禁烟中。
>
> 鱼书欲寄何由达，水远山长处处同。

奈何花落

有一天，狂风骤雨过后，晏殊看到花自飘零水自流的情景，突然灵感一闪，吟出一句"无可奈何花落去"，觉得真是情景交融、浑然天成，自己都佩服自己。接着用心想下句，却怎么也对不出能够匹敌的，这一思索就是几年。此后，晏殊只要逢人谈论诗文，一定会告诉人家自己有个极品上联"无可奈何花落去"，看有没有人能够帮他接出下联。然而这上句实在过于完美，众人都无从下手，就像李贺的"天若有情天亦老"一样，成了"奇绝无对"。不过，既然有石曼卿为"天若有情天亦老"对出"月如无恨月长圆"，晏殊的这个上句就一定会有人来为他匹配下句。

几年后，晏殊出差路过扬州，在大明寺内休息。只见墙壁上涂鸦着许多诗句，当然其中大部分都入不了晏相公的法眼，所以他连看都懒得看，干脆躺在椅子上闭目养神，让书僮将墙上的诗句逐首念给他听。接连听了好几首，都是寡淡如水之作，晏殊刚听了开头就没法忍受，立刻说"下一首"，直到书僮念出一首《扬州怀古》：

> 水调隋宫曲，当年亦九成。
>
> 哀音已亡国，废沼尚留名。
>
> 仪凤终陈迹，鸣蛙只沸声。
>
> 凄凉不可问，落日下芜城。

燕归来似是旧相识

这次晏殊不但没有中途打断,安静听完,还吩咐书僮再念一遍。听了第二遍后,晏殊忍不住以扇击掌:"好一句'凄凉不可问,落日下芜城'!此诗作者是何人?"书僮答道:"落款是江都主簿,成都人王琪。"晏殊大喜,立刻派人去请。王琪来到大明寺见过晏殊,两人饮酒论诗,颇有倾盖如故之感。待到酒酣耳热之际,晏殊又开口相问:"前些年老夫偶得一句'无可奈何花落去',人人称善,无奈下句难得。贤侄可对得出?"王琪略沉吟后便脱口道:"可对以'似曾相识燕归来'。"晏殊一听,拍案大笑:"妙极,妙极!"即席赋得一阕《浣溪沙》:

> 一曲新词酒一杯,去年天气旧亭台。
>
> 夕阳西下几时回?
>
> 无可奈何花落去,似曾相识燕归来。
>
> 小园香径独徘徊。

这是晏殊一生的代表作品。"无可奈何花落去"描绘了自然界的常见现象,蕴含其中的对于离别徒呼奈何之意才是亮点。"似曾相识燕归来"也有"燕在人不在"的离情别绪,与上句相呼相应,而且王琪还借此巧妙地表达了对晏殊那种一见如故、似曾相识的亲近感。晏大人对这首词相当满意,当即邀请王琪当自己的幕僚,后来又推荐他入京为官,一直做到礼部侍郎,相当于文化部加外交部的副部长。

|小苹初见|

晏殊四十七岁时,生了第七个也是最小的儿子,取名几道。他对这个幼子爱逾珍宝,从小就悉心栽培。几道五岁时,有一天,晏殊在家中宴请宾朋,想让小儿子当众露一手,就叫他出来给大人们唱首诗词。今天很多父母也经常这样做,人同此心。只不过当年的诗词都是唱的,我们现在只能背诵,因为曲谱都失传了。

小几道站在一堆和蔼可亲的伯伯叔叔们中间,毫不怯场,拍着小手就奶声奶气地唱起来:"酒力渐浓啊……春思荡,鸳鸯绣被啊……翻红浪……"

道貌岸然的宾客们一听,这不是柳永的艳词《凤栖梧》嘛?!个个拼命保持淡定的表情。

晏殊一张老脸涨得通红，厉声呵斥道："还不住口！小孩子哪里学来的东西，在这儿胡说乱唱！"

小几道被父亲当众一骂，委屈地放声大哭："平时你们都在唱的，我觉得好听就学会了嘛……"宾客们终于忍不住哄堂大笑。

晏殊只好仰天长叹："孺子不可教也！来来来，大家还是多喝酒、多吃菜。"用酒菜把你们的嘴堵住，省得出了门乱说晏宰相家父子的品位如何。

从这个故事可见，晏几道家学渊源，从小耳濡目染，长大后果然也成了著名词人。晏几道，字叔原，号小山，父子俩被称为"大晏"和"小晏"，时人都将他们与南唐中主李璟、后主李煜父子相比。前文提到晏殊的代表作《蝶恋花》中有句"罗幕轻寒，燕子双飞去"，晏几道给他曾经交好的歌女小苹写了一封情书《临江仙》，将父亲的得意之句发扬光大：

> 梦后楼台高锁，酒醒帘幕低垂。
> 去年春恨却来时，落花人独立，微雨燕双飞。
>
> 记得小苹初见，两重心字罗衣。
> 琵琶弦上说相思，当时明月在，曾照彩云归。

"落花人独立，微雨燕双飞"是怀旧词句的绝唱之一，虽然这一联最早见于翁宏（生活年代在唐末至宋初）的《春残》，但全诗水平一般，小晏在这里用得可谓点铁成金。李白的《宫中行乐词》中有"只愁歌舞散，化作彩云飞"，形容美女在歌舞散场后如同天上的彩云随风而去。晏几道沿用这个以彩云形容美女的比喻，当年曾经照着小苹归去的明月仍悬在夜空之中，小苹却已不见了。古代很少有真实女性的闺名能够靠着诗歌流传下来的例子，刘兰芝、花木兰、罗敷都是虚构的艺术形象，而这位歌女小苹的名字和她的时尚衣着"两重心字罗衣"却有幸随着晏几道的作品一起流芳千古。

晏几道另一首脍炙人口的名作《鹧鸪天》同样是怀旧词，词中没有提及名字，很可能也是写给小苹姑娘的，或者是写给小苹姑娘的同行：

> 彩袖殷勤捧玉钟，当年拚却醉颜红。
> 舞低杨柳楼心月，歌尽桃花扇底风。
> 从别后，忆相逢，几回魂梦与君同。
> 今宵剩把银釭照，犹恐相逢是梦中。

别重逢桃花扇底风

要是有美人彩袖捧着玉杯殷勤劝酒，估计换了谁都会"拚却醉颜红"吧。"舞低杨柳楼心月，歌尽桃花扇底风"，真是写不尽的富贵风流。"从别后，忆相逢，几回魂梦与君同"，情深至何等地步才能入梦？又要至何等地步才能两人同梦？"今宵剩把银釭照，犹恐相逢是梦中"，情思如泣如诉，委婉缠绵。整首词不但音韵铿锵，而且被"彩袖""玉钟""颜红""桃花扇""银釭"等物装点得色彩斑斓却不显堆砌，如梦似幻，美不胜收。

虽然我将这首《鹧鸪天》分析得头头是道，但估计晏几道完全不屑。在他的眼中，绝大部分人都是不足与谈的。让我们来看看他的《长相思》：

> 长相思，长相思。
> 若问相思甚了期？除非相见时。
> 长相思，长相思。
> 若把相思说与谁？浅情人不知。

依小晏看，周围的人都是"浅情人"，和你们谈"情"之一字，简直是鸡同鸭讲，纯属白费力气，一股孤单寂寞冷跃然纸上。

|场外独支|

小晏是含着金钥匙出生的天之骄子，但在他十七岁时，父亲晏殊过世，之后便家道中落。王安石变法期间，小晏的朋友郑侠（字介夫）画了一幅《流民图》进献给宋神宗，通过描绘民间疾苦，指责王安石的变法搞得民不聊生，结果被新党攻击治罪。当时新旧两党已经陷入激烈的党争，只要抓住对方一个人的把柄，就恨不得拔出萝卜带出泥地打击一大片。政敌们从郑侠的家中搜出了晏几道的一首《与郑介夫》：

> 小白长红又满枝，筑球场外独支颐。
> 春风自是人间客，主张繁华得几时？

这是在讥刺因推行新政而成为新贵的新党，看你们借着春风能繁华到几时。新党立刻上纲上线，以"反对圣上新政"为名，将晏几道逮捕下狱，最后案件上报到了皇帝手中。

赵宋的官家们文学素养都不低，宋神宗读罢这首作为罪证的诗，只是微微一笑："晏小山的文采果然不俗！此诗小有调侃而已，没什么大不了的。"既然皇帝都这样发话了，小晏当天就拍拍衣服，施施然出狱回家。

"筑球场"好似新旧两党角力争胜的朝堂，而"场外独支颐"就是小晏的性格。他性情耿介，厌恶逢迎，平生不肯去"一傍贵人之门"，就算这次经历了牢狱之灾，依然为人倨傲。

苏轼的弟子黄庭坚是小晏的好朋友，小晏的作品集《小山词》就是请黄庭坚做的序。苏轼久闻小晏的名气，托黄庭坚转达期望结识之意。此时苏轼早已名满天下，无数文坛前辈都在为他让路，俨然将成为一代文宗。按常人来看，他想主动拜访已经凋零的晏家，那是很给面子的俯就了，不料小晏回答黄庭坚说："如今政事堂中坐着的（意指宰相们），一半是我家旧客，我连他们都没空接见呢！"这话听起来有点酸酸的味道，颇像阿Q常说的"老子家里当年也阔过"。苏轼之前可能从未遇到过如此冷遇，如今吃了这个闭门羹，也不过就是一笑置之。东坡的心态之豁达，远在小晏之上。

小晏的傲气，不只针对文倾天下的苏轼，对于权倾天下的蔡京，亦是如此。当时很多文人写谄媚之词去巴结蔡太师，就为了谋个一官半职。有一年重阳节，蔡京派门客携重金去求小晏写首词，这对于一般人来说是个求之不得的好机会，巴结好了蔡京，那是财官双收。但我们从小晏对苏轼的态度上可以看出，他不是一般人。黄庭坚说小晏是那种挥霍千百万，搞得家人饥寒交迫，却依然能面露傲慢之色的家伙。

既然手头很不宽裕，小晏就收下礼金，三下五除二写好一首《鹧鸪天》，交给来人带回，内容就是歌咏太平盛世，居然没有一个字提及蔡京。蔡太师还不死心，到了冬至那日，又派人带着礼金去晏家求词。小晏依然来者不拒、照单全收，依然信笔写了一首平淡无奇的《鹧鸪天》完成任务。蔡京大为恼火，自此后就再也不搭理小晏了。这两笔算是白得的礼金，够小晏过一个丰收年了。

晏几道的性格就是这么孤傲有腔调，无意于官场上的蝇营狗苟，终其一生做过的最高职位，也就是通判这种小官，但留给后世的《小山词》，收录有二百多首作品。许多人认为他青出于蓝而胜于蓝，造诣在其父晏殊之上。

第五章

天若有情天亦老　月如无恨月长圆

晏殊一生引荐提拔了很多名人，其中公认品德最好的是范仲淹。范仲淹的身世很坎坷，出生的第二年父亲就病逝了，母亲只好带着他改嫁，并随继父朱文翰姓，起名为朱说。

划粥断齑

朱说从小生活贫苦，十几岁时寄住在寺庙里读书，就像"惭愧阇黎饭后钟"的王播一样，但他没去蹭和尚的饭吃，所以也没被赶走。他每天早起后，给自己煮一锅薄薄的粟米稀粥，因生怕太饿而一口气把它喝完，搞得吃了上顿没下顿，所以就等粥凝结成冻后，用刀划成四块，早晚各吃两块。下饭的菜只有腌韭菜，还要省着点儿吃，每次不能太奢侈地吃一整根，只能切半根来下早饭，剩下半根留着下晚饭。这个典故就叫作"划粥断齑"。

同学中有个高官子弟，看见朱说每天只吃点稀粥咸菜，还能埋头苦学、自得其乐，觉得难以理解，便当作稀奇事讲给父亲听。他父亲听后说："你这个同学不是平常人，将来必成大器，你带一些吃食送给他吧。"当同学按父亲的吩咐，带了一盒美食送给朱说时，朱说再三推辞，争执了半天才勉强收下。过了几天后，官二代发现送给朱说的食物并没有被吃掉，而是已经放坏了。他当然很生气，责问朱说道："家父听说你生活清苦，特地让我送来这些饭菜，你却不肯享用，这是是何？"朱说解释道："在下非常感激令尊的垂爱。只是由俭入奢易，由奢入俭难，我若吃了这美味佳肴，恐怕将来就不愿意吃苦了。"后来寺院的住持被朱说这种清俭刻苦的精神所感动，每天都送几个饼给他充饥。

朱说二十多岁时，知道了自己的身世，十分伤感，很想恢复范姓，但考虑到母亲一直在朱家生活，便不提此事。他二十七岁时以朱说之名进士及第，为母亲服丧结束后，回到吴县老家，要求复姓。范氏族人怕他回来分财产，不肯接纳。这就像一窝土鸡在草丛里面抢虫子，很担心天上的鹰隼来和它们争食。朱说表示唯一的目的就是认祖归宗，完全放弃财产方面的任何要求，族人方才答应。这帮势利的家伙，差点错过了一位同宗大名人。

有功名的人想改姓名的话，需要得到朝廷的批准，朱说上书宰相寇准，引用了两个典故："志在投秦，入境遂称于张禄；名非霸越，乘舟偶效于陶朱。"前者是范雎不容于魏国，改名为张禄，逃入秦国，后来为相，确立"远交近攻"的基本国策，帮助秦国不断蚕食山东六国，奠定统一天下的根基。后者是范蠡帮助越王勾践灭吴，在勾践鸟尽弓藏、动手杀功臣之前急流勇退，泛舟太湖而去，后迁居陶地（今山东省菏泽市定陶区），改名为陶朱公，以经商累资巨万，被世人誉为"忠以为国，智以保身，商以致富，成名天下"。这两位改名的高人恰好都是范氏的先祖，朱说借此表达"我也会无愧于先祖，有利于国家"的志向，用典非常巧妙。寇准览信后，兴奋地说："大宋有幸，后继有人！"朱说改名的请求获得朝廷批准，他恢复姓范，取名仲淹，字希文。

忠耿直谏

晏殊对范仲淹有知遇之恩，听起来好像晏殊是长辈，但事实上范仲淹比晏殊还大两岁。没办法，谁让晏殊是神童呢，出道实在太早了。范仲淹中进士后，常年在地方基层做官，后来为母亲守丧时住在应天府。当时晏殊正掌管应天，聘请范仲淹主持府学，这是对他的第一次提携。晏殊回朝任枢密副使（宋朝设置枢密院，是国家的最高军政机构，长官为枢密使，地位略低于宰相）后，当面向宋仁宗举荐范仲淹为秘阁校理，就是在皇家图书馆里整理宫廷藏书，官位虽然不高，但可以经常见到皇帝，是一条飞黄腾达的快车道。至此，范仲淹终于接近了朝廷中枢，自然非常感念晏殊，但没过几年，他就给晏殊捅了个大篓子。

但凡看过《三侠五义》《包青天》等影视剧的人，应该都知道"狸猫换太子"的故事。宋真宗赵恒驾崩时，太子赵祯（故事中被换为狸猫的那位太子），也就是宋仁宗冲龄践祚，即位时年仅十三岁，章献太后刘娥垂帘听政。刘太后并非仁宗的生母，而仁宗本人一直被蒙在鼓里。到仁宗十九岁已经成年之时，刘太后依然在主持朝政。这一年的冬至节，礼官为了奉承太后，计划让仁宗率领文武百官向太后跪拜献寿。范仲淹立刻上奏反对，说天子如果在家里为太后拜寿，按母子之礼跪拜是可以的；但如果在朝堂上和百官一起北面向太后跪拜，就很不妥当，有损君威。

看起来是一件礼仪小事的争论，背后的真实原因却大不寻常。垂帘听政的太后在皇帝成年之后还不肯归政，实在太容易让人联想到殷鉴不远的武则天篡唐。这一方面为谄媚之人提供了巴结实际掌权者的机会，另一方面势必引起忠直大臣的警惕。耿介中直的范仲淹看到了这种情况给国祚带来的潜在危险，不但反对仁宗当众和百官一起跪拜刘太后，更是以卑微的官职直接奏请太后还政于皇帝，让已经成年的仁宗亲政。

范仲淹的奏章一递交上去，立即在朝廷引起轩然大波，因为说出了许多大臣想说而不敢说的话。刘太后很生气，后果很严重。晏殊十分惊慌，立刻将希文招来一通责骂："难道只有你知道为国事担忧吗？你这是乱出风头！会连累举荐你的人！"晏殊的害怕并非杞人忧天，在这种残酷的权力斗争中，一片人头落地是历史常见现象，武则天时代就是前车之鉴。范仲淹坦荡地回答道："下官正因为蒙受相爷的举荐之恩，才一定要坚持按理直言，以免别人说您举荐的人不称其职，并没想到这样做会得罪您。"

盛怒之下的晏殊完全听不进任何解释，范仲淹告退回家后，给晏殊写了一封长信，解释自己向朝廷上书的理由，并且在信末表示：如果您认为我还值得教导，希望您没有后悔当初举荐我；如果您认为我朽木不可雕，就请弹劾我，这样朝廷可以豁免您举荐失当之罪，但我绝不会因为您这次的斥责而忘记您对我的知遇之恩。

晏殊览信后，内心十分惭愧。其实让仁宗率百官北面跪拜太后这件事，包括晏殊自己在内的许多大臣都认为不妥，却没有人敢站出来公开反对，皆因怕得罪了刘太后。晏殊斥责范仲淹，不是认为他说错了，而是怕连累自己。

还好刘太后不是武则天，这个"有吕后之才，而无武后之恶"的女政治家，有着超乎寻常的政治情商；此外，大宋庙堂相对开明的氛围，保证了士大夫不管说什么，基本上没有性命之忧。范仲淹因此次上书而被贬出京城，到河中府去做一个小小通判。同僚们去郊外为他送行，都举杯祝酒说："范君此行，极为光耀！"

没过几年，刘太后驾崩，宋仁宗亲政，很快召范仲淹回京，拜为右司谏，专门负责规谏朝廷的过失，小事上奏折，大事可当面廷争，可谓知人善任。此时，仁宗刚刚知道自己并非刘太后亲生，而此事一直被刘太后故意隐瞒，以致自己错失了孝敬生母李宸妃的机会，心中对刘太后颇有恨意。群臣揣摩上意，多有议论刘太后垂帘听政时的种种过失。范仲淹却上奏道，太后垂帘多年，确有不妥之处，但更有养护陛下长大成人之功，建议朝廷掩饰她的过失，成全她的美德。仁宗沉思数日，予以采纳。

希文并不因当年被刘太后贬出京而如今报复，他依然秉公持正、隐恶扬善，这就是他的人格魅力。晏殊当年虽然差点被范仲淹连累，但内心始终看重他，连为女儿择婿的大事都请他拿主意。而希文所推荐的，正是后来的名相富弼。

| 将军白发 |

范仲淹累官至参知政事（相当于副宰相）时，西夏元昊屡次入侵宋朝边境。宋朝由于真宗和寇准与辽国订立的"澶渊之盟"，已经承平数十年，武备不修，战斗力极差，所以被西夏轻易破城杀将，屡战屡败。希文领命到陕西御边，深沟高垒，号令严明，西夏人试了几次都铩羽而归。当时有民谣唱道："军中有一范，西贼闻之惊破胆。"西夏军队从此不敢进犯他的防区，只能绕路而行。范仲淹的名作《渔家傲·秋思》，就是写于这个时期：

> 塞下秋来风景异，衡阳雁去无留意。
>
> 四面边声连角起，
>
> 千嶂里，长烟落日孤城闭。
>
> 浊酒一杯家万里，燕然未勒归无计。
>
> 羌管悠悠霜满地，
>
> 人不寐，将军白发征夫泪。

读了第一句，有没有令你想起王勃《滕王阁序》中的"雁阵惊寒，声断衡阳之浦"？在中国古代文学作品中，大雁为什么总和衡阳有关系呢？原来汉代张衡在《西京赋》中说大雁是"南翔衡阳，北栖雁门"，给它们划定了迁徙的边界。在传说中，八百里南岳七十二峰的第一峰，北雁南来到此过冬，第二年春暖花开时再飞回北方，故名"回雁峰"，有诗云"青天七十二芙蓉，回雁南来第一峰"。

东汉时，窦宪追击北匈奴，出塞三千余里，登燕然山（今蒙古国境内的杭爱山），命班固刻石记功而还，这一轮战争结束了北方匈奴游牧民族三百年来对中原的威胁。很多历史学家认为，正是因为北匈奴残部在大漠不能立足，才不得不向西迁移，所到之处，导致原来在那些地方居住的蛮族也不得不向西迁移，这样的多米诺骨牌一路向西，最后侵入了罗马的领土，曾经盛极一时的罗马帝国最终亡于蛮族之手。窦宪这次勒石燕然，深刻地影响了世界历史的格局。

范仲淹说"燕然未勒"，就是指还没有平定来自西夏的边患，班师回中原遥遥无期。此时他已经年过半百，两鬓斑白，保家卫国的壮志和对战争的厌恶、对故乡的思念，构成了复杂而又矛盾的心情。此词意境悲壮苍凉，气势雄浑刚健，可称是大宋第一首边塞词，为宋词打开了一扇新的大门，为之后苏东坡、辛弃疾领军的豪放派铺下了道路。

范仲淹的另一首代表作《苏幕遮》，同样也是完成于这段西北戍边时期，同样也是寄托乡愁：

> 碧云天，黄叶地，
> 秋色连波，波上寒烟翠。
> 山映斜阳天接水，芳草无情，更在斜阳外。
>
> 黯乡魂，追旅思，
> 夜夜除非，好梦留人睡。
> 明月楼高休独倚，酒入愁肠，化作相思泪。

登上高楼眺望，在目力所达的尽头是远山映着斜阳之景，而故乡的芳草比那里还要遥不可及。本想借酒浇愁，但酒刚入愁肠，就都化作了相思泪，反而更添苦楚。这个比喻深刻而新奇，更是前人从未曾想到的，后人对此评价道"公之正气塞天地，而情语入妙至此"。"追旅思"中的"思"念起来不是很顺口，因为词牌中那个位置原本是仄声，与上阕中的黄叶"地"字相同，古人其实是读成去声（就是四声）的。在有的版本中，这句为"追旅意"，音韵就比较协调。

子承忠恕

范仲淹不但自己品格高尚，而且在家教上很成功，特别是他的次子范纯仁，将父亲的忠恕之道发扬光大。有一次，范仲淹让范纯仁到苏州去运一船麦子回

家万里浊酒征夫泪

睢阳，范纯仁返回时，在丹阳巧遇正在港口望着长江水发呆的石延年，便问道："学士为何停留在此呢？"原来石延年的亲人过世，他无钱运灵柩回家乡安葬。此时还很年轻的范纯仁便自作主张，将一船麦子全部送给了石延年，让他变卖后作为扶柩回乡的费用。

范纯仁两手空空地回到家中，在父亲身旁站了半天，也不敢提起此事。范仲淹问他："你这次到苏州，有没有遇到什么朋友啊？"范纯仁答道："我回程中遇到石曼卿石学士，他因为亲人逝世没有钱运灵柩回乡，到处求告无门，只能耽搁在丹阳。"范仲淹眉头一皱："你为什么不将那船麦子送给他救急呢？"范纯仁一听此言，心里担心父亲责怪的大石头顿时放下，立刻回答："我已经连麦带船都送给他了。"范仲淹朗声大笑，连连夸奖儿子做得好。

石延年出名，是因为一副绝对。唐朝李贺最好的一句诗是"天若有情天亦老"，意思是别看苍天日出月没、光景常新，假若它和人一样有情的话，照样会衰老。文人雅士们常以此为上联，看谁对得出绝妙下联。但无论人们如何殚精竭虑，对出的下联都达不到上联的意境高度，慢慢地，大家就判定它"奇绝无对"。

时光荏苒，到了两百年后的宋朝，有一次，诗人们聚会欢饮，大家又聊起这个题目，座中石延年缓缓对出一句"月如无恨月长圆"。一语既出，众人都佩服得五体投地，再也没人继续想别的下联了。善于砸缸又乐于评人的大文学家司马光说："李长吉歌'天若有情天亦老'，曼卿对'月如无恨月长圆'，人以为劲敌。"后来有人更进一步，用李白、李贺、苏轼、石延年的一人一句，集成一副对仗工整、意境悠远的绝妙对联：

把酒问青天，天若有情天亦老。

举杯邀明月，月如无恨月长圆。

像石延年这么大才的人，多半是很喜欢喝酒的。他在中书省任职，办公地点在皇宫大内，旁边就是大庆殿。盛夏的一天，曼卿喝得酩酊大醉后，贪凉躺在大庆殿的台阶上，居然呼呼睡着了。正巧宋仁宗的御驾经过，前面开路的卫士打算将这个大胆之徒揪起来。仁宗问道："那睡觉的是谁？"有认识的小内侍回禀："是石延年。"仁宗笑道："让他接着睡吧，咱们绕过去。"

堂堂天子，在自己家里，为了一个醉汉，带着一群人绕道而行，完全不在乎皇帝的威严，可见"仁宗"的庙号可不是浪得虚名。怪不得当时的人评论说，仁宗百事不会，就是会当皇帝，这一点和后来的宋徽宗正好相反。好的领导不一定要自己很有本事，但一定要有容人的胸怀。另一方面，我们可以看出士大夫在宋朝所受尊重的程度。自蒙古人灭宋之后，再到明清，包括读书人在内的所有人都沦为皇权的奴才，除了皇帝之外，其他任何人的人格尊严都是无须存在的。

范纯仁二十二岁就中了进士，但他看父亲年老多病，就待在家里尽孝，这是《论语》里说的"父母在，不远游"。等到范仲淹去世后，范纯仁才出来做官。他在甘肃做知州时，当地遭遇饥荒，他一边上奏朝廷，请求打开应急的常平仓赈济灾民，一边自行决定提前开仓放粮。下属官员劝他先等到朝廷的批复后再说，范纯仁回答："到京师路程遥远，若等到批复回来再开仓，灾民们都已经饿死了。先行开仓的责任，我会独自承担！"

放粮后，有人诽谤范纯仁，说他上报的救灾数据与实际不符，神宗便派钦差大臣来调查。真正用心办实事的人总是遭到嫉妒与陷害，这是人类的悠久传统。正好遇上秋季大丰收，百姓们感念道："多亏范知州救活了我们，我们怎么忍心连累知州呢？"于是大家昼夜不停地争着送粮，归还到常平仓，等使者到来核查时，常平仓的粮食已经全部还上了，范纯仁安然过关。

后来范纯仁升任宰相，凡举荐人才，一定是因为天下人的好评，而不是因为私人关系，而且连这些被举荐者都不知道自己蒙受了范纯仁的知遇之恩。有人对他说："您担任宰相的要职，怎么能不网罗天下的人才，让他们知道自己是出于您的门下，好对您感激在心呢？"范纯仁回答："只要朝廷没有遗漏正直的人才，何必一定要让他知道是我所举荐的呢？"

有其父必有其子，父子俩的高风亮节，古今少有。可见范仲淹不但贵于言传，更重于身教。

第六章

罗带同心结未成　暗香浮动月黄昏

年过半百的范仲淹，因为参与"庆历新政"，被外放到邓州（今河南省邓州市）做地方官。庆历六年，他收到一封来自巴陵郡的信，来信者是他的好友滕宗谅。滕宗谅，字子京，比范仲淹小两岁，与他是同年进士，两人政治观点接近，人品上也互相推重，是一生的挚友。

| 岳阳楼记 |

滕宗谅被人检举在镇守边关泾州时，滥用招待费十六万贯钱——其实他只花了其中的三千贯来犒劳下属和少数民族首领，其他的都用来补充军费了。朝廷派人下来调查，滕宗谅担心会牵连到无辜者，就将记录了被宴请者姓名、职务的材料一把火烧光，独自承担责任，最后因此事被贬官到巴陵郡。他在任期间，巴陵政事顺利、民生和乐，被同朝文学家王辟之赞誉"治最为天下第一"。

滕宗谅喜欢馈赠，又喜欢建学，花钱很有一手，总是身无余财。不过他在搞钱上同样很有一手，之前调用招待费来补军费的做法就能看出，他用钱不拘一格。现在他打算重修治下的岳阳楼，但是州里的库银根本没法支持这么大的工程，如果从民间募集，肯定又会被弹劾劳民伤财。于是，他想了一个很另类的方法，根本不需动用一分库银。

滕大人命手下在郡里四处张贴告示：凡是民间有陈年老账收不上来的，债主可以将债据交给官府，官府去帮你收，不过收上来后要从中抽取一个大头作为执行费。债主们本来早已对收回债务绝望了，而且对这些欠钱者恨得牙根发痒，现在有机会通过官府来收拾这些老赖，还能收回一部分钱财，真是天下掉下来的好事，在睡梦里都能笑出声来。于是，民间的广大债主们踊跃上交债据，欠钱者哪敢对抗官府，还钱自然很迅速。

很快，滕宗谅就收上来一大笔钱。这笔收入不用缴入府库，连账本都不做，直接用来重修岳阳楼。修葺后的岳阳楼极其雄伟壮丽，固然是花了很大一笔钱，同时大家猜想滕大人自己私下定也收入不少，但除了赖账者之外，州民们对此并无怨言，反而称赞他能干，因为一没有动用州府财政，二没有乱搞集资摊派，事情的结果可谓圆满。

岳阳楼的前身，是三国时吴国都督鲁肃所修的阅兵台，当时被称为"巴陵城楼"，东晋义熙年间曾被毁无楼，后经重建与多次修葺、扩建。诗仙李白为其赋诗后，最终定名为我们所熟知的"岳阳楼"。北宋庆历年间的这次修缮完工后，滕宗谅登临远眺，心胸舒畅，觉得自己作为重修工程的发起者与主持者，必须要写点儿什么抒发一下情怀，于是填了一首《临江仙》：

> 湖水连天天连水，秋来分外澄清。
>
> 君山自是小蓬瀛。
>
> 气蒸云梦泽，波撼岳阳城。
>
> 帝子有灵能鼓瑟，凄然依旧伤情。
>
> 微闻兰芝动芳馨。
>
> 曲终人不见，江上数峰青。

如果你看过《唐诗为镜照汗青》，会发现滕宗谅明显是左脚踩着孟浩然的肩膀，右脚踩着钱起的肩膀——立足点是很高了，但就是晃晃悠悠站不稳。他颇有自知之明，也有知人之明，立刻巴巴地写信给好友范仲淹说，好山好水如果没有楼台登高览胜，就难以名传四海；高楼雄台如果没有文字记述颂扬，就难以名传百代，所以特请兄台写篇《岳阳楼记》，共襄盛举。从后来的历史发展我们可以看到，滕宗谅还是很有先见之明的。自知、知人、先见这三个难得的"之明"他都具备了，想不名垂青史都难。

滕宗谅知道范仲淹之前还没有机会来过洞庭湖和岳阳楼，光凭想象实在难为无米之炊，便随信送来一幅《洞庭晚秋图》，以供范仲淹在写作时参考。对于好友的请求，范仲淹当然不会拒绝。他备好笔墨，将《洞庭晚秋图》展开挂起，开始端详起来，准备认真完成这篇看图作文。结果他仔细一看，不禁一拍大腿，叫声"不好"。原来整幅图居然只画了洞庭湖，连岳阳楼的一片瓦都没有画出来，这还如何完成《岳阳楼记》呀？！

这样的问题，难得住别人，可难不住范仲淹。既然不知道岳阳楼是什么样子，干脆就只写在岳阳楼上向外看到的湖景吧，即放弃岳阳楼，聚焦洞庭湖。对于一代文豪范仲淹来说，有滕子京的来信和眼前这幅画就足够了。他默默酝酿，成竹在胸，开始奋笔疾书：

> 庆历四年春，滕子京谪守巴陵郡。越明年，政通人和，百废具兴。乃重修岳阳楼，增其旧制，刻唐贤今人诗赋于其上。属予作文以记之。

第一段说明作此记的缘由，特别表扬了滕子京的政绩，指出他是忙好了正事之后用余兴修的岳阳楼，免得又有人攻击他在不务正业地大兴土木。滕子京正是借着文章的这个开篇名留后世。短短五十字的简练开头，创造了"政通人和""百废俱兴"两个成语（"具"通"俱"）。大家不要以为这算是高产，这不过是牛刀小试的前奏而已，范仲淹这篇雄文是批量制造成语的机器。接下来进入宏观的景物描写：

> 予观夫巴陵胜状，在洞庭一湖。衔远山，吞长江，浩浩汤汤，横无际涯；朝晖夕阴，气象万千。此则岳阳楼之大观也，前人之述备矣。然则北通巫峡，南极潇湘，迁客骚人，多会于此，览物之情，得无异乎？

"衔""吞"二字，将洞庭湖全景的波涛浩淼描绘得淋漓尽致，顺手再制造出"浩浩荡荡"（"汤"通"荡"）、"气象万千"两个成语。既然前人的描写已经完备，比如有孟浩然的"气蒸云梦泽，波撼岳阳城"和杜甫的"吴楚东南坼，乾坤日夜浮"这样的名句在前，我就不再献丑啦，这就叫"人详我略"。

范仲淹的笔锋由从岳阳楼向外远眺的大观，直接跳过按照常规思路接下来本应对岳阳楼本身所进行的描写，巧妙地用一个反问句过渡到登楼览物之人的心情上。这个方面，前人还没有写过，要多花点笔墨，这就叫"人略我详"。写文章的步调要诀是先抑后扬，那就先写一段悲凉的：

> 若夫淫雨霏霏，连月不开，阴风怒号，浊浪排空；日星隐曜，山岳潜形；商旅不行，樯倾楫摧；薄暮冥冥，虎啸猿啼。登斯楼也，则有去国怀乡，忧谗畏讥，满目萧然，感极而悲者矣。

览物而悲者，就是那些被谗言搞得远离京城、怀念故乡的人。滕子京是河南洛阳人，离开京城开封到巴陵，既是"去国"，又是"怀乡"。范仲淹劝导滕子京不要成为受到打击排挤就悲观的人，这种人只是做陪衬的绿叶。同时他没有忘记制造出"淫雨霏霏""满目萧然"两个成语。接着笔锋一转：

> 至若春和景明，波澜不惊，上下天光，一碧万顷；沙鸥翔集，锦鳞游泳；岸芷汀兰，郁郁青青。而或长烟一空，皓月千里，浮光跃金，静影沉璧，渔歌互答，此乐何极！登斯楼也，则有心旷神怡，宠辱偕忘，把酒临风，其喜洋洋者矣。

这一段是描写览物而喜者。心情好，产出就高，范仲淹一口气贡献了"波澜不惊""一碧万顷""郁郁青青""皓月千里""心旷神怡""把酒临风"六个成语。如果你看至这里，以为到了文章的高潮，那就大错特错了，范仲淹也不希望滕子京成为热爱大自然的美好风光而把社稷、百姓丢到一边的人，这种人同样是做陪衬的绿叶。而且他不满足于仅仅制造一批成语，接下来，他要制造一组千古名句：

> 嗟夫！予尝求古仁人之心，或异二者之为。何哉？不以物喜，不以己悲。居庙堂之高则忧其民，处江湖之远则忧其君。是进亦忧，退亦忧。然则何时而乐耶？其必曰"先天下之忧而忧，后天下之乐而乐"乎。噫！微斯人，吾谁与归？

前两段用对比的写法，一阴一晴，一悲一喜，却都只是铺垫。最后一段突然将这两种人一起否定，他们都是浮云，都是要抑的。范仲淹真正要扬的，是"不以物喜，不以己悲"的涵养，是"居庙堂之高则忧其民，处江湖之远则忧其君"的责任感，是"先天下之忧而忧，后天下之乐而乐"的境界！倘若世间没有这种人，我该追随谁呢？表达了对于这种崇高人格的向往。构思别出心裁，下笔一气呵成。行文立意之奇，格局境界之高，令人不得不佩服！

正如刘禹锡没去过金陵，就能在金陵怀古的诗歌比赛中夺魁一样，范仲淹没去过洞庭湖，就能在关于洞庭湖和岳阳楼的所有文章中折桂，天才的思维，真不是我等凡人所能理解的。这篇气势磅礴的《岳阳楼记》，绝对是中国历史上最有名的看图作文。它和《滕王阁序》一起，成为登临之作的双璧。滕子京说，高楼雄台如果没有文字记述颂扬，就难以名传百代，事实诚然如此。岳阳楼正是因为这篇气质高华的记文，而不是依靠雕梁画栋而成为千百年来人们向往的名胜，尤其是在精神上有所追求之人的朝圣之地。

兼济天下

《孟子》有云，"穷则独善其身，达则兼济天下"（原句是：穷则独善其身，达则兼善天下），这被历代众多知识分子奉为立身处世的信条。范仲淹当时贬官在外，属于"处江湖之远"，本来可以"独善其身"，在许多事情上闭口不言，自己乐得清闲，就像晚年的白居易一般。但是，他仍然以天下为己任，经常为国计民生向朝廷上书言事。他用"先天下之忧而忧，后天下之乐而乐"勉励滕子京，更是在自勉，这样的人格力量在中国历史上光耀千秋。范仲淹这样的人，是中国古代知识分子的楷模，是中国人的脊梁，是我们今天依然取之不尽、用之不竭的精神源泉。

范仲淹这种"兼济天下"的胸怀，体现在很多事情上。他在苏州做官时，曾经购得一块宅基地，准备建造私邸，有看风水的人恭维道："在这块地上建房的家族，会代代出卿相。"范仲淹听后道："若果真如此，我不敢用它来成就我一家的私益。"随即将这块地捐出来，在其上建成了苏州府学。这样高风亮节的人物，在中国数千年的历史中，能有几位？

眼高于顶的"拗相公"、改革家王安石赞誉范仲淹"名节无疵"，堪为"一世之师"；王安石的终身政敌、另一位同样"拗"的相公、历史学家司马光称范仲淹"前不愧于古人，后可师于来者"；浪漫的大词人黄庭坚尊范仲淹为"当时文武第一人"；刻板的"圣人"朱熹也评范仲淹为"本朝第一流人物"，以上是与范仲淹同在宋朝的名人们的评价。到了元代，元好问为范仲淹做了总结陈词："在布衣为名士，在州县为能吏，在边境为名将。其材、其量、其忠，一身而备数器。在朝廷则孔子所谓'大臣'者，求之千百年间，盖不一二见，非但为一代宗臣而已。"有这些立场各异、身份各异的绝顶人士的交口称赞，范仲淹的才能、品行、历史地位就无须赘言了。

山高水长

范仲淹很钦慕东汉的隐士严光，在出任睦州（今浙江省淳安县）太守时，曾为其兴建祠堂，并写了一篇记。

严光，字子陵，年少时与后来的东汉光武帝刘秀是同窗好友。刘秀扫平乱世、当上皇帝后，多次派人请严子陵出来做官，但他躲到富春山里去垂钓，那地方现在就成了"严子陵钓台"风景区。后来刘秀总算把严子陵请到皇宫中叙了一次旧，夜深谈累之后，两人就像同学时代一样，挤在一张床上睡了。半夜里，严子陵一个翻身，脚翘到了皇帝的肚子上。第二天太史令跑来上奏"客星犯御座甚急"，刘秀笑道："不要紧，这是朕与同窗睡在一张床上而已。"

严子陵回去后，刘秀写信对他说："古大有为之君，必有不召之臣，朕何敢臣子陵哉？"先将严子陵抬到天上，随后语气一转：现在天下初定，重振社稷的大业让朕如履薄冰，就好像身患重病的人，必须倚杖而行，才能免于摔倒，你还不愿意出来帮忙吗？

刘秀这样说，就有点儿威胁的意思了。但严子陵最终还是不肯做官，刘秀也不再勉强。严子陵作为知识分子的独立气节和刘秀作为统治者的容人气度相映生辉，是中国君主集权历史中少见的一段佳话。范仲淹在《严先生祠堂记》的结尾赞叹道："云山苍苍，江水泱泱，先生之风，山高水长。"在我看来，这四句正是范仲淹自身高尚人格的写照。

对范仲淹来说，严光是无缘得见的前代高人，而另一位中国历史上的著名隐士正好生活在他的时代，与他成为了忘年交，这人就是林逋。范仲淹做大理寺丞的时候，比他年长二十二岁的林逋写了一首《送范希文寺丞》赠给他：

> 林中萧寂款吾庐，簠簋犹欣接绪馀。
> 去棹看当辨江树，离尊聊为摘园蔬。
> 马卿才大常能赋，梅福官卑数上书。
> 黼座垂精正求治，何时条对召公车？

颈联将范仲淹与两位汉朝名人相比。汉武帝时的大才子司马相如，字长卿，马卿是他的简称。他写过《子虚赋》《上林赋》《长门赋》等名赋，拙作《唐诗为镜照汗青》里记述了他巧娶白富美卓文君的励志故事。西汉末年的芝麻小官梅福，看到外戚专权、朝政日非，不顾职位卑微，多次上书指陈时事，写下了"天下以言为戒，最国家之大患"的警句。林逋赞范仲淹的文采堪比司马相如，位卑未敢忘忧国之心堪比梅福。

范仲淹第一次被贬是因为上书请求刘太后归政，同僚们为他送行时说"范君此行，极为光耀"；第二次被贬是因为上书劝谏宋仁宗不要因为小事废掉郭皇后，同僚们为他送行时说"范君此行，愈为光耀"；第三次被贬是因为上书直指宰相吕夷简用人不当，被吕夷简责为勾结朋党。这次来给他送行的同僚就少得多了，因为谁也不愿意沾上"朋党"的罪名。大臣王质独独带着好酒去为范仲淹饯行，别人问他："你就不怕被牵连为范希文的朋党吗？"王质回答说："如果能跟希文这样的人结为朋党，那是我的荣幸。"听者无言以对。王质举杯为范仲淹壮行道"范君此行，尤为光耀"，范仲淹听后哈哈大笑："我这已是'三光'了啊！"

此后，范仲淹的好友梅尧臣写了一首《灵乌赋》寄给他，告诫他别在朝中直言不讳、罗里吧嗦了，免得被当作聒噪的乌鸦。范仲淹也回了一首《灵乌赋》，说自己"宁鸣而死，不默而生"。坚持反复进谏，是因为重要的事情说三遍，说三遍，说三遍皇帝才有可能重视。

| 梅妻鹤子 |

范仲淹的忘年交林逋，字君复，是中国历史上一只手数得过来的著名隐士之一。因为他逝世后宋仁宗赐谥"和靖先生"，所以世称"林和靖"。在我看来，如果为历代咏梅诗评个座次，林逋的《山园小梅》可以稳居榜首：

> 众芳摇落独暄妍，占尽风情向小园。
> 疏影横斜水清浅，暗香浮动月黄昏。
> 霜禽欲下先偷眼，粉蝶如知合断魂。
> 幸有微吟可相狎，不须檀板共金樽。

沙宝亮的那首《暗香》，出处就在这里了。梅花那种隐隐约约、似有还无的清幽香气，特别契合中国的传统文化，在品位上胜于浓烈有余但含蓄不足的桂花、水仙之类的鲜花，成为文人墨客心目中的顶级花卉。所以欧阳修评论道"前世咏梅者多矣，未有此句也"，王十朋对此诗的评价则是"暗香和月人佳句，压尽千古无诗才"。王居卿担任扬州知府时，曾和路过的苏轼饮酒聊天。王知府高谈阔论道："疏影横斜水清浅，暗香浮动月黄昏，此和靖梅花诗，然而为咏杏花与桃李，皆可用也。"东坡笑道："可则可，恐杏花与桃花不敢承当。"一座宾客皆为之莞尔。

其实林和靖此句并非原创，五代南唐诗人江为有一联"竹影横斜水清浅，桂香浮动月黄昏"，咏的是竹子和桂花，林和靖只改了两个字，变成"疏影"和"暗香"用以咏梅，遂成绝唱。如果放在今天，不知道会不会被江为告抄袭，但林诗这两字的境界明显远远高出原诗，可谓点石成金。

此诗题目中的"山园"，就是林逋在西湖孤山上自己种的梅园。他隐居在这个冷清寂寞而美不胜收的地方，二十年足迹不进城市，终身没有出来做官。历史上终身不做官的隐士不只林逋一位，使他独一无二的，是源自于他的"梅妻鹤子"的典故：他在植物中单单喜欢种梅花，在动物中单单喜欢养仙鹤，自称"以梅为妻，以鹤为子"。

南宋时有个叫林可山的人，很想和大名士林逋攀上亲戚，到处宣扬自己是和靖先生的七世孙，却不知人家终生未娶。姜夔就做了一首打油诗嘲笑他：

> 和靖当年不娶妻，因何七世有孙儿？
> 若非鹤种并梅种，定是瓜皮搭李皮。

林和靖的"梅妻鹤子"看起来很风雅，但估计当时有很多人私下里认为，一辈子没老婆，只能说明他是个不解风情的人。这个误会，要到元朝才得以纠正。

杭州原是远离政治中心、适合隐居的城市，孤山更是这个城市中的偏远郊区，没想到宋室南迁之后，此处一下子变成了都城的黄金风景区。宋高宗赵构下旨，把孤山上原有的人家和墓地都迁出去，腾出地方来修建皇家专用寺庙，唯一留下没动的就是和靖先生的墓。

赵构这个后世对其多有诟病的皇帝，到底是给读书人留了些许体面。不幸的是，南宋灭亡后，元朝的大和尚杨琏真伽遍掘南宋诸皇帝、皇后、公侯卿相的坟墓，以敛财修建佛寺，连和靖先生这样一位隐士的墓都未能幸免。杨琏真伽以为林逋是大名士，必有很多珍宝陪葬，于是毫不犹豫地掘开他的墓葬，结果只在其中发现一方乌黑的端砚和一支碧绿的女式玉簪。端砚乃文房四宝之一，自然是林逋的心爱之物，但他一个大男人孤身生活，为什么会有一支女款玉簪陪他入葬呢？有些生活经验的人应该都能够猜到，林逋很可能在年轻时有过一段刻骨铭心的感情经历，尽管相爱至深，但有情人因种种原因，终难成眷属，这使他灰心于尘世，以至于早早便归隐林泉，终身不娶，孤独终老。有了这一支玉簪，我们可以猜测，林逋非但不是一个不解风情的人，还是一个至情至性之人。

晏几道在他的《长相思》中写到"若把相思说与谁？浅情人不知"，而林逋绝对是"深情人"，他也用一首《长相思》证明了这一点：

吴山青，越山青。

两岸青山相对迎，谁知离别情？

君泪盈，妾泪盈。

罗带同心结未成，江边潮已平。

此词用同字压韵，回环往复，一唱三叹，其中饱含的柔情如水一般，仿佛要溢出来。整阕词所弥漫的吴越之地的地方风情，也是浓烈得化不开。

林逋的杰作肯定远不止《山园小梅》和《长相思》。他平时写诗都是完成了就随手丢在一边，从不留存手稿，这一点和贾岛像是来自不同的星球。

朋友问林逋："你为何不将诗稿保存下来，留给后世？"

他回答："我隐居在山林之间，活着时尚不想靠写诗出名，更何况去追求身后之名呢？"隐士心态坚决彻底。

朋友中还是有人觉得可惜，就偷偷将他的诗记下来，这样才保留了少数传世之作。我们今天能品到"疏影横斜水清浅，暗香浮动月黄昏"的千古佳句，应该感谢这位有心的朋友。

第七章
红杏枝头春意闹　一树梨花压海棠

　　让我们回到桃李满天下的晏殊。宋仁宗年间，晏殊主持进士考试，拟定的头名是安陆人宋祁，第三名是安陆人宋庠。名单呈到垂帘听政的章献太后刘娥那里，太后一看前三名里居然有两个安陆人姓宋，便问晏殊："这宋祁和宋庠是亲戚么？"晏殊答道："宋祁乃宋庠之弟。"太后眉头一皱："长幼有序，若是将弟弟排在哥哥前面，这位哥哥恐失面子。"朱笔一挥，将状元定为哥哥宋庠。这也罢了，她不知出于什么考虑，又将宋祁的名字一下子降到第十位。兄弟俩同科及第，人们遂以"大宋""小宋"相称，时人号为"双状元"。因为晏殊是这一届的主考官，所以宋氏兄弟成了晏殊的门生。

| 蓬山不远 |

　　宋祁，字子京，比晏殊小七岁。他虽然没有被官方定为状元，但其才气、名气和在诗词史上的地位都超过兄长宋庠，而且潇洒倜傥、颜值很高，是闻名京城的男神。

　　有一天，宋祁信步走在汴梁城最热闹的繁台街，正巧遇上宫廷的车队迎面而来，连忙侧身让道。一辆官车从他身边缓缓经过时，听得一女子轻声道："这不是小宋嘛。"子京听有人喊自己的名字，连忙抬头一看，只见一位年轻宫女将车帘挑起一角，对他嫣然一笑，然后放下帘子，宫车驶过，渐行渐远。这下搞得宋祁心旌摇荡，回家后的三天三夜，耳中皆是那女子的巧笑倩兮，眼中皆是那女子的美目盼兮。小宋茶饭不思，魂不守舍，提笔写下了一首《鹧鸪天》：

　　　　画毂雕鞍狭路逢，一声肠断绣帘中。

　　　　身无彩凤双飞翼，心有灵犀一点通。

　　　　金作屋，玉为笼，车如流水马如龙。

刘郎已恨蓬山远，更隔蓬山几万重。

词中的"身无彩凤双飞翼，心有灵犀一点通"，一字不改地挪用李商隐的无题诗，在此处与情节相配得天衣无缝。"车如流水马如龙"来自李煜的《望江南》中"还似旧时游上苑，车如流水马如龙，花月正春风"一句。成龙在电影《A计划》里饰演的主角就叫"马如龙"。尾句的原型则是李商隐的另一首无题诗中的"刘郎已恨蓬山远，更隔蓬山一万重"。若能将李商隐的一众无题诗运用之妙存乎一心，你就拥有了文艺青年写情诗的高规格必杀器。宋祁改"一万重"为"几万重"，比原诗更加惆怅的心情跃然纸上。整首词有一大半是化用前人的诗句，却联缀得浑然一体、妙趣天成。

这首新词一写好，立刻在汴梁城传唱开来。京师作为潮流的风向标，市民们都拥有一颗永不停歇的八卦之心，诗歌背后那浪漫的故事起到了推波助澜的作用，以至于新词和故事一起传入了深宫中，传入了皇帝的耳朵里。

宋仁宗将当天车队上的宫女都召集起来问道："那天是第几车上的谁叫了小宋？"宫女们面面相觑，不敢做声。最后终于有位美貌宫女胆怯地站了出来，害羞地回答："有一次，奴婢们去侍候御宴，碰巧遇到宣召翰林学士，听左右大臣说'这是小宋'，就此认得他。那天奴婢坐在官车里，偶然看见他在路边行走，不觉脱口叫了一声……"

仁宗微微点头，随即就召宋祁上殿，问他："听说宋卿最近做了一首'更隔蓬山几万重'的好词？"子京一听，脑袋嗡的一声，当下就蒙掉了，心说怎么这词连皇上都知道了。宫女是皇帝的禁脔，和皇帝抢女人，可算大逆不道，宋祁不禁诚惶诚恐，汗透重衣。正在他胆战心惊之时，仁宗哈哈大笑道："蓬山不远！"当即宣布将那宫女赐给他。子京因这首词而得一段姻缘的佳话，令当时的文人骚客们无不称羡。

|气味相投|

宋祁的文章见识都很高，且不像哥哥宋庠那么刻板，他喜欢纵情享受快意人生，生活中充满了美酒声色。有一年的元宵佳节，宋庠在书院的如豆灯光下苦读《周易》，家僮悄声道："令弟正在家中痛饮琼浆，醉心歌舞呢。"这是在暗示宋庠，这大元宵节的，我还得苦哈哈地伺候你读书，要是跟着你弟弟，现在可是派对时间。

第二天清早，宋庠特意派这书僮去给宋祁传话，教他这样说："我家相公寄语学士，听说您昨晚华灯夜宴，穷奢极侈，不知是否还记得十年前的元宵节咱们俩人在冷清的州学里稀粥咸菜的时光？"看样子宋氏兄弟和范仲淹在年少之时用的是同一本食谱。

书僮走后，宋庠低头抚掌微笑，心想自己这番忆苦思甜的教育，应该能同时敲打弟弟和书僮这两个不懂事的孩子。不一会儿，书僮回来复命，宋庠得意地问："你传了我的话去，子京可有愧色？"书僮回答："学士笑道：'回去寄语相公，不知那些年咱们天天在州学里吃稀粥咸菜，又是为了什么呢？'"宋庠气得张口结舌，下面的话都咽回了肚子里。

对于绝大多数读书人来说，在吃稀粥咸菜的苦日子里仍矢志勤学，到底是为了什么呢？在宋氏兄弟寒窗苦读的那些年，当时的皇帝宋真宗赵恒御制了一篇《劝学诗》：

> 富家不用买良田，书中自有千钟粟。
>
> 安居不用架高堂，书中自有黄金屋。
>
> 出门莫愁无人随，书中车马多如簇。
>
> 取妻莫愁无良媒，书中自有颜如玉。
>
> 男儿欲遂平生志，五经勤向窗前读。

为什么读书的答案，正在这著名的"书中自有黄金屋""书中自有颜如玉"里。既然读书就是为了求取功名，以换取千钟粟、黄金屋和颜如玉，那么求得功名之后，自然应该及时行乐了。宋祁遵循了宋真宗的价值观，政治上正确得无懈可击，本来想教育弟弟的宋庠反而被弟弟教育，只能无言以对。

刻苦读书——金榜题名——出将入相，这一条清晰的人生轨迹，在皇帝的宣传鼓动下，成为了宋朝读书人的终极理想，其影响一直流传至今。让我们看看宋人汪洙所作的那首家喻户晓的《神童诗》是如何为此摇旗呐喊的，相信你一定会惊喜，原来这些耳熟能详的话语出自这里啊：

> 天子重英豪，文章教尔曹。
>
> 万般皆下品，惟有读书高。

......

久旱逢甘雨，他乡遇知音，

洞房花烛夜，金榜题名时。

......

朝为田舍郎，暮登天子堂。

将相本无种，男儿当自强。

......

宋祁这种享受生活的性格，自然和晏殊气味相投，师生俩情深谊浓。晏殊做宰相时，自己出钱在家附近租了一所大宅子给子京住，就是为了早晚想和他喝酒聊天时，走动起来方便些，两人之间的关系亲密至此。

庆历年间的一个中秋佳节，晏殊邀请宋祁来家里饮酒赋诗。在美人、丝竹相伴之下，两人诗情勃发，逸兴横飞，一唱一和，直至黎明方散。既然天色已亮，晏殊这个觉也不用睡了，直接洗漱后上朝。不料天有不测风云，那天有人弹劾晏殊在刘太后垂帘时，为李宸妃（宋仁宗生母）写的墓志铭中，只说她生了一个女儿，并未提及她诞育了当今天子。仁宗一怒之下，决定将晏殊罢相，下放去做地方官，诏书就由翰林学士宋祁来写。

诏书当场宣读时，晏殊简直不敢相信自己的耳朵。因为子京在诏书里痛斥晏殊"广营产以殖货，多役兵而规利"，写得是慷慨激昂、文采飞扬。旁观的大臣们一边闻着宋祁身上残留的昨夜酒香，一边听着这匕首般的文字，无不惊骇叹息。至于晏殊本人当时的感受如何，更是可以想象。我认为宋祁此举其实深藏官场智慧，是故意以这种不痛不痒的轻罪斥责晏殊，既让仁宗为生母出了一口气，也使得晏殊免受更深的追究。

|红杏三影|

使宋祁名垂中国诗词史的，当然不是那首联缀前人名句的《鹧鸪天》，而是下面这首《玉楼春》：

东城渐觉风光好，縠皱波纹迎客棹。

绿杨烟外晓寒轻，红杏枝头春意闹。

浮生长恨欢娱少，肯爱千金轻一笑？

为君持酒劝斜阳，且向花间留晚照。

春光明媚，及时行乐，这是宋祁的最爱，也是宋朝人的最爱。一句"红杏枝头春意闹"，生气勃勃，画龙点睛。此词一出，便誉满京华。

有一次，宋祁路过另一位著名词人张先家，想进去拜访，便命下人叩门："我家尚书（宋祁时任工部尚书）恳请拜会'云破月来花弄影'郎中。"张先在屋内听见，立即朗声回应道："莫非是'红杏枝头春意闹'尚书？"随即开门迎客。两人哈哈大笑，把酒言欢。自此，宋祁便有了"红杏尚书"的雅号。

王国维先生在《人间词话》中，将两人的代表句提名并称："'红杏枝头春意闹'，著一'闹'字，而境界全出。'云破月来花弄影'，著一'弄'字，而境界全出矣。"

张先，字子野，比晏殊大一岁。因为他曾任安陆县的知县，因此人称"张安陆"。宋祁正是安陆人，两人颇有缘分。张先被宋祁称赏的这首词是《天仙子》：

水调数声持酒听，午醉醒来愁未醒。

送春春去几时回？

临晚镜，伤流景，往事后期空记省。

沙上并禽池上暝，云破月来花弄影。

重重帘幕密遮灯，

风不定，人初静，明日落红应满径。

有朋友恭维张先道："子野兄，你可知很多人称你为'张三中'？因你擅长写心中事、眼中泪、意中人。"张先问："何以见得？"朋友就拿张先的《千秋岁》为例：

数声鶗鴂，又报芳菲歇。

惜春更把残红折。

雨轻风色暴，梅子青时节。

永丰柳，无人尽日花飞雪。

莫把幺弦拨，怨极弦能说。

天不老，情难绝。

心似双丝网，中有千千结。

夜过也，东窗未白凝残月。

琼瑶女士也非常喜欢此词，给自己的一本小说起名为《心有千千结》，后来还拍了同名电影。但张先并不认为这是自己的最得意之作，眉头一皱："为什么不称我为'张三影'呢？"朋友不解何意，张先傲然道："'云破月来花弄影''娇柔懒起，帘幕卷花影''柳径无人，堕絮飞无影'，这可是在下平生最得意的三句啊！"既然张先这么自鸣得意，朋友们就顺了他的意，开始称其为"张三影"，张先大乐。可见张先写词，这个"影"字用得很上瘾。

| 风流终生 |

传说张先年少时，喜欢上了一位美貌的小尼姑。虽然撩到尼姑的难度系数非常大，但张先想："和尚动得，我动不得？"不抛弃、不放弃，终于追到小尼姑，建立了恋爱关系。小尼姑的师傅灭绝师太为了不让弟子招蜂引蝶，将她关在一个湖中小岛的阁楼上，但这浅浅的湖水，怎么难得住张先这种在多巴胺和荷尔蒙双重驱动下的年轻男子！到了月黑风高夜，张先便偷偷划着一艘小船上岛，小尼姑悄悄放下梯子，让他爬上楼。灭绝师太发现后，果断采取措施，勒令两人分手。张先对初恋情人眷念难忘，填了首《一丛花令》来纪念这段感情：

伤高怀远几时穷？无物似情浓。

离愁正引千丝乱，更东陌、飞絮蒙蒙。

嘶骑渐遥，征尘不断，何处认郎踪？

双鸳池沼水溶溶，南北小桡通。

梯横画阁黄昏后，又还是、斜月帘栊。

沉恨细思，不如桃杏，犹解嫁东风。

最后一句"不如桃杏，犹解嫁东风"，愤怒地控诉了旧社会中青年男女没有恋爱自由的黑暗事实，哦不对，在这个故事中，是被迫遁入空门的女子没有恋爱自由的黑暗事实。三百多年后的峨眉山上，掌门师姐周芷若在夜深人静之时，思念张大教主无忌郎君，就是含着泪，每默念此词中的一句，便拨过一颗佛珠。

《一丛花令》盛传一时，欧阳修尤其喜爱，特别遗憾自己比张先小了将近二十岁，一直没有机会结识。后来张先路过欧阳修家，投上名片拜谒。欧阳修本来正在休息，一看家僮递上来的名片，喜得从床上一跃而起，叫道："这是'桃杏嫁东风'郎中到啦！"立刻奔出大门去恭迎张先，匆忙之中把鞋都穿反了。

综上所述，张子野一生有三个雅号，一个是宋祁送的"云破月来花弄影郎中"，一个是欧阳修送的"桃杏嫁东风郎中"，一个是自送的"张三影"。

一般人年轻时风流一两次，并不稀罕，稀罕的是风流一辈子，张先就做到了这一点。他在八十岁时，娶了一位十八岁的女子为妾。老人家在婚宴上春风得意地赋诗一首：

> 我年八十卿十八，卿是红颜我白发。
> 与卿颠倒本同庚，只隔中间一花甲。

六十二岁的年龄差距，超过一个甲子了，但诗歌这种艺术形式，并不苛求严谨。席上客人中，有张先的忘年交，刚过而立之年的苏轼就即兴和了一首诗：

> 十八新娘八十郎，苍苍白发对红妆。
> 鸳鸯被里成双夜，一树梨花压海棠。

张先耄耋之年纳妾虽是事实，但苏轼作诗的这段只是后人附会出的民间故事而已。"一树梨花压海棠"多数观点认为化用自元稹《白衣裳二首》中的"一朵梨花压象床"，被后世用来调侃老夫少妻的组合。

大家不要以为张先娶这么年轻的小妾，是白白浪费人家的青春，据说这个女子后来为他生了两男两女。张先一生共育有十子两女，年纪最大的儿子和年纪最小的女儿之间，相差六十岁，倒真的是"中间只隔一花甲"。

五年之后，也就是张先八十五岁高龄之际，居然又买了一位年轻女子做妾。这次苏轼虽未能躬逢其盛，但继续发扬其一贯的娱乐精神，写了首《张子野年八十五尚闻买妾述古令作诗》寄过去，调侃张先"诗人老去莺莺在，公子归来燕燕忙"。

张先阅后，和了一首诗回寄苏轼，内有一句"愁似鳏鱼知夜永，懒同蝴蝶为春忙"，辩解说老夫我痛失老伴，长夜漫漫、孤寂难熬，娶妾只是为了排解寂寞，并不是真的风流成性哦。

第八章

庭院深深深几许 水晶双枕堕钗横

让我们再回到大众伯乐晏殊这根主干上。他举荐范仲淹，结果范仲淹在章献太后面前闯的祸，让他心脏狂跳；他偏爱宋祁，结果宋祁写的罢相诏书让他颜面尽失；他还有一位著名门生，和他的关系也是一波三折。

| 画荻教子 |

宋仁宗年间，晏殊有一次主持省试，出了个刁钻古怪的题目《司空掌舆地之图赋》。如果你不知道该怎么分断这个长词组，不需要自卑，因为当时场内的考生，也就是全国的顶尖精英们几乎都不明白这个题目的意思，连上前求问也是问得驴唇不对马嘴。最后只有一个瘦瘦弱弱、貌不惊人的年轻人走到帘前问道："这个赋题出自于《周礼·司空》。郑康成（郑玄）注云：如今（汉朝）之司空，职责是掌管舆地之图；而周朝的司空，职责可不止掌管舆地之图而已。不知道您这题目，是要我们写周朝的司空呢，还是写汉朝的司空呢？"晏殊微微点头答道："今天这满场之中，只有你一人识得考题的出处。题目是写汉朝的司空。"这年轻人下去后，落笔如飞，扣题精准，文采飞扬。晏殊对其大加赞赏，将他定为省元。此人复姓欧阳，单名一个修字。从此，欧阳修对晏殊执弟子之礼，以门生自称。

欧阳修，字永叔，比晏殊小十六岁。他和范仲淹一样命苦，三岁丧父，不过好在还有一位叔叔可以让母亲郑氏带着他去投奔。叔叔的家境也不富裕，郑氏便用荻秆在沙地上写字来对欧阳修进行启蒙教育。欧阳修能成为一代文豪，有赖于母亲为他打下的基础。在优秀的家教之下，欧阳修自幼喜爱读书。叔叔家里的书不多，他就向藏书丰富的城南李家借书，边读边抄，很多书在抄完时就已经能够背诵了。

欧阳修的童年经历，很好地诠释了"天才就是百分之一的天赋加百分之九十九的汗水"。他十岁时从李家借到《昌黎先生文集》，大爱韩愈的古文，手不释卷，读得废寝忘食。后来欧阳修果然继承和发展韩、柳的古文理论，领导了北宋的诗文革新运动。他作为宋朝文章的旗手，率领其后的三苏、王安石、曾巩，和唐朝的韩愈、柳宗元被并称为"唐宋八大家"。

| 连襟对头 |

拿到省元的欧阳修对于即将到来的殿试信心爆棚，预感自己定能一举夺魁，于是特意定制了一身华服，准备到时候来个"新科状元的新装"的时尚秀。他在广文馆有个同窗好友，名叫王拱辰，比他小五岁，当时年方十八，也获得了殿试资格。考试前一天，闲着没事的王拱辰穿上欧阳修的新衣，故意耍宝道："我穿状元袍子啦！"因为衣服不合身，欧阳修看着也忍俊不禁。第二天，仁宗在崇政殿亲自主持殿试。考生们交卷后，皇帝仔细审阅了每一篇文章，然后钦定名次放榜。欧阳修被列为第十四名，状元正是王拱辰。

这个颇为出人意料的结果，并非因为王拱辰是天子脚下的开封府人，而欧阳修是偏远的庐陵（今江西省吉安市）人。自从欧阳修的江西同乡晏殊拜相以来，宋朝已经破除了地域歧视。仁宗认为王拱辰的文章立论高屋建瓴、文笔华丽流畅，于是将其定为状元。不料王拱辰居然辞谢道："这次的题目不久前我刚巧做过，所以被选为状元实属侥幸，请官家改判与他人。"仁宗爱其诚实，还是维持原判，这个情节和晏殊当年的表现非常相似。今天的人很容易怀疑王拱辰在作秀，但若想作秀，真不必在这么重要的关头冒如此大的风险，要知道，当年晏殊承认题目是自己做过的，就真的当场另做了一道题目。王拱辰已经状元在手了，沉默是金才是上策，如果仁宗真的让他另做一道题目，可能煮熟的鸭子就飞了。

欧阳修后来娶了宰相薛奎的二女儿，而薛奎的大女婿正是王拱辰，这上面也压了欧阳修一头。王拱辰的夫人去世后，他又续娶了薛奎的三女儿，与欧阳修仍为连襟。直到这时候，欧阳修才终于"高过"了王拱辰，他还特地送了一副对联作贺："旧女婿为新女婿，大姨夫作小姨夫。"

到了"庆历党争"的时候，王拱辰站在杜衍、富弼、韩琦、范仲淹、滕宗谅、欧阳修一众名臣的对立面，揪住滕宗谅的小辫子不放，口碑很不好。就因为他的坚持弹劾，滕宗谅最后被贬到岳州，却重修了岳阳楼名垂青史。王拱辰的孙女嫁给李格非，生了个女儿，芳名清照，是这一大家族中最有名的人。

庭院深深

进士及第后，欧阳修被任命为西京推官，到了花花世界洛阳。在这里，他与梅尧臣、尹洙结为至交好友，经常在一起切磋诗文。当时他的上司是西京留守钱惟演（吴越王钱俶之子）。作为西昆派领袖之一，钱留守招徕文士、奖掖后进，对欧阳修这批青年才俊颇为优待，不但很少让他们承担琐碎公务，还公然支持他们吃喝玩乐、搞文艺创作。

有一次，欧阳修等人在假期时到嵩山游玩，最后一天正要离开客栈下山时，突然雪花纷飞起来。照此路况，当天怕是赶不回去了，可第二天还要上班打卡呢，大家都很焦急自己的考勤问题。正在进退两难之际，钱惟演派来的使者赶到了，还带来了府里最好的厨子和歌伎，并传留守大人的话说："这几日府里没什么事，诸位不必急着赶回来，就在嵩山好好赏雪做诗吧。"职场得遇此等好领导，夫复何求？为了对得起领导的照顾，欧阳修写下了名作闺怨词《蝶恋花》：

> 庭院深深深几许？
> 杨柳堆烟，帘幕无重数。
> 玉勒雕鞍游冶处，楼高不见章台路。
>
> 雨横风狂三月暮，
> 门掩黄昏，无计留春住。
> 泪眼问花花不语，乱红飞过秋千去。

在深深的庭院之中，百无聊赖的少妇望穿秋水地等待着正游乐于烟花之地的丈夫，盼其能早点归来。眼看雨打落花，心伤年华老去。句首的"深深深"，叠字用得极为工巧，是全词最有特色之处。琼瑶女士曾用"庭院深深"四字作为其小说之名，后来也拍了同名电影。欧阳修的远房亲戚李清照曾经说："欧阳公作《蝶恋花》，有'深深深几许'之句，予酷爱之，用其语作'庭院深深'数阕。"其中一首《临江仙》颇为有趣：

> 庭院深深深几许？云窗雾阁常扃。

柳梢梅萼渐分明。

春归秣陵树，人老建康城。

感月吟风多少事，如今老去无成。

谁怜憔悴更凋零。

试灯无意思，踏雪没心情。

从最后两句能看得出，李清照写此词时确实没啥好心情。而在洛阳做官的欧阳修正处于他一生中心情最好的时期。此时，他正和一个美貌官妓打得火热。有一天下午，钱惟演在后园和下属们宴乐，梅尧臣、尹洙等人都早早到席，只有欧阳修和那女子一起姗姗来迟，在座的人都用怪怪的眼神打量着他俩。钱惟演责备女子道："你怎么来得这么晚？"女子满面通红地答道："中午太热，去凉堂午睡，醒来不见头上金钗，找了半天也没寻到，所以来迟。"钱惟演斜眼看看仿佛没事人的欧阳修，给女子出了个题目："如果你能让欧阳推官当场填词一阕，本官就补偿你一支金钗。"欧阳修听了此话，即席赋《临江仙》一阕：

柳外轻雷池上雨，雨声滴碎荷声。

小楼西角断虹明。

阑干倚处，待得月华生。

燕子飞来窥画栋，玉钩垂下帘旌。

凉波不动簟纹平。

水晶双枕，傍有堕钗横。

"水晶双枕"之句，颇有联想空间，满座风流才子都微笑称善。钱惟演便命女子满斟一大杯敬与欧阳修，然后让她去买一支金钗来找自己报销，最后转头告诫欧阳修："你还是稍微收敛一点为好，年轻人既要注意身体，也要注意官体嘛。"欧阳修躬身作揖，唯唯称是。

情痴忠肠

俗话说"千里搭长棚，没有不散的筵席"，欧阳修的好日子也是有尽头的。钱惟演离任后，继任者是老宰相王曙。王相爷为人刚直、为政严峻，管束下属向来很严。他看这帮年轻人整天游山玩水、喝酒做诗，就是不务正业，心中十分不满，想敲打他们一下。

有一天，王曙将欧阳修等人召来训导道："诸君纵酒太过了，怎么不吸取寇莱公（寇准）晚年因为耽于享乐而被贬官的教训呢？"说完，端起茶杯啜了一口。其他人都被训得低头屏气，眼睛也不敢抬，只有年轻气盛的欧阳修回嘴道："寇莱公被贬的原因，正是因为他老人家一把年纪了，还不知道致仕归隐！"王老相爷刚喝进去的一口茶，都被呛得喷了出来。不过他最终安然不怒，并且事后也没有给欧阳修小鞋穿，这就叫宰相肚里能撑船。

三年后，欧阳修任满回京，离开洛阳前，他填了这首《玉楼春》，表达对这座美丽城市的无限眷恋：

> 尊前拟把归期说，欲语春容先惨咽。
> 人生自是有情痴，此恨不关风与月。
> 离歌且莫翻新阕，一曲能教肠寸结。
> 直须看尽洛城花，始共春风容易别。

所谓"情痴"，在一般人眼里就是那种痴迷于爱情的人，但欧阳修眼中的"情痴"，可不仅限于这么狭隘的范围，而是所有敏感细腻的有情之人。他不一定是爱上了一个人，也许是爱上了一座城。"竹林七贤"之一的王戎说过："圣人忘情，最下不及情。情之所钟，正在我辈。"《玉楼春》的前面三句柔肠寸结，最后一句突然变为豪迈奔放，恰似欧阳修的性格。

回到京师开封的欧阳修步入而立之年，从一个浮华少年蜕变为成熟的男人，开始忧国忧民起来。有一年冬天，西夏人又来侵扰大宋边境，军情紧急。欧阳修担心身为枢密使的晏殊为国事过于操劳，便去老师家看望。没想到晏殊正大摆宴席，府中尽是莺歌燕舞、欢声笑语。欧阳修深感意外，即席赋诗《晏太尉西园贺雪歌》，结尾几句写道：

> 晚趋宾馆贺太尉，坐觉满路流欢声。
> 便开西园扫征步，正见玉树花凋零。
> 小轩却坐对山石，拂拂酒面红烟生。
> 主人与国共休戚，不惟喜悦将丰登。
> 须怜铁甲冷彻骨，四十余万屯边兵。

诗歌大意是边关告急，老师您还在花天酒地，就没想想四十万将士正在冰天雪地中苦战吗？晏殊大怒，愤然对客人说："当年韩昌黎同样很能作诗，去宰相裴中立（裴度）家里赴会时，也只写'园林穷胜事，钟鼓乐清时'这样的热闹语句，可不曾开如此过火的玩笑！"随着欧阳修此诗的流传，晏殊果然背上了只顾个人享乐、不顾天下安危的名声。谏官蔡襄听说后，上奏弹劾晏殊，晏殊因此罢相。从那以后，晏殊就公开评价："老夫看重永叔的文章，但不看重他的为人。"

美髯惹乱

这位蔡襄就是宋朝四大书法家"苏黄米蔡"（苏轼、黄庭坚、米芾、蔡襄）中的"蔡"。北宋末年的大奸臣蔡京很仰慕蔡襄，自称是他的族弟。也有人认为当年的"宋四家"中的"蔡"原本指的是蔡京，但因为他名声太臭，"骨朽人间骂未销"，后人才改成了蔡襄。

蔡襄有一把浓密的大胡子，和关羽一样，是美髯公。仁宗皇帝有天下朝时，偶然想起一事，回头问蔡襄："蔡卿的这副须髯很美啊！你晚上睡觉时，是将它盖在被子里面呢，还是放在被子外面呢？"蔡襄一时无言以答，因为以前从来没有注意过这个问题。他当晚睡觉时，想起皇帝白天的问话，就先将胡子放在被子里面，觉得浑身不舒服；又将胡子放到被子外面，还是觉得哪里有点儿不对劲，就这样将胡子拿进拿出地折腾了一整晚，到天亮了都没合眼。

著名漫画《丁丁历险记》中的阿道克船长也是被人问了一句"你这么大的胡子，晚上睡觉时是放在被子里面还是外面"，也是纠结了一宿没睡着。说不定《丁丁历险记》的作者埃尔热偷偷读过我们宋朝的诗话。

朋党之论

晏殊逝世后，欧阳修写的《晏元献公挽辞》开首一句"富贵优游五十年，始终明哲保身全"，算是对老师的盖棺定论。一般人都认为人死为大，对于已经入土为安的前辈，大多只有溢美之辞，欧阳修这种寓贬于褒的挽辞，自然会引起一片争议。同样是得罪晏殊，同样是快人快语、直言无忌，欧阳修在忠恕之道上确实不及范仲淹。

欧阳修算得上是大臣中的战斗机，他的战斗精神并不只针对晏殊一位，或者说，他对晏老师已经算是很客气了。庆历年间，范仲淹因为直言遭贬时，很多大臣在朝廷上据理力救，只有司谏高若讷认为该贬，欧阳修便直接给高若讷写了一封信："范希文平生刚正好学、博古通今，天下所共知，却无辜被贬。您身为谏官，不能分辨忠奸、不敢仗义执言，还有脸与士大夫们见面，甚至出入朝廷，是不是不知人间还有'羞耻'二字啊？"高若讷大怒，立刻将这封信上交朝廷。最终，欧阳修也被贬去偏远的夷陵，当了个小小的县令。

朝中一众别有用心者觉得这帮人居然如此不顾自身前程地救护已经落水的范仲淹，显然是"朋党"无疑了。为此，欧阳修干脆写了一篇奏章《朋党论》，说小人与小人以同利为朋，所以这种"朋"都是假的，结果是危害国家；而君子与君子以同道为朋，这种"朋"才可能是真的，结果是造福国家。索性挑明承认，我们君子之间就是"朋"，你们这帮小人又能怎样？！

其实"朋"之一字，重在两人之间保持好合理的距离；若是过于亲密地挤在一处，就是互相利用了。

第九章

今年花胜去年红 明年花好与谁同

　　欧阳修的朋友中有许多妙人，比如他的亲家宰相吴育。欧阳修曾经得到一幅古画，上面画着一丛牡丹，其下卧着一只懒猫。永叔将它挂在厅中端详了半天，也没看出什么精妙之处。有一天，吴育来访，端详了片刻就说："好一幅《正午牡丹图》。"欧阳修很是奇怪："何以见得是正午？"吴育回答："这牡丹花瓣披散而颜色干燥，是正午时候的状态。猫的瞳孔缩成一条线，也是正午时候的特点。"欧阳修不禁大笑，点头称是："老兄真善于研究古人笔下的意境啊！"这则趣事的真实性非常高，因为出自著名的《梦溪笔谈》，作者是与欧阳修同时代的沈括。

| 练达铸史 |

　　因为得罪宦官，已经回朝位居高官的欧阳修又要被贬到同州（今陕西省大荔县）去做知州。吴育的弟弟吴充对仁宗进言后，皇帝撤销了这道命令，让欧阳修留下来担任翰林学士，和宋祁等人一起修《唐书》。因为之前臭名昭著的后晋"儿皇帝"石敬瑭命人修过唐史，所以后人就将那部称为《旧唐书》，欧阳修、宋祁等人编撰的这部称为《新唐书》。其中，宋祁主要负责列传部分，欧阳修主要负责本纪、志、表部分。

　　欧阳修的文风走的是韩愈那条简洁通达的路子，童年时的《韩昌黎文集》可没白读，这个风格也贯彻到了史书的编写之中。有一次，他和两位修史的同僚一起出游，看见路上一匹奔马踩死一只狗，他就提议："就这么一件事，咱们看看谁能记录得好。"

　　同僚甲说："有犬卧于通衢，逸马蹄而杀之。"同僚乙说："有马逸于街衢，卧犬遭之而毙。"欧阳修摇头道："要是像二位这样去修史书，一万卷也写不完啊！"两位同僚很不服气："那照欧阳学士说呢？"欧阳修淡淡来了一句："逸马杀犬于道。"瞬间将人家的十二个字压缩了一半。

负责写列传的宋祁，文风就截然不同，总喜欢用些生僻花哨的字眼。他的写作前后长达十几年，经常将稿子随身携带，以便随时撰写、修改。尤其在任成都知府期间，几乎每晚都是垂帘燃烛、红袖添香，直写到深夜。

宋祁的工作态度无可挑剔，论年龄比欧阳修大九岁，论资历也是前辈，欧阳修很尊重他，打算来个委婉的讽劝。有一天早上，欧阳修提前到岗，先在办公大院的门上写下八个大字："宵寐非祯，札闼洪休。"等宋祁来了，看着门上的字发了半天呆，一个字一个字地翻译成白话，终于悟出了是什么意思，哈哈大笑道："这不就是俗话'夜梦不祥，题门大吉'吗，何苦写得这么标新立异！"欧阳修微笑道："您的《李靖传》中那句'震霆无暇掩聪'，我也看了很久才明白过来，就是'迅雷不及掩耳'嘛！"宋祁不禁摇头莞尔，此后文字也慢慢变得稍微平易起来。

为了防止因为作者不同而导致整部《唐书》的体例、文风不一，朝廷命欧阳修负责统筹全稿，尤其要仔细检查宋祁所作的列传部分。欧阳修受命后，退下来叹道："宋公是我的前辈，而且每个人的见解多有不同，哪能都按我自己的看法来呢？"于是对宋祁的作品一个字也没有改动。

等到《新唐书》全部完成，御史对欧阳修说："按照惯例，众人修书完成后，只署官职最高的那一位的姓名即可，所以只写您一人的名讳就可以了。"

欧阳修却回答："在列传上，宋公是用功最多的人，而且费时最长，在下怎么可以掩盖他的功劳呢？"于是本纪、志部分署了欧阳修的名，而列传部分署了宋祁的名。

宋祁知道后，既高兴又感动："自古以来，文人之间都是互不相让、喜好争胜。欧阳公如此处事，真是前所未闻！"

|秀才刺 试官刷|

搞定了唐史，闲不住的欧阳修心想，自己虽然老了，但也不能无所事事、等着寿终正寝啊，于是又开始自修《新五代史》。他在史籍资料之中细心考据，对遣词用字反复推敲，一再修改，精益求精，经常把自己累得半死。夫人看了甚是心疼，就劝道："老爷何苦如此？又不是小孩子刚入塾，难道还怕写得不好被先生责骂不成？"欧阳修捻须笑道："不怕先生骂，却怕后生笑！"如此精雕细琢之下，《新五代史》文笔简练、叙事生动，在二十四史之中也属上乘之作。

欧阳修不但对自己的文章严格要求，在做考官时，也用这种标准去寻找人才。当时在年轻士子群中，流行一种被称为"太学体"的文风，故意用古书里的生僻字来显示自己的学识渊博。这方面的领袖，是一个名叫刘几的太学生。宋仁宗嘉祐二年，欧阳修批阅试卷时，看到其中一份开头写道："天地轧，万物茁，圣人发。"永叔哼了一声："不就是'天地初分，万物开始生长，圣人也出世了'这么简单的意思吗？非要写得怪异生涩，定是刘几的卷子！"便按着原文的韵脚，在下面续了六个字："秀才刺，试官刷。"意思是，这秀才写文章很乖张古怪，本试官就把你刷下去。然后用大红笔将试卷从头到尾一笔横抹，这叫作"红勒帛"，就是判了个零分。等到将糊名试卷启封后一看，那份卷子果然是刘几的。

刘几并不是一个人在战斗，他还有很多粉丝写出了同样险怪奇涩的文章，可能打算用这样的文体淹死欧阳修。但他们万万没想到，自己面对的是考官中的战斗机，欧阳修对他们一视同仁，把凡是这种文体的试卷统统打了个不及格，无一幸免。这下得罪了很多荷尔蒙过剩、需要宣泄的年轻学生，他们等在欧阳修上朝的必经之路上，围住永叔，一顿痛骂、扔臭鸡蛋，连巡街的官吏都制止不住，甚至有学生愤怒地写了一篇《祭欧阳修文》，半夜三更砸在永叔家的窗户上，以此进行恶毒的诅咒。然而欧阳修根本不为所动，在阅卷时，只要发现有人敢这样写文章，他就持之以恒地刷下去。面对残酷的现实，太学生们不得不低头屈服，慢慢改变了他们引以为豪的文体。就连刘几都洗心革面，把名字都改了，回到家乡，继续苦读钻研。

嘉祐四年的礼部考试之前，仍然被宋仁宗任命为主考官的欧阳修放言："想除掉恶习，就得连根拔起。如果这次还有考生写那种轻薄文体，本官肯定痛斥，以除文章之害！"阅卷时，他读到一篇练达而不失文采的文章，大加称赏，判为第一，并向皇帝推荐。糊名启封后，只见署名是"刘辉"。旁人告诉欧阳修："这刘辉就是刘几。"欧阳修愣了一下，点头赞许道："原来是他，换了个马甲还真没认出来。现在可谓文辞清丽、说理明白，实为难得！"这一年，刘辉高中状元。

眉山三苏

遇上欧阳修这种宗师级的主考官，实在是广大考生的幸运。他不但帮助刘辉这样的可造之才重回正路，还发掘出一批成为国之栋梁的天才。就在辣秀才刘几被刷下去的那一年，有一对兄弟从遥远的天府之国四川来到京师应试。在群星璀璨的大宋朝里，最耀眼的那一颗即将冉冉升起，这颗巨星的天分之高、天赋之广、成就之大、魅力之强、人缘之好、影响之深，在中国几千年文化史上前无古人、后无来者。这颗巨星的名字，就叫苏轼。

苏轼，字子瞻，因为自号东坡先生，所以最响亮的名号是"苏东坡"。他的亲弟弟苏辙，字子由。这兄弟俩的名和字很有意思，我猜想他们的父亲苏洵给儿子取名时，正在看《曹刿论战》。曹刿辅佐鲁庄公击败一鼓作气、再衰三竭的齐军，鲁君正要下令追击，曹刿担心强大的齐国会有伏兵而赶紧拦阻，曰"未可"，先下视其辙（车迹之"由"），再登轼而望之（高"瞻"远瞩），最后才曰"可矣"，纵鲁军追击，遂大败齐军。苏洵自己写过《名二子说》，解释这两个儿子起名的理由，尚不及我这个猜想生动活泼。

苏洵，字明允，自号老泉，比欧阳修小两岁。少年时代的他，终日游荡、不务正业，一般人都是六七岁开始读书，他是"二十五岁始知读书"。尽管起步已是很晚了，但他自负天资，不肯下苦功夫，直到二十七岁那年应考举人名落孙山，才发现即使是天才，也需要努力。他细读自己往日几百篇的旧作，不禁叹道："吾今之学，乃犹未之学也！"于是将所有纸稿一把火烧了个精光，每日端坐在书斋里，穷究诸子百家经传，研读韩愈等大家文章，发誓在学有大成之前，不写任何文章——这才叫厚积薄发，态度比我端正多了。

天才一努力就不得了，苏洵终成一代文宗，《三字经》就将他作为成年后发奋努力也不迟的正面教材："苏老泉，二十七，始发愤，读书籍。"人的心窍一旦打开，一通百通。

苏洵二十八岁时生了苏轼，三十岁时生了苏辙。这两兄弟，特别是苏轼，绝对是苏洵一生最大的成就。天地的灵气精华都汇聚在这一家人身上，搞得当时居然有民谣在传唱："眉山生三苏，草木尽皆枯。"今天眉山三苏祠的大门上挂着一副对联：

一门父子三词客，千古文章八大家。

手足情深

苏轼十岁之后，苏洵外出四处游学，妻子程氏在家培养两个儿子。母亲是最伟大的教师，在母亲的悉心引导下，苏轼、苏辙年纪轻轻就以文章称誉当世。更令人羡慕的是兄弟俩之间的感情，他们参加科考，不是争抢风头，而是用互相帮助的方式来组团作战。

在兄弟俩一同参加的一场考试中，苏轼看着眼前的试题，感觉非常陌生。在脑海中一番检索，依然毫无结果，不由得茫然无措，只得长叹一声，斜眼瞅瞅旁边的弟弟。苏辙一看哥哥这副样子就明白了，拿起放在桌上的笔，将笔管含在嘴里吹起来。苏轼恍然大悟，原来题目是《管子注》里的一句话，但是关键的字被抄错了，怪不得自己刚才想不起来。一个抄字员工作不认真，就差点扼杀了一位天才的前途。

另一场考试的题目是《形势不如德论》，这次轮到苏辙看着试卷上的"礼义信足以成德"发呆。苏轼见状，知道弟弟忘了出处，就向考场的工作人员索要磨砚的水，并厉声抱怨人家慢手慢脚："小人哉！"苏辙一听，立刻反应过来，题目出自《论语》中的《樊迟请学稼》，讲的是孔子的一个学生樊须（字子迟，又称樊迟）向老师请教如何种庄稼，孔子脸色很难看地回答："这个我不如老农民。"樊须又向老师请教如何种瓜果蔬菜、花花草草，孔子的脸色更阴沉了："这个我不如老园丁。"等樊须退下后，孔子很恼火地对别人说："小人哉，樊须也！在上位者只要重视礼，老百姓就没人敢不敬畏；在上位者只要重视义，老百姓就没人敢不服从；在上位者只要重视信，老百姓就没人敢不以实情来反馈。只要在上位者能做到上述这些，四面八方的老百姓自然会背着襁褓中的婴儿来投奔，哪里还用得着你亲自去种庄稼呢？"这个就叫"礼、义、信足以成德"。

樊迟不过向老师请教了一个技术性问题，孔子为何生这么大气呢？原来几天前，孔子刚被一位种田老者讥讽为"四体不勤、五谷不分"，正在郁闷之中，樊迟偏偏这个时候又来兴致勃勃地请教孔子关于种庄稼种菜的琐事，纯粹给老师的伤口上撒盐，真是好没眼色，被孔子借题发挥，骂为胸无大志，一点儿也不冤枉。只是可怜考场工作人员，无端被苏轼骂了一句"小人"，才是躺着也中枪。

幸遇伯乐

苏氏兄弟实力既高，还这样善于组团作弊，在考场上自然是气势如虹，人挡杀人，佛挡杀佛，携手一路冲进了京师，声名如日中天。

嘉祐二年考进士的人本来很多，魏国公韩琦很诧异地问自己的宾客："今年有二苏在此，居然还有这么多人敢和他俩同场较量，是怎么一回事啊？"这话一传出去，结果有十之八九的考生被吓得没参加考试就离开了。还好留下来的考生也都是人中龙凤，稍后我会揭晓那张星光闪耀的榜单。

到了八月中旬即将考试之时，苏辙偏偏生了病，眼看来不及痊愈应试了。韩琦上奏仁宗说："今年的进士考试人选之中，最有声望的就数苏轼、苏辙兄弟。听说苏辙生了急病，赶不上考试的时间。如果此等天才的两兄弟中有一人不能应试，实为憾事！恳请陛下将考试略为延后，等待苏辙病愈后再行开考。"仁宗点头同意。此后，韩琦每隔几天就派人去询问苏辙的病情，直等到他完全康复后才奏请朝廷正式安排进士考试，比往年推迟了二十多天。

你肯定有疑惑，觉得如果韩琦没有收苏家一大笔钱的话，怎么会如此卖力护持苏家兄弟，然而事实是，韩琦到此时都还没见过他俩。这种为国求贤、不避嫌疑的君子之风，确实令人钦慕。

嘉祐二年的礼部会试，题目是仁宗出的《刑赏忠厚之至论》，看到这考题，就能明白这位皇帝的庙号为什么是个"仁"字了。主考官欧阳修被一份试卷深深吸引，此文不但辞藻优美、说理透彻，而且居然用到了连博闻强记的自己都不知道的新鲜典故。话说当年帝尧的大法官皋陶审理一起案件，"皋陶曰'杀之'三，尧曰'宥之'三"，意即皋陶连续三次判决囚犯死刑，尧却连续三次否决，赦免囚犯不死。这就是我国古代"疑罪从轻"的司法思想，人死不能复生，在存疑之案上宁可误纵有罪之人，也不可枉伤无辜之命。现代社会奉行"疑罪从无"的原则，更加文明进步了。这个故事将抽象的司法理念阐述得生动清晰，远胜过其他考生千言万语的纯理论阐述。欧阳修不禁拍案叫绝，转头问副考官梅尧臣："这典故出处在哪里？"梅尧臣皱眉摇头："我也不知。"

宋朝为了防止唐朝时盛行的投行卷之风影响科考的公平性，不但对试卷糊名，还派专人誊写试卷，以防考官认得考生的笔迹。欧阳修看这篇文章的风格，很像是自己的学生曾巩所写，怕人家说自己徇私舞弊，不好意思取为第一，就将它列为第二名。结果试卷拆封后，才发现这份卷子的作者是苏轼。

等到苏轼来拜谢主考官的时候，欧阳修实在按捺不住好奇之心，问他那个"尧曰宥之三"的典故出自哪里。苏轼笑答道："事在《后汉书·孔融传》。"欧阳修兴冲冲跑回家仔细翻阅了一遍，根本找不到。过了几天，遇到苏轼，执着的他又穷究此事，苏轼又笑答道："《孔融传》里写到曹操灭袁氏后，将袁熙的妻子甄宓（七步成诗、才高八斗的曹植的梦中情人，《洛神赋》的主角原型）赐给儿子曹丕。孔融嘲笑：'当年周武王灭商纣后，将妲己赐给了周公。'饱读诗书的曹操很疑惑地问：'此事何经所见？'孔融回答：'下官以今日发生的事情来看，想当然而已。'学生文章里所写的尧和皋陶之事，也同样是想当然而已（这不就是在夸宋仁宗是唐尧那样的仁君明君吗，天才拍出的马屁果然不同凡响）。"欧阳修听后拍掌大笑，回去后对朋友说道："苏子瞻此人可谓善读书、善用书，他日文章必独步天下。"伯乐嘛，自是慧眼独具，后来果不其然。

韩琦的苦心没有白费，苏辙也同科及第。兄弟俩回家向父亲报喜，苏洵百感交集地念了四句打油诗：

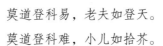

莫道登科易，老夫如登天。
莫道登科难，小儿如拾芥。

天下师尊

不要以为苏氏兄弟同科及第在当时是风光无两，当年榜单中最吸引眼球的并不是他俩，而是曾巩、曾布、曾牟、曾阜四兄弟。看看这些兄弟天团，你就能明白什么叫作"家学渊源"。唐宋八大家中最晚登台的苏轼、苏辙、曾巩碰巧在同一期参加科考，而且居然被欧阳修在糊名试卷中全部挑了出来，这是多么犀利的眼光！

更令人惊异的是，嘉祐二年的进士榜里还有好几位在史书中闪闪发光的名字。张载，北宋大儒，世称"横渠先生"，他最有名的话是"为天地立心，为生民立命，为往圣继绝学，为万世开太平"，被称为"横渠四句"。程颢，北宋大儒，他的老师是提倡"文以载道"、写出《爱莲说》的周敦颐。而程颢的弟弟是制造了尊师重道典故"程门立雪"的大儒、"伊川先生"程颐，兄弟俩被称为"二程"。程氏兄弟有一位四传弟子，名叫朱熹，发展出"程朱理学"，其响亮口号是"存天理、灭人欲"（尽管"程朱理学"在宋代的影响力十分有限，但被明清之人玩到了登峰造极的地步，发展到"五四运动"时期，就成了旧社会糟粕的代表，受到鲁迅先生等一大批近现代思想家的痛斥）。吕惠卿，北宋政治家，后来官居宰相，成为王安石变法的第二号人物。章惇，北宋政治家，后来也登阁拜相，是继王安石之后的新法领袖。

神一般的主考官欧阳修，将那个时代的青年才俊基本上一网收尽。而早在此之前，欧阳修对王安石、苏洵等人已多有奖掖提携之恩。《宋史·欧阳修传》里说他"奖引后进如恐不及，赏识之下率为闻人。曾巩、王安石、苏洵、洵子轼辙，布衣屏处，未为人知，修即游其声誉，谓必显于世"。唐宋一共"八大家"，宋朝占了其中六个席位，而且全部出自欧阳修门下，"故天下翕然师尊之"。

| 缘悭一面 |

欧阳修对人才的赏识与喜爱是由衷的。他收到苏轼中进士后写来的致谢信，一读之下，爽快得出了一头汗，他在给梅尧臣（字圣俞）的《与梅圣俞书》中写道："读轼书，不觉汗出，快哉快哉！老夫当避路，放他出一头地也。"这就是成语"出人头地"的出典所在。

此时，欧阳修五十岁，夕阳无限好，只是近黄昏；苏轼二十岁，就好像八九点钟的太阳。众人听到年过半百的一代文宗如此评价一个毛头小伙子，刚开始都哗然不服气，但后来就不得不赞叹欧阳修的识人之能。欧阳修晚年时还对儿子欧阳棐说："你记着我的预言，既然有了苏子瞻，三十年后世人都不会再提我的文章了。"

苏轼最崇拜的人，还不是欧阳修，而是文人的千古楷模范仲淹。早在他六岁读乡校时，有一位来自京师的士人拿着《庆历圣德诗》给乡校老师看。小苏轼好奇地询问诗中所称颂的都是些什么人，老师很不耐烦："小孩子问这个干什么？"苏轼不依不饶："他们是天上的神仙吗？如果是，那我就不敢问了。如果和我一样也是人，为什么不可以知道他们呢？"先生很惊讶小孩子居然能说出这样的话，便一一告诉他："希文（范仲淹）、稚圭（韩琦）、彦国（富弼）、永叔（欧阳修），这四位皆是人中豪杰。"小苏轼虽然没完全明白，但却记住了他们的名字。

嘉祐二年，苏轼赴京应试时，范仲淹刚刚逝世。苏轼赶到范仲淹的墓前，读着墓碑上的碑文，流泪说道："我仰慕您的为人已有十五载，而缘悭一面，这莫不是命运的安排？"

欧阳修赏识苏轼，将他引荐给韩琦和富弼，三位老前辈都给苏轼以国士的待遇，纷纷长叹道："只恨你没来得及拜见范文正公！"在之后的二十年中，苏轼结识了范仲淹的三个儿子，均是一见如故，范氏兄弟还委托苏轼为父亲的遗稿作序。以上故事，都是苏轼年过半百之后，在自己所作的《范文正公文集序》里所写的回忆。

欧阳修和梅尧臣是一生的好友，从年轻时一起在洛阳担任钱惟演的幕僚，到年老时一起在京师担任进士考官。两人曾一起重游洛阳、赏牡丹，欧阳修作了一阕《浪淘沙》：

> 把酒祝东风，且共从容。
>
> 垂杨紫陌洛城东。
>
> 总是当时携手处，游遍芳丛。
>
> 聚散苦匆匆，此恨无穷。
>
> 今年花胜去年红。
>
> 可惜明年花更好，知与谁同。

末尾"知与谁同"一句，抒发了对友谊的珍惜和对人生聚散无常的感慨。我们不但对于明年能和谁在一起无法把握，对于自己的生命更是无法把握。也许人家明年还能来看花，但我自己却已不在了。《圣经·雅各书》里说："其实明天如何，你们还不知道。你们的生命是什么呢？你们原来是一片云雾，出现少时就不见了。"这话虽令人压抑得透不过气来，却是我们不得不接受的现实。欧阳修对于年华的老去无可奈何，还好目睹了自己的文学理念有以苏轼为代表的后起之秀继承，也算老怀为安了。

第十章

多情自古伤离别　为伊消得人憔悴

　　我们已经习惯了晏殊的慧眼识人，范仲淹、宋祁、欧阳修都是他提携的。但有一位诗词史上名气更大的词人求到晏殊府上，却没有得到他的青眼。这位运气不佳的客人名叫柳三变，也就是为我们所熟知的柳永。

|柳氏三绝|

　　柳三变比范仲淹还大五岁，是北宋词坛的前辈，甚至可以说是开山之人。柳三变有两个哥哥，柳氏三兄弟，人称"柳氏三绝"。他们的父亲柳宜给三个儿子取名，很是动了一番脑筋。大儿子名叫柳三复，典故出自《论语》中的"三复白圭"，意思是重要的书要读三遍才能有出息。二儿子名叫柳三接，意思是有了出息以后，就能一天被君王接见三次，大受宠信。三儿子名叫柳三变，因为《论语》里子夏说："君子有三变：望之俨然，即之也温，听其言也厉。"意思是，君子从外表看起来有三种变化：远远望他，看起来很庄重；接近他之后，又觉得很温和；等到听他说话，又觉得言辞很犀利。原来"三变"是用来赞美君子的褒义词，不是说文艺人善变的贬义词。既然君子"望之俨然"，所以柳三变字景庄。

　　从柳宜为儿子取名所花的功夫上就可看出，他对他们寄予了厚望。柳三变没有辜负父亲的栽培，在各级考试中一路过关斩将，十八岁就具备了到礼部应试进士的资格。这一年，他被父亲送出福建老家，赴京赶考。但柳少年觉得自己来日方长，一路上游山玩水、走走停停，待得到了杭州，醉心于如画美景，干脆住下来不走了，每天坐在西湖边上看看美女发发呆，没多久就填出一阕《望海潮》：

　　　　东南形胜，三吴都会，钱塘自古繁华。
　　　　烟柳画桥，风帘翠幕，参差十万人家。

云树绕堤沙，怒涛卷霜雪，天堑无涯。

市列珠玑，户盈罗绮，竞豪奢。

重湖叠巘清嘉，有三秋桂子，十里荷花。

羌管弄晴，菱歌泛夜，嬉嬉钓叟莲娃。

千骑拥高牙，乘醉听箫鼓，吟赏烟霞。

异日图将好景，归去凤池夸。

柳三变写这首词时，肯定想不到词中所描绘的杭州之繁盛、西湖之秀美，后来会深深刺激到一个不该刺激的人，那人就是在干燥灰黄的北方待腻了的金国皇帝完颜亮。他让人将此词刻在一面屏风上，还配上一幅江南水乡美景图，每日吟赏，幻想着这片人间仙境，不禁心驰神往，起了投鞭渡江之志，没过多久，就真的率军南下，打算统一中国，结果在采石矶被书生虞允文狠狠教训了一番，最终被部将弑杀。柳三变随便写首词，居然引发了一场战争，活活害死了当时世界最强大国家之一的皇帝。

| 青春一饷 |

柳少年在杭州玩够了才启程继续前行，经过苏州、扬州这种繁华城市，都要停下来住上个一年半载，穿行于烟花柳巷。从家乡到京师这一路，他居然走了六年。就凭这么懒懒散散的态度，能考出好成绩吗？如果让他考中进士，那真是没有天理了。果然，一张榜，不出意料地名落孙山，柳三变愤愤地填了一阕《鹤冲天》为落榜出气，结果又成了名作：

黄金榜上，偶失龙头望。

明代暂遗贤，如何向？

未遂风云便，争不恣狂荡。

何须论得丧？

才子词人，自是白衣卿相。

烟花巷陌，依约丹青屏障。

幸有意中人，堪寻访。

且恁偎红倚翠，风流事，平生畅。

青春都一饷。

忍把浮名，换了浅斟低唱。

首先，为落榜这种丢人的事情写词，却用这么牛气的词牌名，看得出柳三变心比天高。他对自己的期许可不只是中个进士，而是"龙头"，即高中状元。落榜也并非因为实力不济，只是不小心"偶失"而已。"明代暂遗贤"一句，信息量很大。唐玄宗曾经下诏，天下士子只要精通一艺，便可到长安考试做官。权相李林甫担心其中会有人在面圣策对时指斥自己擅权作恶，便暗中操控考试，结果居然无一人合格。对于如此奇怪的现象，李林甫向玄宗道贺，声称我大唐已经"野无遗贤"，实在是圣明的时代。而事实是，诗圣杜甫就在这批考生之中，被一起刷了下去。柳三变明显在讥刺当朝者有眼无珠地遗漏了自己这个大贤才，同时他自信地认为这也不过是暂时的，还自诩自己这样的才子词人是布衣卿相。青春转瞬即逝，干脆不要浪费时间去争取考场和官场的浮名了，还是及时行乐，在欢场中浅斟低唱吧。

这首词一炮而红，甚至传入深宫大内，连宫女们没事儿都低声哼两句"青春啊，都一饷……忍把那浮名，换了浅斟低唱"，歌声直飘到宋真宗耳朵里。孟浩然的"不才明主弃"，唐玄宗能听出抱怨之意，柳三变的"明代暂遗贤"，宋真宗同样也听得出弦外之音，就是说朕遗漏了贤人，根本不圣明嘛。真宗御制过《劝学诗》，鼓励大家努力求取功名，进入体制内，享受黄金屋，迎娶颜如玉，走上人生巅峰；柳三变却说"才子词人，自是白衣卿相"，表现得毫不羡慕体制，这是和皇帝的大政方针唱反调，态度很不端正。

| 奉旨填词 |

不怕皇帝收拾你，就怕皇帝还没收拾你时就已惦记上你。几年后，柳三变再次应考，宋真宗看见礼部报上来的进士名单中有位柳三复，点头不语。再往下看到一个讨厌的名字柳三变，便拿起朱笔重重划掉，冷笑道："且去浅斟低唱，何要浮名？"

真宗这一划，不但柳三变今年落榜，而且等于宣判了他今后在科举上的死刑，哪个主考官还敢再要皇上亲自黜落的考生呢？如果换了别人，肯定是五雷轰顶、五内俱焚，从此改过自新，以求得皇帝谅解，而柳三变听说原委后，干脆从此彻底混迹于青楼之中偎红倚翠，并在自己作品的署名处都写上"奉旨填词柳三变"七个大字，仿佛浅斟低唱不单单是他个人的爱好，更是奉了圣旨。这种变本加厉的行为，分明是在向皇帝抗议，不过是披了一件自嘲的外套而已。

有词话记载是宋仁宗划落柳三变，但柳永年过不惑时，仁宗仅十四岁，尚未亲政，所以只可能是真宗。而且从两位皇帝各自的特点来看，做这事符合真宗的价值观，而不像仁宗的宽容性情。

虽然宋真宗对柳三变有意见，但京城里的歌女们比皇帝更慧眼识珠。她们求柳三变填词，在勾栏瓦舍里弹唱后，必定能风靡一时，大大增加演出收入。柳三变不仅是词作家，还是歌女演唱水平的权威评委，一旦他说哪位歌女唱得好，其出场费立刻飙升十倍。

因为柳三变在家族中排行第七，歌女们都亲昵地叫他"柳七"。京城娱乐界流传的口号是："不愿穿绫罗，愿依柳七哥；不愿君王召，愿得柳七叫；不愿千黄金，愿中柳七心；不愿神仙见，愿识柳七面。"满城的歌女只有柳七不认识的，没有不认识柳七的；若真有不认识他的，也不敢说出去，怕丢人。歌女们宁愿倒贴千金，换得与柳七哥一夜姻缘，求得一词数句，引以为荣，所以科场失意的柳七倒也收入稳定、衣食无忧。

|为伊憔悴|

表面上看起来，柳七哥乐得在这温柔乡中销魂，每日里"酒力渐浓春思荡，鸳鸯绣被翻红浪"，但内心的痛苦不难想象。他最著名的作品《蝶恋花》，貌似登楼抒发离愁：

> 伫倚危楼风细细，
> 望极春愁，黯黯生天际。
> 草色烟光残照里，无言谁会凭阑意。
>
> 拟把疏狂图一醉，
> 对酒当歌，强乐还无味。
> 衣带渐宽终不悔，为伊消得人憔悴。

末尾的名句表面上是为感情消得人憔悴，也很可能是为功名消得人憔悴。中国的传统社会是一种官本位社会，特别是对于柳七这样出身书香门第的人来说，不能进入仕途，几乎等同于活得无价值，向上辱没祖宗，向下拖累儿女。大家想想《水浒传》里的许多英雄们，被体制害到家破人亡的地步，才逼不得已上梁山，就这样还天天盼着招安、重回体制，就知道体制有多吸引人了。

伤离别残月杨柳岸

在很多人世间的恩怨中，最后的胜利者往往是活得更长的那一个，柳七深信这一点——反正他比宋真宗年轻。真宗驾崩后，章献太后刘娥秉政，年近不惑的柳七仿佛看到了一线曙光。在他准备再次应考之前，还专程登门拜访晏殊，想走当朝宰相的门路。晏殊礼貌地接待了他，淡淡问道："您作曲子么？"柳七回答："和相爷一样，作些曲子。"这是在跟晏殊拉关系，咱俩都是词人，应该有共同语言啊。不料晏殊来了一句："老夫虽作曲子，也不曾写什么'针线闲拈伴伊坐'。"这是柳三变一首《定风波》里的句子，表现了一位少妇想将丈夫锁在家里陪伴自己的闺阁心思，虽单纯实在，但格调不高。柳三变一看话不投机，富贵宰相好像对自己民间俚俗的作品风格完全看不上眼，只好早早告辞。晏殊抬手送客时完全想不到，多年后，他的小儿子晏几道用一句柳永更为俗艳的"鸳鸯绣被翻红浪"，让他在满堂宾客面前好不尴尬！

柳七在考试中毫无悬念地再次落第，结果连京师也不想呆下去了，愤而离开这伤心之地。临别之际，他赠给情人一阕《雨霖铃》：

> 寒蝉凄切，对长亭晚，骤雨初歇。
> 都门帐饮无绪，留恋处，兰舟催发。
> 执手相看泪眼，竟无语凝噎。
> 念去去，千里烟波，暮霭沉沉楚天阔。
> 多情自古伤离别，更那堪冷落清秋节！
> 今宵酒醒何处？杨柳岸，晓风残月。
> 此去经年，应是良辰好景虚设。
> 便纵有千种风情，更与何人说？

此词的下半阕句句经典，优雅从容，对离别之情的描写直打入人心最深、最柔软之处，是柳七诗歌的代表作，也是婉约宋词的代表作，被收入了语文课本。柳七的作品没有被宋真宗和晏殊看上眼，但是在民间的流行度却极高，就连西夏都流行一句话："凡有井水饮处，即能歌柳词。"

红裙十队

章献太后逝世、宋仁宗亲政之后，特别开了一届"恩科"，就是放宽进士录取的尺度，给那些屡试不第的才子们一个机会。年已半百的柳三变闻讯，立即从外地赶回京师应考。为了保险起见，他还特意将已经上了黑名单的原名改为柳永，字耆卿，今天大家所熟悉的正是这个名字。皇天不负苦心人，重装上阵的柳永终于名登金光闪闪的进士榜，与他同榜及第的还有二哥柳三接。

柳永考中进士，被任命为睦州（今浙江省建德市）团练推官，终于算是有了功名。这对于他个人来说，是盼望已久的喜讯，但对京城欢场而言，却是一个噩耗。柳永临行那日，开封的青楼为之一空，歌女们都赶去为他饯行，个个哭得梨花带雨，抽泣声一片。柳永一首《如梦令》描绘了这盛大而感人的场面：

> 郊外绿阴千里，掩映红裙十队。
>
> 惜别语方长，车马催人速去。
>
> 偷泪，偷泪，那得分身与你？

送行的莺莺燕燕们不需要孙武的严格调教，竟然自发地排成整齐的十队，连皇帝出行也没有这么大的排场。柳七哥人生得以如此，夫复何求？

柳永虽然从此迈入仕途，却终身没当过什么大官，最后做了个屯田员外郎，所以世称"柳屯田"。据说他死时一贫如洗，身边连个打点后事的亲人都没有。那些有旧交的歌女们怀念他的才情，凑钱安葬了他。以后每年的清明，歌女们都要到墓前祭奠，称为"吊柳会"，这一做法一直持续到北宋灭亡。柳七一生最大的辉煌，不是来自于科举和功名，而是来自于青楼，这在中国古代文人中绝对是一个异类。

山抹微云

晏殊道貌岸然地训斥儿子晏几道不该唱柳永的艳词，苏轼也有一个类似的故事。他的著名弟子秦观，字少游，成名作是《满庭芳》：

> 山抹微云，天连衰草，画角声断谯门。
>
> 暂停征棹，聊共引离尊。
>
> 多少蓬莱旧事，空回首，烟霭纷纷。
>
> 斜阳外，寒鸦数点，流水绕孤村。
>
> 销魂当此际，香囊暗解，罗带轻分。
>
> 谩赢得，青楼薄幸名存。
>
> 此去何时见也？襟袖上空惹啼痕。

伤情处，高城望断，灯火已黄昏。

此词第一句"山抹微云"，将绘画笔法融入诗词，极富盛名，秦观由此被时人称为"山抹微云君"。他的女婿范温曾出席某贵人家的筵席，同桌有个侍儿酒兴很高，一连唱了好几首秦观的词，但对于恭谨内敛的范温则不屑一顾。酒至半酣，他才指着范温问身边的人："那小伙子是什么人？"范温自己答道："在下乃'山抹微云君'之婿。"侍儿张口结舌，满座人笑成一片。此词流行程度之高，可见一斑。

秦观从会稽入京去见苏轼，子瞻刚见面便恭维道："久别之后，君写词远胜当年，现在京城里到处传唱您的'山抹微云'呢。"秦观逊谢："哪里，哪里。"不料苏轼第二句立刻跟上："但我没想到您去学柳七作词了。"秦观忙道："学生虽然没有什么学识，也不至于这样，先生言重了。"苏轼微微一笑："'销魂当此际'，不是柳七的句法吗？"秦观不得不服，因为这个香艳的句子确实有柳七的风格。而"斜阳外，寒鸦数点，流水绕孤村"，则是化自隋炀帝杨广的《野望》一诗：

寒鸦飞数点，流水绕孤村。

斜阳欲落处，一望黯消魂。

苏轼最后送了一联"山抹微云秦学士，露花倒影柳屯田"给秦观，将他和柳七牢牢绑在一起。别看苏轼以此调侃秦观，他自己对柳永并无不敬之意。苏轼有位幕僚很善于唱曲，有一天，子瞻忍不住问他："依您看来，我词比柳词如何？"幕僚想了一想，答道："柳郎中之词，适合让十七八岁的妙龄女郎，手执红牙板，细吟低唱'杨柳岸，晓风残月'；学士您的词嘛，须得请关西大汉，弹着铜琵琶，敲着铁绰板，高歌'大江东去，浪淘尽'。"这回答甚绝甚妙，苏轼忍不住捧腹大笑。

事实上，苏轼对于柳永相当推崇："人们都说柳耆卿的词俗，然而像'渐霜风凄紧，关河冷落，残照当楼'这种句子，即使唐人诗作的最高处，也不过如此。"此句来自柳永的名作《八声甘州》，我个人最喜欢的倒是起首一句：

对潇潇暮雨洒江天，一番洗清秋。

渐霜风凄紧，关河冷落，残照当楼。

是处红衰翠减，苒苒物华休。

惟有长江水，无语东流。

不忍登高临远，望故乡渺邈，归思难收。
叹年来踪迹，何事苦淹留？
想佳人妆楼颙望，误几回，天际识归舟。
争知我，倚阑干处，正恁凝愁。

难于冠柳

在很大程度上，柳永已经成为北宋词人的一根标杆，有人不屑于他，但更多人想与他一争雄长，甚至超越他。比如年长苏轼两岁的王观，字通叟，给自己的词集取名为《冠柳集》，意思是能超过柳永一头，可惜现在已经失传了，咱们也没法验证他是否在吹牛，不过他的《卜算子·送鲍浩然之浙东》确实是一阕难得的好词：

水是眼波横，山是眉峰聚。
欲问行人去哪边，眉眼盈盈处。

才始送春归，又送君归去。
若到江南赶上春，千万和春住。

这个"眉眼盈盈"清灵可爱，"千万和春住"则是别开生面，王观居然将送别词写得热闹而灵动，毫无凄苦之情，绝对是一位天才。他还有一首不太著名的《红芍药》，也非常有趣：

人生百岁，七十稀少。
更除十年孩童小，又十年昏老。
都来五十载，一半被睡魔分了。
那二十五载中，宁无些个烦恼？

仔细思量，好追欢及早。
遇酒追朋笑傲，任玉山摧倒。
沉醉且沉醉，人生似、露垂芳草。
幸新来、有酒如渑，结千秋歌笑。

假如王观失传的词集中真有十首八首的词能保持这种高水平，和柳永一较短长，还是可以的，但若想达到"冠柳"的程度，似乎还有一定距离。

第十一章

春风又绿江南岸　他年夜雨独伤神

对柳永不假辞色的晏殊，对范仲淹、宋祁、欧阳修都有知遇之恩，而他最青眼有加的人却是王安石。王安石，字介甫，比晏殊小三十岁，是中国历史上大名鼎鼎的政治家、改革家，一生毁誉参半，其功过是非让后人争论到如今。

｜金玉良言｜

可能王安石的父亲对东晋"东山再起"的谢安很崇拜，所以将谢安的字"安石"给了儿子作名。王安石和晏殊同为江西抚州临川人，庆历二年的科考，登进士榜第四名。宋仁宗让前十名到时任枢密使的晏殊府上拜谢，晏殊等众人都告辞之后，独留下王安石，再三赞叹道："久闻您的德行和在家乡的声誉。老夫在执政的位置上，而家乡中的贤人考得了这么好的名次，实在与有荣焉！休息日，请再光临寒舍，吃顿便饭吧！"到了日子，又专程派人去请王安石，待遇隆重远超他人。

饭后，晏殊与王安石闲谈，对他说："您日后能达到的名位，必定和老夫一样。"此时晏殊已位极人臣。临别时，晏殊忍不住叮嘱："老夫有一句话，想蒙君垂听：若能容他人，也就能被他人所容了。"王安石只是微微点头，回到旅舍后叹息道："晏公作为枢机宰辅，却教人这样的明哲保身之道，过于卑下了。"

等到王安石晚年因为变法失败罢相后，在金陵和弟弟王安礼闲聊时谈起此事，叹道："当年我对元献公（晏殊谥号元献，世称晏元献）的叮嘱很不以为然。与同僚交友，最后几乎人人都与我反目。如今想来，不知那时元献公是怎么发现我的毛病的……"

晏殊不但在极短时间内看出了王安石性格中的缺陷，也预见到了他将来的成就在自己之上。后世尊称的"临川先生"，果然不是临川人中最先拜相的晏殊，而是后来居上的王安石。因为王安石后来受封荆国公，又常被尊称为"王荆公"。

王安石自幼才气过人，但同时性格耿介、特立独行。只要他认为是对的事情，他就一定会做到底，几头牛也拉不回来，所以人称"拗相公"。曾巩曾对人说："我的好友介甫，写文章很有古风，行为举止嘛，正所谓人如其文。"这是在含蓄地评论王安石行为处事不知变通、不合时宜。

王安石本来被主考官定为状元，但他的试卷中有一句"孺子其朋"，这句话出自《尚书》，是周公教导年幼的周成王时说的话，大意是你这孩子啊，应该怎么怎么样。仁宗皇帝阅后很是不爽，心想朕都当了二十年皇帝了，你小子才二十岁出头，居然敢用这种长辈教训晚辈的口吻写文章给朕看！大笔一挥，将王安石直接划出前三甲，于是成了第四名。

| 心比天高 |

包拯掌管开封府时，司马光和王安石都是他的下属判官。一向严肃耿直的包青天，有一天居然大发诗情雅兴，邀请大家饮酒吟诗，并率先念出自己最得意的作品：

> 清心为治本，直道是身谋。
>
> 秀干终成栋，精钢不作钩。
>
> 仓充鼠雀喜，草尽狐兔愁。
>
> 史册有遗训，无贻来者羞。

这句"精钢不作钩"，诚然是包拯一生为人做官的写照。包大人吟罢，满饮一杯，然后下属们轮流做诗，由司马光起首。司马光，字君实，比王安石大两岁，人尽皆知的故事是小时候砸缸救出一起愉快玩耍的小伙伴；长大后为人端直方正，著名的警句是教训儿子司马康的"由俭入奢易，由奢入俭难"。极偶尔的情况下也能略通风情，比如此刻吟出一阕《西江月》：

> 宝髻松松挽就，铅华淡淡妆成。
>
> 青烟翠雾罩轻盈，飞絮游丝无定。
>
> 相见争如不见，多情何似无情。

笙歌散后酒初醒，深院月斜人静。

"相见争如不见"，这是多情之人才能了解的无奈。那英唱的《相见不如怀念》，算是大致表达了这种矛盾。包拯觉得此句甚佳，亲自给司马光敬酒。司马光平时不喜欢喝酒，但既然领导敬酒，总归要勉力，一饮而尽。

下一位轮到王安石。介甫站起身来，朗声道："前日下官在浙江登临飞来峰，赋得小诗一首，请诸公赐教。"说罢便吟出来：

飞来峰上千寻塔，闻说鸡鸣见日升。

不畏浮云遮望眼，只缘身在最高层。

李白在《登金陵凤凰台》里有"总为浮云能蔽日"之句，忧虑被小人谗言所陷；王安石在这首《登飞来峰》中却特意加上"不畏"二字，站在高塔上欣赏旭日东升的辉煌景象，对自己的能力和前途信心满满。包拯笑道："心比天高，果然好诗！老夫也敬君一杯。"不料王安石躬身逊谢道："多谢包公（唐宋时期，不称呼官员为"大人"，一般称呼官职或某公。"大人"在元以前主要用来称呼父母伯叔，宋以后才逐渐称呼官员为"大人"），下官从不饮酒，愿饮茶以代。"旁边同僚们纷纷起哄："介甫，包公都亲自敬酒了，你就喝一杯吧，哪怕喝一口也行！"王安石却不为所动，始终滴酒不沾。包拯素以执拗倔强著称，却拿王安石毫无办法，只能苦笑作罢。

壮志难酬

到了宋神宗熙宁年间，王安石果然以自己对国家政治、经济、国防军事等方面危机的认识和激进的解决方案，打动了励精图治的年轻皇帝，被神宗越级提拔为参知政事（相当于副宰相），主持变法，一步登天，进入了帝国的最高决策层。新春之际，王安石见家家户户忙着过年，有感而作了一首《元日》：

爆竹声中一岁除，春风送暖入屠苏。

千门万户曈曈日，总把新桃换旧符。

此诗看似写新年的气象，实则写新法的气象。王安石踌躇满志，正待大展身手。此时神宗给予他无比的信任，凡是谏阻变法的人，从司马光、韩琦、苏轼等一众名臣，到王安石的同胞弟弟王安国、王安礼，统统被挪开让路。凡是支持新法的人，不论品行如何，只看态度能力，从吕惠卿、章惇等实干派，到

爆竹声兴新除宿弊

李定、蔡京这样的小人，统统被信任重用。凡是能增加国家财政收入的方法，诸如均输法、青苗法、市易法、免役法，一起上马推行。

神宗召见外地任满回京的王安国，询问当地百姓对王安石变法的反应，本以为会听到王安国说哥哥的好话，不料他直言道："外面的人说臣兄用人不当，为国家敛财太急了。"神宗不悦，将王安国闲置不用。但王安国对哥哥的评价并非空穴来风。曾有小人投王安石所好，向他献策："梁山泊有八百里的湖面，不如将水放掉，改为农田，能为国家产出很多收益。"王安石大喜："主意很不错，只是该将这些湖水排到哪里去呢？"当时王安石的好友刘贡父在座，不紧不慢地说道："这个容易，只要在旁边再挖个八百里的大池子来装水就行了。"王安石哑然失笑。如果他真的实行了这个计划，后来也就没有水泊梁山、一百单八将造反，也没有四大古典名著之一的《水浒传》了。

王安石推行的"熙宁变法"在朝野上下一直受到很大的争议和阻力，反对派说他"擅改祖宗成法"，把天灾也算为变法导致的恶果。王安石不为所动，扬首豪言："天变不足畏，人言不足恤，祖宗不足法。"这就是让一些人热血澎湃而在另一些人眼中臭名昭著的"三不足"。虽然王安石确实是这样做的，但"三不足"不见于王安石本人的文字，甚至他还否认自己说过这句话，说明王安石打左灯、向右转，符合政治家的行为准则。

保守派在王安石的个人品行上找不到什么瑕疵，就攻击他不讲个人卫生，不每天刷牙洗脸、换干净衣服，还说他脑子不好使，一桌子菜，永远只吃面前那一盘，哪怕是狗食猫粮也照吃不误。甚至传出一篇《辨奸论》，作者署名是已经去世的苏洵，断言像王安石这样不近人情的家伙，绝不可能是什么好人。四年后，神宗迫于巨大压力，不得不将他罢相，以观文殿大学士出判江宁府（今江苏省南京市）。在这样的境遇中，王安石欣赏着自家宅院半山园内的寒梅，写了一首小诗《梅花》：

> 墙角数枝梅，凌寒独自开。
>
> 遥知不是雪，为有暗香来。

即使环境再恶劣，也依然屹立不倒、孤芳自赏，这墙角数枝梅就是王安石的个人写照。他买下的这所宅院位于谢安府邸的旧址，内有一个小山墩，被周围的人称为"谢公墩"，于是戏作了一首打油诗：

> 我名公字偶相同，我屋公墩在眼中。
>
> 公去我来墩属我，不应墩姓尚随公。

结果那些怎么看他都不顺眼的人就骂他"居然与死人争地"，真是毫无幽默感。神宗皇帝一直怀念和自己一条心变法的王安石，翌年便下诏恢复他的相位。介甫坐船从江宁去开封，途经瓜州渡口时，留下了名作《泊船瓜洲》：

> 京口瓜洲一水间，钟山只隔数重山。
>
> 春风又绿江南岸，明月何时照我还？

后来有人收藏到了这首诗的原稿，最初写的是"春风又到江南岸"，王安石自己圈去"到"字，注曰"不好"；继而改为"过"字，又圈去；再改为"入""满"等字。这样一共画了十几个圈圈，最后才定为"绿"字。这个"绿"字将春风形象化，极其生动传神，堪为写诗炼字的楷模。从诗中也可以体会到王安石虽有一腔为国为民之志，但对复杂尖锐的政治斗争已开始厌倦，想着有一天能回家归隐，终老于江南林泉之下。

一年后，王安石的长子王雱逝世。沈括的《梦溪笔谈》里记载了这样一个故事：王雱自幼聪敏，有客带着一个笼子拜访王家，笼内关着一只鹿、一只獐，客人故意逗小王雱："你认识哪只是鹿，哪只是獐吗？"王雱当然不认识，但他想了一会儿便答道："獐旁边那只是鹿，鹿旁边那只是獐。"客人拍手称奇。王安石遭受爱子英年早逝的巨大打击，同时眼看新法难以为继，遂屡屡托病请辞，终于第二次离开相位，还是回到江宁做知府。他对政治心灰意冷，又忍不住忧国忧民，登上钟山举目远眺，赋得《桂枝香·金陵怀古》：

> 登临送目，正故国晚秋，天气初肃。
>
> 千里澄江似练，翠峰如簇。
>
> 归帆去棹残阳里，背西风，酒旗斜矗。
>
> 彩舟云淡，星河鹭起，画图难足。
>
> 念往昔，繁华竞逐，叹门外楼头，悲恨相续。
>
> 千古凭高对此，谩嗟荣辱。
>
> 六朝旧事随流水，但寒烟衰草凝绿。
>
> 至今商女，时时犹唱，后庭遗曲。

虽然上半阕貌似在描写明丽壮观的秋景，然而"晚秋""残阳""西风"都是一派肃杀之气，正是刘禹锡所言"自古逢秋悲寂寥"之意。王安石觉得自己变法的壮志难酬，大宋沉疴难挽，已到了晚秋。末句明显化用杜牧的"商女不知亡国恨，隔江犹唱《后庭花》"。他现在就有亡国之忧，并非杞人忧天。"熙宁变法"失败，富国强兵的希望破灭，王安石逝世后不到四十年，金兵攻入京城开封，北宋灭亡。此词风格沉郁悲壮，颇有老杜遗风，与范仲淹的《渔家傲·秋思》一起，拓宽了宋词的境界，为之后的豪放派开路。苏轼读后颇有感触，叹息道："此老乃野狐精也。"意即迥异常人。我们今天看过去，觉得这首词在灿若星河的宋词佳作中并不突出，但苏轼只能看到他先辈们的作品，绝大部分是柳永、张先、晏家父子那般的婉约柔情之作，王安石此词，自然显得难能可贵。

此外，北宋在神宗年间，表面看上去还是一派欣欣向荣，只有神宗、王安石等寥寥数人头脑清醒，看到隐藏的巨大危机。除王安石此词外，我没印象还有哪位名家提出了"后庭遗曲"这种明确的亡国之忧。苏子瞻一颗拳拳之心，忠君爱民，平时常常忧虑国事，见了王介甫此词，不得不感叹他的先见之明，故有引为知己之心。

| 乌台诗案 |

说起王安石与苏轼之间的恩怨，还真有一段曲折的故事。

王安石轰轰烈烈搞变法之际，苏轼认为其中很多政策虽然富国却是伤民，多次上书反对。两人政见不同，王安石是新党领袖，苏轼则被视为旧党中人。王安石的门生李定被御史弹劾母亲去世后没有服丧，而李定辩解说自己根本不知道生母是何人，双方闹得一地鸡毛。正巧此时有一位大孝子朱寿昌（"二十四孝"之一）辞官寻回了失散五十年的生母，王安石、苏轼等名人纷纷写诗赞美祝贺。苏轼诗中有一句"感君离合我酸辛，此事今无古或闻"，被人怀疑是影射，纷纷拿来嘲笑李定，从此李定大恨苏轼。

几年后，苏轼由徐州调任湖州时，例行公事，上表感谢皇恩浩荡，文中忍不住夹了几句私货牢骚话："陛下知其愚不适时，难以追陪新进；察其老不生事，或能牧养小民。"这"新进"二字明显是讽刺被迅速提拔的一众新党干将，目光如炬的御史们当然看得出来，便上表弹劾苏轼暗讥朝政，更翻出他的诗集，断章取义地状告其"包藏祸心，怨望其上，讪渎谩骂，而无复人臣之节"。此案交由御史台狱审理。因为御史台官署内种了很多柏树，上面常有乌鸦栖息筑巢，所以别号"乌台"，此案就被称为"乌台诗案"，它开了中国历史上文字狱的先河。时任御史中丞（御史台长官）的李定抓住这个公报私仇的天赐良机，反复通宵提审、折磨苏轼，一心要整死这个写诗讥讽自己的家伙。

苏辙为了营救兄长，上书愿以免去自己全部官职的方式来替兄赎罪。朝廷不允，还将他贬为筠州监酒。苏轼入狱被折磨几个月后，心想这次怕是死定了。长子苏迈每天向牢里送饭，苏轼便吩咐儿子，平时只送蔬菜和肉，如果听到朝廷将自己定为死罪，就改为送鱼，好提前有个心理准备。

苏迈谨遵父亲的叮嘱，天天送蔬菜和肉，坚决不送鱼。过了很多天，苏迈外出买米，委托亲戚代为送饭，匆忙中忘了告诉他这个约定。这位亲戚担心苏轼天天吃肉吃腻了，就热心地送了一条熏鱼，想给他换换口味。苏轼打开食盒，看见一条面目可憎的熏鱼，顿感五雷轰顶，好一阵子才缓过神来。冷静下来后，向狱吏讨了纸笔，写了一首《绝命诗》留给弟弟苏辙：

> 圣主如天万物春，小臣愚暗自亡身。
> 百年未满先偿债，十口无归更累人。
> 是处青山可埋骨，他年夜雨独伤神。
> 与君今世为兄弟，更结来生未了因。

开篇先恭维一下皇帝，做了深刻的自我批评。中年殒命，算是提前偿还了前生的孽债。自己一了百了，但一家老少十多口人从此就要拖累弟弟你来抚养。我不怕死亡，处处青山都可以埋骨，可是当年与你相约"功成身退，夜雨对床"的愿望再也无法实现，只怕将来夜雨潇潇之时，你只能独自伤心了。我很感恩不但与你今生有缘做兄弟，更因为欠下你的情义，将来生的因缘也结下了。

狱吏不敢隐瞒，将此诗上交长官，诗稿最后传到了宋神宗的手中。神宗本就欣赏苏轼的文才，并没有杀他的意思，不过想借此案锉锉他出言无忌的锐气，为推行新法扫除舆论障碍。一读此诗，觉得苏轼不抱怨、不透过，认罪态度端正，兄弟情深更是出自衷肠，心中不禁感动。

恰巧此时宰相王珪觐见，给皇帝打小报告："苏轼对陛下有不臣之意！"神宗淡淡问："卿何以知之？"王珪答："苏轼的《咏桧诗》中有'根到九泉无曲处，世间唯有蛰龙知'之句。陛下已是飞龙在天，苏轼却说地下还有潜龙，这不就是不臣之心吗！"当时在场的章惇与苏轼是同年进士，也是被嘲讽的"新进"之一，此时却挺身而出，为苏轼分辩道："龙不只可以指君王，也可以用来比喻人臣！"神宗点头称是："自古以来，称为'龙'的人中俊杰比比皆是，如'荀氏八龙'（东汉郎陵侯相荀淑的八个儿子）、'孔明卧龙'（诸葛亮字孔明，号卧龙），哪里都是君王呢？诗人比喻之词怎能这样穷究？他自咏他的桧树，关朕何事？"王珪不禁语塞。

大臣们告退出来，章惇按捺不住气愤，质问王珪："相公恨苏子瞻到如此地步？居然扣个'不臣'的帽子，难道想让别人被诛九族吗！"王珪嗫嚅："老夫是从舒亶那里听来的。"章惇厉声道："舒亶的口水您也吃吗？！"说罢拂袖而去。

神宗退朝回到内宫，去看望病重的祖母太皇太后（宋仁宗曹皇后）。曹太后倚在榻上问："官家这阵子看起来不大高兴，不知所为何事？"神宗叹了口气："新法的推行不太顺利。苏轼还写诗嘲讽，流传于世，朕已经将他下狱，多有大臣论他应为死罪。"曹太后闻言，用力撑起身体，流泪道："记得当年先帝（宋仁宗）有一日制科考试回宫，喜形于色地对我说：'朕今日为子孙觅得两位宰相，就是苏轼、苏辙兄弟！'官家不是想大赦天下、为我的病祈福吗？我看那也不必，只要赦免苏轼一人足矣。"神宗连忙宽慰道："祖母尽管放心，孙儿知道人才难得，必不至令苏轼死罪。"这位曹太后的爷爷，便是宋初名将曹彬。

没过几日，王安石的另一个弟弟王安礼觐见神宗，为苏轼求情道："自古以来，有气量的君王从不以言语定人之罪。如果因那几首小诗的缘故加罪于苏轼，恐怕后人要说陛下不能容才，于陛下的盛名有累。"曾经为欧阳修说过好话的吴充也劝神宗："陛下一向不大看得起曹操，但曹操尚能容得下恃才傲物的祢衡，陛下为何容不下一个苏轼呢？"

"乌台诗案"发生时，王安石已被原来的新党副手吕惠卿排挤下去，不在中枢执政，听说苏轼下狱，专门从江宁府上书神宗，内有一句"岂有圣世而杀才士乎"。王安石对神宗的心理把握得最为准确，一言打中要害，一心要做圣世明君的神宗终于下定决心，不顾一众新党御史的聒噪而赦免了苏轼。在下旨之前，神宗秘密派人去狱中察看苏轼的状况，使者回禀道："苏轼在狱中每日里大吃大喝，到了晚上就呼呼大睡。"神宗笑道："睡得这么踏实，可见他心里没鬼。"次日颁旨，苏轼"讥讽政事"，从轻发落，贬官为黄州（今湖北省黄冈市）团练副使了事。

苏轼在牢中好好反省了一番，深知这次是祸从口出，告诫自己今后一定要谨言慎行。走出牢狱大门，阳光明媚刺眼，一阵春风吹来，满是久违了几个月的自由气息。弟弟苏辙早已等在门口，将哥哥接到开封城里最好的酒馆畅饮压惊。酒刚过一巡，苏轼便又文思涌动，开口吟出一句"却对酒杯浑是梦，试拈诗笔已如神"。苏辙狠狠瞪了他一眼，苏轼立刻明白过来，自己掌了一下嘴："还没改掉说大话的毛病！"想了一想，又吟出一句"平生文字为吾累，此去声名不厌低"，总算将姿态放低了一点儿，不过细看字里行间，对自己的文字和名声依然是颇为自负的。

第十二章

欲把西湖比西子　故乡无此好湖山

几年后的一天，已经退出政治中心、在江宁过着孤寂冷清的晚年生活的王安石突然接到苏轼派人送的信，说是从黄州移官汝州，路过金陵，想次日前来拜望。王安石的门生李定处心积虑地想置苏轼于死地，苏轼居然没有恨屋及乌，还专程来看望门前冷落车马稀的政敌前领袖，这一点令王安石又惊又喜。

| 相逢一笑 |

第二天清晨，王安石骑了一头瘦驴，早早到岸边等待。苏轼远远望见，赶紧从船上跳下来，深深一揖："下官今日失礼，竟然一身便服来拜见相公。"王安石朗声大笑，一把挽住苏轼的手臂："子瞻，虚礼是为我们这种人而设的吗？"两人都是光风霁月的品格，所以虽然在政坛上意见敌对，却能相逢一笑泯恩仇，品茗和诗，相谈甚欢。王安石劝苏轼将来在秦淮河畔买房定居，以便朝夕相见。苏轼感激他的厚意，作诗一首：

> 骑驴渺渺入荒陂，想见先生未病时。
>
> 劝我试求三亩宅，从公已觉十年迟。

除了谈诗，两人更重要的话题是国家大事。苏轼道："大兵、大狱，是汉、唐当年灭亡的先兆。我大宋先帝以仁厚治理天下，正是想革除这类弊病。但如今国家在西方连年用兵，不能和解，又在东南方数起大狱。国事如此危急，相公怎么不发一言来挽救呢？"王安石叹道："这两件事都是吕惠卿挑起的。老夫在外做地方官，怎敢不避嫌，去多嘴议论朝政？"苏轼摇头道："在朝廷中枢则参与议论国策，在外地则不议论，这确实是事奉君主的常礼。但陛下对待相公的信任和重用远超常礼，您怎么能仅以常礼回报呢？"王安石被激励起来，高声道："子瞻说得对！老夫一定会上书陛下，尽忠相劝！"

两人直聊到红日西沉，苏轼方躬身告辞。王安石望着他远去的背影，对身边人发出一声叹息："不知还要等几百年，才能再出现如此人物！"欧阳修认为苏轼在当时已独步天下，而王安石更认为他能跨越时代，独领风骚数百年。如今近千年过去了，也没有出现能与苏轼比肩的文化人物，介甫识人的眼光深刻独到。

| 新旧之争 |

宋神宗驾崩后，儿子赵煦即位（庙号哲宗），改元元祐，神宗之母、太皇太后高滔滔（宣仁太后）垂帘听政。宣仁太后在神宗时就反对变法，掌权后立即召深孚众望的司马光回京。当年司马光因为反对王安石变法，自请离开朝廷，到西京洛阳去写书，这一去就是十五年，完成了中国第一部编年体通史。神宗认为这部规模宏大的史书"鉴于往事，有资于治道"，钦赐书名《资治通鉴》。司马光回到京师时，开封城的百姓摩肩接踵地围观这位传说中的大儒，以至于道路堵塞，马匹都不能前行。司马光去宰相家拜谒，人们登楼骑屋地窥视，宰相府的家丁厉声喝止，却被人家一顿抢白："我们又不是来看你家主人的，只是想一睹司马相公的风采而已！"人群怎么呵叱也不肯退去，连屋瓦都被踩碎，树枝也被攀断了，司马光的人气值爆表！

王安石听说司马光回到朝廷中枢，顿知大事不好："司马十二要当宰相了！"果然，司马光很快执掌朝政。出于孝道的考虑，不能让宋哲宗马上变易父亲当年的施政方针，司马光便提出"以母改子"，由宣仁太后来更改儿子神宗执政的国策，全面废除新法，史称"元祐更化"。保甲法、方田均税法、市易法等相继被废除后，旧党内部在是否应该废除免役法、恢复原来的差役法上发生了激烈的争论，反对派与赞成派的代表就是司马光和他的门生苏轼。

苏轼怎么又成了司马光的门生呢？

原来，我们平常说的宋朝的进士考试指的是"常科"，一般每三年一大考，有宋一代三百余年，录取进士约四万人。赵匡胤吸取五代十国武将乱政的教训（他自己的陈桥兵变、黄袍加身对子孙而言就是个很好的反面教材），采用文官治国的方略，需要录取大量读书人从政，连带兵打仗的最高指挥官常常都是书生。而宋朝最高等级的科考叫作"制科"，极少举行，录取也非常严格，三百多年间才举行了二十多场，总共仅有四十余人通过，看这个比例就知道是在进士中"千里挑一"，为宰相之位储备人选。苏轼兄弟在嘉祐二年的常科考试中登第后还不满足，在嘉祐六年又联袂参加了制科考试，再次双双通过。苏母真是对儿子们素质教育和应试教育两手一起抓，都达到了登峰造极的地步。宋仁宗就是在这次考试后，龙颜大悦地告诉曹皇后为儿孙找到了两位宰辅之才。这次制科考试的主考官正是司马光（考官中还包括蔡襄），所以苏轼兄弟也是司马光的门生。

苏轼的名次是制科第三等，而制科的第一等、第二等皆是虚设，从来没有人中过，第三等就是事实上的宋朝才子第一人。解读出《正午牡丹图》的吴育得到过第三等，算是宋朝才子第二人。多年以后，苏轼在写给知交李之仪的信中自嘲：我当年参加制科考试的科目是"贤良方正能直言极谏科"，成绩还不错，就真的从此每每说古道今、直言极谏，希望能配得上这个科目的名分，结果直谏一次被贬一次，差点被这个政治幼稚病给害死，实在是没有自知之明啊！

首先劝司马光不要全面废除新法的，是同属旧党的范纯仁。熙宁年间，王安石变法如火如荼之时，范纯仁曾上书神宗，公开指责王安石的政策是与民争利，结果遭到贬逐。但面对司马光执政后将新法一锅端的做法，为人正直的范纯仁则劝阻司马光道："王介甫制定的新法，有利民可取之处，不应因人废言。"固执的司马光不以为意，只当作耳旁风。

此时，新党领袖章惇还在执掌枢密院，因为与司马光政见不同，经常上书皇帝打小报告，还故意找茬戏谑他，司马光不胜其苦。苏轼对章惇说："司马君实的名望很高。三国时，蜀先主刘备认为手下大臣许靖有虚名而无实才，对他很轻视，法正劝谏道：'许靖的虚名流传四海，陛下如果不加礼敬，必有不尊重贤人的坏名声。'刘备采纳法正的意见，让许靖做了司徒的高官。对待只有虚名的许靖尚且不可轻慢，何况是对待有真才实学的司马君实呢？"章惇听后深以为然，司马光这才稍微轻松了一些。

司马牛 拗相公

苏轼因为被贬地方多年，知道民间疾苦，见司马光一意孤行，也跑去相劝："差役法、免役法其实各有利弊。相公您现在就想着全面废除熙宁之法，怎么不再仔细考量，综合运用各法的长处呢？"司马光听了很不高兴，丢下苏轼，自己走进政事堂。苏轼不依不饶地追进去又是一阵劝说，司马光很有涵养地不发火，但是脸色越来越黑，而且完全不为所动。讲得口干舌燥但一无所获的苏轼出了政事堂，气得大叫："司马牛！司马牛！"

这当然是抱怨司马光犟得像一头牛，而历史上还真有一位名叫司马牛的人，他是孔夫子的学生，曾经很忧伤地感叹："人皆有兄弟，唯独我没有。"同学子夏安慰他："死生有命，富贵在天。君子敬而无失，与人恭而有礼，四海之内皆兄弟也。"一口气就搞出一串成语，收尾更是千古名句。子夏乃孔门高弟，军事家吴起、政治家魏斯都是他的学生。

司马光下令，全国必须在五日内尽废免役法，众人都以为如此骤改民生大法不切实际，只有蔡京迎合长官心意，不顾民怨沸腾，还真的做到了。蔡京后来能成为权倾一时的大奸臣，其来有自。

"司马牛"执意将"拗相公"当年所推行的新法全盘尽废，很难说没有带入自己被新党晾在洛阳十五年所积聚的个人情绪。苏轼、范纯仁尽皆感叹："奈何又一位拗相公！"当僻处江宁的王安石听说连在民间口碑甚好的免役法也被废除时，抑制不住惊愕，愤然道："司马十二连这法也废吗？！"心情急转直下，在神宗驾崩的第二年便郁然病逝。

百官对于应该给予这位失势的前宰相什么待遇议而不决，已经病入膏肓的司马光上书朝廷："介甫文章节义过人处甚多，但性不晓事而喜进非，致忠直疏远，谗佞辐辏，败坏百度，以至于此。"他认为朝廷的赠恤之典应该从厚，就此一言而决，王安石获赠太傅，这是位极人臣的正一品官衔，可谓哀荣备至。八年后，朝廷赐谥为"文"，故又世称王文公。

司马光虽然与王安石政见相左，但对于王安石这个人，他做到了尊重。而尊重你的对手和敌人，就是尊重你自己。同年，司马光病逝，被追赠同为正一品的太师，并赠温国公，所以后世称之为"司马温公"。朝廷赐谥为"文正"，宋哲宗还赐碑名为"忠清粹德"，并将其葬于高陵。据说灵柩被送往高陵时，京城的百姓罢市前往凭吊，有的人甚至卖掉衣物去参加祭奠，街巷中的哭声超过了车水马龙的声音。全国各地皆画其像来祭祀司马温公，人们甚至吃饭前都要先祭祀他。

司马光与王安石，这对在政治场上针锋相对的政敌，他们之间的这段公案，究竟该如何评判呢？

时过境迁，南宋朱熹评论道："温公忠直，而于事不甚通晓。如免役法，七八年间直是争此一事。他只说不合令民出钱，其实不知民自便之。"这几乎是将司马温公对王荆公的盖棺定论回赠给温公本人了。知人者智，自知者明。知人难，自知更难。王安石是中国历史上最著名的改革家之一，对他的评价向来众说纷纭，我个人倾向于梁启超先生的观点："若乃于三代下求完人，惟公庶足以当之矣。以不世出之杰，而蒙天下之诟。"

| 雪泥鸿爪 |

我们之前在晏几道、张先、欧阳修、柳永和王安石的章节中，穿插了苏轼的许多故事。接下来终于可以好好品读一下这位号称"发愤识遍天下字、立志读尽人间书"，被王安石、欧阳修都称赏不置的千年奇才在制科高中之后的人生了。

嘉祐六年，二十四岁的苏轼在制科中考出了"百年第一"的成绩，被任命为陕西凤翔府判官，走马上任。苏辙一路送哥哥到了郑州（今河南省郑州市）才分手回京，他估计苏轼前路即将到达渑池，就写了一首《怀渑池寄子瞻兄》寄过去：

> 相携话别郑原上，共道长途怕雪泥。
> 归骑还寻大梁陌，行人已度古崤西。
> 曾为县吏民知否？旧宿僧房壁共题。
> 遥想独游佳味少，无言骓马但鸣嘶。

原来苏辙和渑池很有渊源，他十九岁时曾被任命为渑池县主簿，但随即就考中进士，所以没有到任。他与苏轼赴京应试时路经渑池，住在寺庙僧舍中，一同在壁上题过诗。苏轼收到弟弟来信，和诗一首《和子由渑池怀旧》：

> 人生到处知何似，应似飞鸿踏雪泥。
> 泥上偶然留指爪，鸿飞那复计东西。
> 老僧已死成新塔，坏壁无由见旧题。
> 往日崎岖还记否，路长人困蹇驴嘶。

四个脚韵与苏辙原作完全相同，从形式上严格遵守了和诗的要求，但若不事先告诉你这是一首和诗，你完全看不出它有丝毫受到束缚的痕迹。尤其是前四句，挥洒自如、一气呵成，是苏诗中的名篇。既然人生所到之地方、所见之人物、所留之印记多是偶然，且难以长存，不妨随遇而安，便可少些感伤与烦恼。这个"雪泥鸿爪"的生动比喻充满了美感，在我看来，只有李白和苏轼这种级别的天才方能写得出，而且凡是对生活有细腻感受的人，都容易产生共鸣。苏轼的绝世才华在诗词创作中开始闪耀。

西湖西子

熙宁二年，王安石被宋神宗任命为参知政事，准备推行新法。苏轼与王安石意见不合，多次劝谏未被采纳，心有郁结，就在写给朋友石苍舒的诗中发牢骚："人生识字忧患始，姓名粗记可以休。"无论是谁，一旦读了点儿书，就免不了想要做一个脱离低级趣味的人，开始有点儿精神追求，自然会忧国忧民，看到民生疾苦，要他闭口不言是很困难的。这样的人，自古都不招"上面"待见。

两年后，三十四岁的苏轼被调出朝廷中枢，派往杭州任通判（大致相当于副市长）。这对于苏轼的仕途来说是一个挫折，但对于杭州这个城市和它的人民来说，则是天大的幸运。杭州原本有着秀甲天下的自然风光，苏轼的到来，让它的人文底蕴从此也登峰造极。杭州的名片是西湖，而西湖的名片便是苏轼在此期间留下的《饮湖上初晴后雨》：

> 水光潋滟晴方好，山色空濛雨亦奇。
> 欲把西湖比西子，淡妆浓抹总相宜。

如果将中国历代美女排个序，大多数人都会说"沉鱼、落雁、闭月、羞花"，西施以"沉鱼"之貌拔得头筹。苏轼此诗巧妙地将西湖与绝代佳人西施相比，西湖的地位也就不言而喻了。西施上妆后，明艳得不可方物，素颜时宛若出水芙蓉；心情好时，春风再美也比不过她的笑，心痛病发了则皱眉捂胸、我见犹怜，完全是360度无死角的国色天香。很多景点，你去之前都要看看节气、天气是否合适，寒冷、阴雨天就要改期，但西湖无妨：春有苏堤春晓，夏有曲院风荷，秋有平湖秋月，冬有断桥残雪，晴日里看波光粼粼、烟柳画桥，下雨天则烟雨蒙蒙、雾锁江南，还不收门票，完全是360度无死角的5A景区。苏轼这个比喻前无古人，是妙手偶得的神来之笔，不但生动贴切，而且平白浅显、易于传诵，一举成为西湖的定评。

写了这首先晴后雨的神品之后，苏轼觉得应该挑战一下自己，过几天又完成了一首先雨后晴的名篇，就是大家熟悉的《六月二十七日望湖楼醉书》：

> 黑云翻墨未遮山，白雨跳珠乱入船。
>
> 卷地风来忽吹散，望湖楼下水如天。

此诗描绘了盛夏中一场骤雨突然来到又倏忽晴朗的情景，令人神清气爽、眼前一亮。望湖楼，又名看经楼，为五代十国时吴越王钱俶所建，位于西湖畔断桥不远处，登楼眺望，一湖胜景尽收眼底。即使是第一流的诗人，要想写出这样一首好诗也不容易，需要精雕细琢、好好磨练，但苏轼却是文思泉涌、一笔写就，因为那天他一口气写了五首七绝，这只是第一首。这组诗中的第五首也是佳作：

> 未成小隐聊中隐，可得长闲胜暂闲。
>
> 我本无家更安往，故乡无此好湖山。

我是苏轼的老乡，也来自美丽的天府之国，当平生第一眼看见西湖的时候，瞬间便认同了他在此诗中的评价。四川的景色比之江浙平原更为丰富多样，有葱郁秀美的峨眉，有巍峨雄峻的雪山，有飞流湍急的大江，有迷彩炫目的九寨，但确实没有一个地方像西湖这样柔美入骨。全世界可能有许多湖光山色可以与西湖一较美丽，但论到"诗情画意"四个字，确实再也无此好湖山。

第十三章

十年生死两茫茫　老夫聊发少年狂

"中隐"一词，出自苏轼的偶像白居易的《中隐》一诗：

> 大隐住朝市，小隐入丘樊。
>
> 丘樊太冷落，朝市太嚣喧。
>
> 不如作中隐，隐在留司官
>
> ⋯⋯
>
> 不劳心与力，又免饥与寒。
>
> 终岁无公事，随月有俸钱
>
> ⋯⋯

苏轼始终没有真正进入过白居易晚年那种事不关己、高高挂起的做官状态，这也是为什么他的人格感染力比白乐天更高一筹的原因。他在江湖之远的杭州，依然心系庙堂之中轰轰烈烈的变法进程，还写诗反映民间疾苦，没想到正是这些作品埋下了"乌台诗案"的伏笔。而举报他黑材料的，居然是中国古代最著名的科学家之一——沈括。

| 绿筠青竹 |

沈括的笔记《梦溪笔谈》被英国科学史家李约瑟评价为"中国科学史上的里程碑"，他也颇有文笔，曾与苏轼在京师崇文馆共事。沈括被朝廷作为督察大员派到杭州去检查农业工作，临行前，宋神宗特别叮嘱："苏子瞻正在杭州当通判，你要善待于他。"

沈括到了杭州，热情地与苏轼回忆当年交情，将他的新诗都抄录下来，回到京城就以附笺的形式上奏，详细注明了哪些诗句是反对改革、讥刺圣上，成为"乌台诗案"的始作俑者。虽然当时没有立即掀起大风大浪，但等到李定等人出手时，沈括的这本告密小册子被善加利用，为罗织苏轼的"罪证"起了大作用。沈括拥有作为科学家的荣誉，但这也无法成为他人品的遮羞布。

在杭州於潜县丰国乡（今江苏省杭州市临安区淤潜镇），有个寂照寺，苏轼有次在此与慧觉和尚一同游览寺内的绿筠轩，十分喜爱其中种植的竹子，写了一首《於潜僧绿筠轩》：

> 宁可食无肉，不可使居无竹。
>
> 无肉令人瘦，无竹令人俗。
>
> 人瘦尚可肥，士俗不可医。
>
> 旁人笑此言，似高还似痴。
>
> 若对此君仍大嚼，世间那有扬州鹤？

东晋大书法家王羲之的儿子王徽之，平生最爱竹。有一次，他刚搬进一处寄居的宅院，第一件事情就是马上令人种上竹子。别人问他为何这么着急，他指着竹子说："怎可一日无此君？"苏轼用的便是此典故。这首诗如果不分段，简直就是一篇散文，所以很多人说苏轼经常在用写文章的方法来写诗，写的不是诗，而是押韵的散文，也不无道理。

|十年生死|

熙宁七年，苏轼被调往密州（今山东省诸城市）任知州。在这里，他写下了至少三首名篇。首先是大名鼎鼎的豪放词《江城子·密州出猎》：

> 老夫聊发少年狂，左牵黄，右擎苍，
>
> 锦帽貂裘，千骑卷平冈。
>
> 为报倾城随太守，亲射虎，看孙郎。
>
> 酒酣胸胆尚开张，鬓微霜，又何妨？
>
> 持节云中，何日遣冯唐？
>
> 会挽雕弓如满月，西北望，射天狼。

词中描绘了一幅动感壮观的太守出猎图，"老夫聊发少年狂"地豪言要像孙权年轻时一样亲自射杀猛虎。关于"持节云中，何日遣冯唐"，我在《唐诗为镜照汗青》中对《滕王阁序》里的"冯唐易老"典故有详细的解释，此处不再赘述。中国古代的星相学认为，天狼星象征着侵掠，苏轼用它来代指西北犯

猎密州聊发老夫狂

境的宿敌西夏。这可能是苏轼首次创作豪放词，就已经达到第一流的高度，激情饱满、声韵朗朗。他自己也颇为满意，在给朋友的信中写道："近却颇作小词，虽无柳七郎风味，亦自是一家。呵呵。数日前猎于郊外，所获颇多。作得一阕，令东州壮士抵掌顿足而歌之，吹笛击鼓以为节，颇壮观也。"忍不住又去和柳永相比，还开创了"呵呵"的解嘲用法。柳永的词要少女浅吟低唱才柔美无限，苏轼的词则要壮士打着节拍高歌方尽显阳刚。

到密州后的第二年正月里的一个夜晚，苏轼梦见了十年前病逝的妻子王弗，醒来后挥泪作下《江城子·乙卯正月二十日夜记梦》，可称千古第一悼亡词：

> 十年生死两茫茫，不思量，自难忘。
>
> 千里孤坟，无处话凄凉。
>
> 纵使相逢应不识，尘满面，鬓如霜。
>
> 夜来幽梦忽还乡，小轩窗，正梳妆。
>
> 相顾无言，惟有泪千行。
>
> 料得年年肠断处，明月夜，短松冈。

苏轼十九岁时，迎娶了芳龄二八的同乡女子王弗。王弗是乡贡进士之女，知书达理。红袖伴读对士子乃是最温馨的福分，夫妻两人琴瑟和谐、恩爱情深。可惜王弗二十七岁就韶年早逝，留下一个年方六岁的儿子苏迈，对苏轼的打击之大不言而喻。王弗去世三年后，苏轼续娶了王弗的堂妹王闰之。我估计这桩亲事之所以能达成，有如下几个原因：第一，据说王闰之颇有其堂姐的风韵，苏轼的心灵能得以安慰；第二，两人作为亲戚，有机会提前相识、了解；第三，也是最重要的一点，为了王弗所留下的幼儿能得到继母的照顾，以王闰之续弦最能让苏轼放心。果然，王闰之对苏迈视同己出，和自己后来所生的苏迨、苏过"三子如一，爱出于天"，苏轼重新拥有了和睦美满的家庭。

在现实生活中，苏轼不可能常常将亡妻挂在心间，但又绝未忘却，这叫"不思量，自难忘"。台湾电影史上的经典之作《搭错车》主题曲《酒干倘卖无》里有一句"从来不需要想起，永远也不会忘记"，就是这句词的白话版。"千里孤坟，无处话凄凉"是伤感爱妻的坟茔远隔千里，想去扫墓、说说话，也难以如愿。其实就算墓在附近，阴阳两隔之人就能够"话凄凉"了吗？死亡，对于人类来说，是永远无法解决的终极问题。结尾一句"料得年年肠断处，明月夜，短松冈"，读之悲凉彻骨，令人黯然销魂。整首词音韵凄厉而铿锵，将生离死别之情抒发得淋漓尽致，后人评价为"有声当彻天，有泪当彻泉"（"苏门六君子"之一陈师道的诗句），不但在悼亡词中公认排名第一，而且被许多人列为所有爱情诗歌之首。

┃千古传唱┃

熙宁九年的中秋佳节，苏轼思念七年未见的弟弟苏辙，酒后写下了《水调歌头》（丙辰中秋，欢饮达旦，大醉，作此篇，兼怀子由）：

> 明月几时有？把酒问青天。
>
> 不知天上宫阙，今夕是何年？
>
> 我欲乘风归去，又恐琼楼玉宇，高处不胜寒。
>
> 起舞弄清影，何似在人间？
>
> 转朱阁，低绮户，照无眠。
>
> 不应有恨，何事长向别时圆？
>
> 人有悲欢离合，月有阴晴圆缺，此事古难全。
>
> 但愿人长久，千里共婵娟。

第一句就是对宇宙终极问题的追问，与张若虚的"江畔何人初见月？江月何年初照人"以及李白的"青天有月来几时？我今停杯一问之"在思想上一脉相承。而且此词有两处在向李白的《月下独酌》致敬："把酒问青天"是"举杯邀明月"的工整绝对；李白"我舞影零乱"，苏轼也"起舞弄清影"。全篇皆是佳句，既有对出世的向往，更有对人间的眷恋；既有离人的愁绪，更有乐观的情怀。所以胡仔在《苕溪渔隐丛话》评价："中秋词，自东坡《水调歌头》一出，余词俱废。"信哉斯言。

┃东坡居士┃

苏轼的第二位夫人本来名叫"二十七娘"，是按照娘家大家族同辈女子中的排行起的。当时的女性通常这样随便叫个小名，并没有像样的大名，即使是书香门第也是如此。比如苏轼的姐姐名叫"苏八娘"（苏洵第三女），而他传说中有但实际并不存在的妹妹叫"苏小妹"。"闰之"这个名字很可能是苏轼

念婵娟把酒问青天

为妻子起的，因为她出生在闰正月里。闰之字季璋，可见在自己父母家中排行第四（伯仲叔季）。

熙宁十年，苏轼调任徐州（今江苏省、山东省、安徽省三省交界处）知州。元丰二年，又调往湖州（今浙江省北部一带）任知州。正是在这次调任时例行公事上的表中，苏轼发了那句"陛下知其愚不适时，难以追陪新进"的牢骚，成为"乌台诗案"的导火线，最终被降职为黄州团练副使，既无权签署公文，也不得擅自离开安置地，处于一种半软禁的管制状态中。

团练副使这个职位，类似民间自卫队副队长，官职低下，薪俸微薄，很难养活一大家子人。为了尽量让大家吃饱肚子，王闰之只能在每个月月初，将丈夫的薪俸四千五百文钱均匀分为三十份，分别用一根麻绳穿起来，挂在房梁上。每天早起后第一件事，就是用长叉取且仅取一串下来，用以安排一日三餐，然后赶快把叉子藏起来。如果女主人勤俭持家，当天能有些节余，苏轼就高兴得如孩童一般地将这些意外之喜存入一个小罐子里，以备万一有客人来访时，好买点酒招待。

生活凄苦，自然容易心境悲凉，乐观如苏轼者也不能免。他在被贬黄州第三年的寒食节时，作了《寒食雨二首》：

自我来黄州，已过三寒食。
年年欲惜春，春去不容惜。
今年又苦雨，两月秋萧瑟。
卧闻海棠花，泥污燕脂雪。
暗中偷负去，夜半真有力。
何殊病少年，病起头已白。

春江欲入户，雨势来不已。
小屋如渔舟，濛濛水云里。
空庖煮寒菜，破灶烧湿苇。
那知是寒食，但见乌衔纸。
君门深九重，坟墓在万里。
也拟哭途穷，死灰吹不起。

这两首诗苍凉惆怅，不过是苏轼的一时遣兴之作，在他的诗歌中不算上乘。

当时他随手用行书将两诗写在一张素笺上，运笔起伏跌宕、气势奔放，结果成为他书法的代表作，这就是大名鼎鼎的《黄州寒食诗帖》。黄庭坚在此诗后所跋："试使东坡复为之，未必及此。"世人遂将东晋王羲之《兰亭集序》、唐颜真卿《祭侄文稿》、宋苏轼《寒食诗帖》合称为"天下三大行书"，或单称《寒食帖》为"天下第三行书"。史载唐太宗大爱《兰亭集序》，将原稿带进了陵墓；而《祭侄文稿》和《寒食诗帖》现藏于台北故宫博物院。

就在苏轼过着这种贫苦生活的时候，天无绝人之路，老朋友马正卿专程前来看望。见苏轼如此窘迫，他立刻找到昔日同窗、时任黄州太守的徐君猷，请他将城东一块闲置的坡地拨给苏轼垦殖。徐君猷本就欣赏苏轼，当即首肯，这一下就解决了苏家的吃饭问题。苏轼大喜过望，想起当年白居易担任忠州刺史时，在东坡植树种花，还乐天知命地写下了《步东坡》诗云："朝上东坡步，夕上东坡步。东坡何所爱，爱此新成树。"便效法白乐天，将自己的这块坡地称为"东坡"，并自号"东坡居士"。中国文化史上最响亮的名字之一"苏东坡"从此诞生了。

作为知名的美食家，光吃饱是不够的，苏轼还希望全家能够吃好。在黄州，他进一步改进了自己在任徐州知州时所创的那道用猪肉制作的名菜，没错，就是大家所熟悉的"东坡肉"（也有说法称，东坡肉是苏轼的侍妾王朝云为改善苏家的饮食而创），东坡先生还为这款心爱的美食写下了《猪肉颂》：

净洗铛，少著水，柴头罨烟焰不起。待他自熟莫催他，火候足时他自美。黄州好猪肉，价贱如泥土。贵者不肯吃，贫者不解煮。早晨起来打两碗，饱得自家君莫管。

在此文中，东坡先生不仅介绍了"东坡肉"的制作方法，还借"早晨起来打两碗，饱得自家君莫管"之句表达了他的乐观豁达。这浅白的两句话，与"日啖荔枝三百颗，不辞长作岭南人"有异曲同工之妙。要想理解这其中的深层含义，我们需要就中国古代肉食的发展史，插一段长长的题外话。

|肉食之珍|

在古代，吃肉对于底层百姓来说，是很奢侈、甚至遥不可及的事情。《礼记·王制》记载道："诸侯无故不杀牛，大夫无故不杀羊，士无故不杀犬豕，庶人无故不食珍。"也就是说，根据周礼的规定，庶民平时是吃不到高级食物的。贵族阶层有权力享受肉食，所以他们也被称为"肉食者"。

即使春秋战国时期礼崩乐坏，人们不再严格遵守礼制的限制，底层百姓还是无法经常性地消费肉食，因为任性的前提是物质的充足。现在大家明白孟子所说的"七十者衣帛食肉"的含义了吧？统治者懂得与民休息，"五亩之宅，树之以桑，五十者可以衣帛矣。鸡豚狗彘之畜，无失其时，七十者可以食肉矣。百亩之田，勿夺其时，数口之家，可以无饥矣"，保证了百姓的正常生产，百姓才能将帛与肉这些当时条件下最好的衣食留给家中的老人，以尽孝道。

发展到两晋时期，肉食依旧是底层人无法享用到的美食，这一点，我们可以从"顾荣施炙"这个故事中感受到：顾荣是西晋末年拥护司马氏政权南渡的江南士族首脑。他在洛阳时，有一次应邀赴宴，发现上菜的仆人面露想吃烤肉的神情，就把自己的那份给了他。同座之人都笑话顾荣，顾荣却说："哪有成天端着烤肉而不知肉味的道理呢！"后来遇上战乱，过江避难时，每逢遇到危险，常有一个人奋不顾身地护卫顾荣。顾荣问对方为何这样待自己，原来此人就是他当年赠予烤肉的仆人。

即使发展到"康乾盛世"这个中国传统社会最后一个盛世，吃肉仍是一件奢侈的事情。《红楼梦》中，刘姥姥家即使遇上"多打了两石粮食，瓜果、菜蔬也丰盛"的丰年，依旧是"想鱼肉吃，只是吃不起"。而宋朝农民可以"丰年留客足鸡豚"，幸福指数要比六七百年后的清朝农民高。

在宋朝，猪肉和鸡肉是百姓的主要肉食品种，而皇室与士大夫则主要食用羊肉。早在魏晋南北朝时期，受游牧民族的影响，中原地区的人们就已有食用羊肉的习惯了。发展到宋朝，这种风尚达到了顶峰。据史料记载，真宗朝时，"御厨岁费羊数万口"；其后的仁宗朝更是有增无减，"日宰二百八十羊"；到了神宗朝，御膳房每年消耗"羊肉四十三万四千四百六十三斤四两，常支羊羔儿一十九口，猪肉四千一百三十一斤"。可见，作为宫廷与士大夫阶层的主要肉食品种，羊肉的消耗量远远大于猪肉。

上行下效，宋代各个阶层都青睐羊肉这种美食，对它的消费也没有阶层的限制——只要你有钱。相传苏轼被贬惠州时，这个蛮荒烟瘴之地，一天只宰一只羊。曾经"十年京国厌肥羜"的东坡，一是因为自己是贬谪之人，不敢与达官贵人争；二是自己本也囊中羞涩，买不起羊肉，所以他私下拜托宰羊的人，给他留下没人要的羊脊骨。将羊脊骨取回家后，东坡先将其煮透，再将酒浇在上面，点盐少许，用火烘烤，待骨肉微焦时，便可食用。没想到这无人问津的下脚料在东坡的点化下，竟成了令人惊艳的美食。你猜得没错，这就是羊蝎子的雏形。所以说，东坡不仅是"东坡肉"的发明者，还是第一个吃羊蝎子的人。

生活于艰难环境之中的东坡，一边"日啖荔枝三百颗"，一边每隔三五日就吃一次羊脊骨。他还在信中对弟弟苏辙调侃到，你生活优渥，饱食好羊肉，即使把牙齿都陷进去了，也碰不到羊骨头，怎么能明白这种美味呢？在信末，他还不忘幽默一把，说这种吃法是不错，只是每次自己把骨头上的肉剔光了，围在身边的几只狗都很不开心。一个真正热爱生活的人，无论在何种境遇下，都能让生活变得有滋有味。

那么为何宋朝推崇羊肉，而非牛肉呢？因为牛作为农业社会的主要生产物资，是受到历朝历代的保护的，任何人不得私杀，否则会受到相应的处罚。《礼记》就规定，天子才可以以"太牢"进行祭祀，诸侯只可以采用"少牢"。所谓"太牢"，就是牛、羊、猪三牲全备；"少牢"则是去掉牛，只备羊和猪。自古，牛就被定为高等级的牲畜，居"六畜"之首。

为了保证生产的发展与社会的稳定，宋朝官府屡次下诏，禁止屠宰耕牛，还在祭祀中用羊来代替牛。有皇室做表率，举国上下形成以羊肉为贵的风气。宰相吕大防在为宋哲宗讲读本朝祖宗家法时道："本朝祖宗家法甚多……前代宫室多尚华侈，本朝宫殿止用赤白，此尚简之法也……至于虚己纳谏、不好田猎、不尚玩好、不用玉器、饮食不贵异味、御厨止用羊肉，此皆祖宗家法，所以致太平者。陛下不须远法前代，但尽行家法，足以为天下。"在吕相公看来，不吃牛肉、只吃羊肉，是崇尚节俭、有安社稷之举。而在《水浒传》里，施耐庵让梁山好汉们享受"大侠套餐"——熟牛肉＋筛过的酒，很大程度上是想突出梁山好汉们的古惑仔形象。

猪肉在宋朝被视为"贱食"，它不受欢迎的原因之一，是人们觉得猪肉是"不洁之食"，因为古人的厕所常与猪圈相通，这种一层是猪圈、二层是茅厕的混合型建筑，被称为"溷厕"。这种厕所的好处有很多，一是可以节省空间；二是将污浊之所集中于一处，既减少污染，也便于打扫；三是可以实现"废物利用"——人在二层如厕，排泄物落到一层后，猪食人粪。此外，可能当时的猪肉味道并不好，腥臊味很大，所以苏轼才说"贵者不肯吃，贫者不解煮"。"东坡肉"之所以被认为是美食并流传开来，很可能是因为其做法很大程度上遮盖了猪肉的异味。

明清时期，猪肉在百姓的餐桌上得到进一步普及，主要有两个原因。一是养殖技术的进步，蒙古人发现，阉割后的猪，其肉就没有那么浓重的腥臊味；二是明清时期的人口大爆发，促使猪这种饲养成本较牛羊低很多的牲畜更加被人们所接受。

作为一个士大夫，能俯下身去研究所谓的"贱食"，东坡的务实精神着实可爱。一道茬苒千年的"东坡肉"不仅安抚着我们的味蕾，更告诉躁动而虚荣的我们，生活从来都不是摆给别人看的。

| 赤壁怀古 |

那年秋天，有两位客人来拜访东坡，大家仰望明月，诗歌唱和，不觉大乐。东坡突然叹口气："虽有佳客，却无酒无菜，真是浪费这月白风清的良宵啊！"客人道："今天黄昏时，我们在江中撒网，捞上一条鱼来，巨口细鳞，很像是松江鲈鱼，只是哪里能搞点酒来？"东坡一听来了精神，马上跑回家去问王闰之："现在有鱼，菜不愁了，咱家那陶罐里还有余钱可以拿来买点儿酒吗？"闰之笑道："我有一斗酒，藏在家里好久了，就等着应付这种不时之需。"东坡大喜，立刻和客人带着酒和鱼，到黄州城外的赤壁山下去赏月吟咏。这一去，千古名篇《念奴娇·赤壁怀古》诞生了：

> 大江东去，浪淘尽，千古风流人物。
>
> 故垒西边，人道是，三国周郎赤壁。
>
> 乱石穿空，惊涛拍岸，卷起千堆雪。
>
> 江山如画，一时多少豪杰。
>
> 遥想公瑾当年，小乔初嫁了。
>
> 雄姿英发，羽扇纶巾，谈笑间、樯橹灰飞烟灭。
>
> 故国神游，多情应笑我，早生华发。
>
> 人生如梦，一樽还酹江月。

我们一般说苏东坡是豪放派的领军人物，代表作就是这首词，他的幕僚将苏词与柳词对比时也是以此词为例。有的版本中是"乱石崩云""强虏灰飞烟灭"，总之就是当年战场乱石高耸入云，北方强敌曹操的战船都被周瑜一场火攻烧得樯橹灰飞烟灭，从此进入"东汉末年分三国，烽火连天不休"的时代。借凭吊古战场，追念一代豪杰们的文韬武略、气度功业；借绝代佳人小乔，侧面烘托能与她般配的英雄周郎。然而即使周郎这样的风流人物，也被历史的大浪淘尽了。反观自己，年轻时曾经雄心万丈，如今两鬓已生白发而功业未成，不得不感叹人生如梦。末句高举酒杯遥敬万古长存的明月，尽显东坡特有的旷达之情。

不过，三国时代赤壁之战的古战场，并非东坡当时游览的黄州赤壁山（又名赤鼻矶），而是在上百公里以外的蒲圻（今湖北省赤壁市）。如果东坡当时知道这一点，他又不能擅自离开黄州，恐怕就写不出这千古绝唱了，我们实在应该感谢这个美丽的误会。

| 但爱鲈鱼 |

东坡的客人说钓上来的很像是松江鲈鱼，其实也不难辨别。在赤壁被一把火烧得大败亏输的曹丞相有一次大宴下属，著名魔术师左慈做了不速之客，看了眼主菜鱼脍（古代版生鱼片），把嘴一撇："要吃鱼脍嘛，只有松江鲈鱼最美味。"曹操正想收拾这个妖道呢，冷笑一声："松江与此地千里之隔，怎么取得到那里的鲈鱼？"左慈道："这有何难？接下来，就是见证奇迹的时刻！"他教人拿来一把钓竿，在相府的鱼池中顷刻间钓出数十尾鲈鱼放在殿上。曹操一皱眉："这些鱼是我家池中原来就有的。"左慈笑道："丞相开玩笑了。天下鲈鱼都只有两腮，唯独松江鲈鱼有四腮，由此可分辨也。"众人视之，果是四腮。《三国演义》里记载了这个灵异故事。顺便说一句，时至今日，很多人以为生鱼片（也称刺身）是日本人的传统食物，但它起源于中国。

西晋张翰在长安为官时，有一年秋风初起，突然思念家乡苏州的时令美味莼菜羹、鲈鱼脍，当时便辞官而归，后人就多用"莼菜鲈鱼之思"来作为辞官归乡的理由。范仲淹自小在那一带长大，熟知渔民劳作的艰辛危险，著有《江上渔者》一诗：

江上往来人，但爱鲈鱼美。

君看一叶舟，出没风波里。

苏轼逃跑

东坡与客人们在长江上饮酒吃鱼，唱词作赋，直至夜半兴尽方归。不料回到江边临皋亭的家时，家僮早已熟睡，如雷的鼾声将敲门声完全掩盖。东坡敲到手腕酸麻，屋内也无反应，只好和客人站在门外，听江水哗哗，直到天亮，借这段时间好好思考了一番人生和哲学，顺便填成一阕《临江仙·夜归临皋》：

夜饮东坡醒复醉，归来仿佛三更。

家童鼻息已雷鸣。

敲门都不应，倚杖听江声。

长恨此身非我有，何时忘却营营？

夜阑风静縠纹平。

小舟从此逝，江海寄余生。

第二天清晨，家僮开门，东坡进屋后并不骂家僮，也不吃早饭，趁着酒兴未散，先将此词写在纸上。客人们看了，纷纷拍案赞叹，出门就对人传诵东坡作了这么一首词，事情传来传去，很快就变成："昨夜苏轼作了此词，将官帽官服挂在长江边上，驾舟长啸而去，不知所踪了。"太守徐君猷听到传闻，吓了一大跳，苏轼是属于"监视居住"的罪人，就这么失踪了，自己可是要负监管不力的责任，急忙亲自赶来视察。东坡正在床上呼呼大睡还未醒来，鼾声比昨夜家僮犹有过之。

"苏轼逃跑"的笑话一直传到京城，连神宗都听说了，心想朕给苏轼的处罚是不是太重了点，过阵子还是把他调回来吧。

第十四章

不识庐山真面目　我被聪明误一生

苏轼既然按律不得离开黄州，又不能管理公事，垦殖东坡之余，就在辖区内东游西荡，把大小景点都逛了个遍。有一天，他晃到歧亭镇时，巧遇了故友陈慥。当年苏轼制科高中后，朝廷委任给他的第一个官职是凤翔府判官，那时候的他年轻气盛，与顶头上司太守陈希亮相处得不太融洽，却和陈希亮的四儿子陈慥很谈得来。

| 河东狮吼 |

陈慥号"龙丘居士"，家资巨万而为人狂放不羁，对于做官不大热心，就喜欢走马射箭、谈古论今、讨论佛学，一看就是和苏轼气味相投的那种人。他在黄州的住处宽敞华丽，家里养着一群美貌歌女，有客来访时，就以美人歌舞待客。陈慥的妻子柳氏暴躁善妒，经常在这种时候醋性大发，高声大吼，给歌舞来点儿不协调的配乐，搞得陈慥很是尴尬。苏轼在他的《寄吴德仁兼简陈季常》中取笑道：

> ……
>
> 龙丘居士亦可怜，谈空说有夜不眠。
> 忽闻河东狮子吼，拄杖落手心茫然。
>
> ……

陈慥本来和苏轼等一众客人兴致勃勃地一边饮酒，一边高谈阔论关于"空"啊、"有"啊的佛学词汇，彻夜不眠，直到东方既白，突然听到老婆一声怒吼，顿时惊慌失措。因为黄河流经山西省的西南部，所以山西古称"河东"，秦汉时的"河东郡"位于今天的运城、临汾一带，在魏晋隋唐年间是柳姓的郡望，运城人柳宗元就被称为"柳河东"，在此用"河东"代指柳氏。"狮子吼"是佛家用语，形容释迦牟尼说法时的威严，这里比喻柳氏态度之严厉、骂声之洪亮。陈慥字季常，后人就用"季常癖"来指代怕老婆，用"河东狮吼"比喻老婆大人的威风凛凛、宝相庄严。

苏轼等人被女主人这么指桑骂槐地厉声一喝，也不好意思继续待下去，赶紧知趣地起身告辞。众人悻悻然回家的路上，又被一场不期而至的大雨浇得好不狼狈，可谓祸不单行。大家都在抱怨倒霉，唯独苏轼一人兴致高昂，就算淋成了落汤鸡，还一面走一面哼起小调《定风波》（三月七日，沙湖道中遇雨。雨具先去，同行皆狼狈，余独不觉，已而遂晴，故作此词）：

> 莫听穿林打叶声，何妨吟啸且徐行。
>
> 竹杖芒鞋轻胜马，谁怕？一蓑烟雨任平生。
>
> 料峭春风吹酒醒，微冷，山头斜照却相迎。
>
> 回首向来萧瑟处，归去，也无风雨也无晴。

巾帼须眉

元丰六年，苏轼得了第四个儿子，乃是侍妾王朝云所生。苏轼年轻时，曾任杭州通判，在西湖上认识了年少的歌女朝云，"欲把西湖比西子，淡妆浓抹总相宜"的佳句很可能就是在欣赏她美妙歌舞时的有感而发。苏轼对朝云十分喜爱，将她收为侍女，不但为其取名为朝云，还起了一个字 —— 子霞，使得云、霞相对应。"朝云"一名据说来源于巫山神女的"朝为行云，暮为行雨"。

朝云因家境贫寒而沦落风尘，起初连大字都不识几个，但她聪慧机敏，慢慢向苏轼学会了认字、书法甚至写诗。因为受到苏氏夫妇的善待，她决意追随终身。苏轼贬官黄州以后，朝云也长大成人，到了婚龄，由侍女改为侍妾。苏轼为朝云所生子取名为"遁"，可能是想远离政治漩涡而遁于世外的意思。遁儿满月之时，苏轼写《洗儿诗》一首自嘲：

> 人皆养子望聪明，我被聪明误一生。
>
> 惟愿孩儿愚且鲁，无灾无难到公卿。

此诗牢骚太盛、过于直白，不是顶级佳作，却很好玩，所以后人多有模仿之作。其中明末才子钱谦益的《反东坡洗儿诗》与之相映成趣：

> 东坡养子怕聪明，我为痴呆误一生。

任平生一蓑烟雨路

但愿生儿狷且巧，钻天蓦地到公卿。

钱谦益的继室夫人比他更出名，乃"秦淮八艳"之一的柳如是。柳姑娘本名杨爱，字如是。她的身世有点像王朝云，同样自幼家贫、堕入风尘，也同样聪慧好学，诗歌、书法皆能登堂入室，后来也都因为倾慕而嫁给了比自己年长很多的才子。她读到辛弃疾的词《贺新郎》中的"我见青山多妩媚，料青山见我应如是"时，大爱之，故自号"如是"。人中柳如是，是如柳中人。

钱谦益后来将柳如是娶作继室，称为"河东君"，大家读过前文，应该知道"河东"二字的来由。崇祯帝在煤山自缢，南明弘光小朝廷成立，钱谦益当了礼部尚书。不久，清军南下，国势无可挽回之际，柳如是劝丈夫一起投水殉国，钱谦益走下水试了一下，苦着脸道："水太冷！"柳如是奋然跳水，却被丈夫硬拉住，这是一个著名的段子。后来钱谦益腼腆地降清，准备去京城做礼部侍郎兼翰林学士，柳如是却留在金陵不肯北上。钱谦益受到妻子的影响，半年后便称病辞归，暗中与郑成功、张煌言等人联系，重新加入抗清阵营。柳如是四处奔走，资助、慰劳抗清义军，并劝勉那些试图全身远祸的人说："中原鼎沸，正需大英雄出而戡乱御侮，应如谢东山（谢安）运筹却敌，不可如陶靖节（陶渊明）亮节高风。如我身为男子，必当救亡图存，以身报国！"她虽是一介弱女子，但见识、胆略、节气、功绩却远胜一众须眉，包括她那大名鼎鼎的丈夫。正是靠着柳如是的义烈，才冲淡了人们对钱谦益变节降清的反感。陈寅恪先生赞她为"女侠""国士"，认为她是我们民族"独立之精神、自由之思想"的代表，花八十多万字写了《柳如是别传》。但钱锺书先生说，不值得为柳如是写这么大的书。

信游庐山

元丰七年初春的一天，已经在黄州随遇而安的东坡心情大好，因为他最心爱的海棠开花了。原来在他所住的不远处小山之上遍生杂花，其中有一株特别繁盛的海棠，虽然当地人都不认识，但来自四川的苏轼一眼就认出了这家乡多有的名花。此花每年盛开之时，他必然邀客赏花饮酒，海棠花下一共醉了五次。这日大家开怀畅饮，直到明月初升，兴致正浓的东坡即席赋《海棠》诗一首：

东风袅袅泛崇光，香雾空蒙月转廊。
只恐夜深花睡去，故烧高烛照红妆。

就在东坡赏海棠这一晚，山东章丘诞生了一个女婴，长大后写出了一句著名的"试问卷帘人，却道海棠依旧"，她的大名叫作李清照。也就是在这一晚，汴京深宫之中的宋神宗孤独地吟咏着《水调歌头》中的"琼楼玉宇，高处不胜寒"一句，觉得这正是自己心情的写照，叹口气道："苏轼终是爱君。"

第二天，皇帝叫来宰相王珪商量："修国史这件事情至关重要，让苏轼回来负责如何？"王珪面露难色："让苏轼回京，只怕他又胡言乱语，妄议新法，扰乱人心。"神宗看王珪不赞成，皱眉头道："那就暂且让曾巩修史吧。"曾巩写好开国皇帝赵匡胤这部分的《太祖总论》进呈，神宗看来看去，始终觉得少那么点儿火候，这次也不找苏轼的政敌王珪商量了，直接亲写诏书，改苏轼为汝州团练副使安置。虽然是平调，地点却从偏远的黄州调回了河南境内的汝州，离京城的权力中心非常近，重新起用之意昭然。

但这时候的苏轼经过了"乌台诗案"的生死关头和黄州五年的生活磨练，已经不再是对政治一腔热血的愣头青年，而是恬淡从容的东坡居士了。他的内心并不想重返朝廷中枢，所以打点行装离开黄州后，根本没北上汝州，而是向东先去"路经"了一下庐山。看一下地图就会明白，这完全是南辕北辙，越走离汝州越远。进得庐山之后，奇秀景色实乃他平生所未曾见。山中的平民、和尚都惊喜相传："苏子瞻来了！"东坡也是人嘛，虚荣心得到了极大的满足，随口作了一首五绝：

芒鞋青竹杖，自挂百钱游。

可怪深山里，人人识故侯。

我们今天旅游时经常看攻略，东坡也一样。他一边游庐山，一边看朋友送给他的一本陈舜俞写的《庐山记》，读到其中一段前朝诗人的有趣故事，不觉哑然失笑。按照唐代的科举制度，各州县选拔士子进贡京师，参加由礼部主持的会试。白居易担任杭州刺史时，"故国三千里，深宫二十年"的作者、才子张祜请他贡举自己为杭州赛区的出线代表，没想到正好遇上另一位才子——"天下三分明月夜，二分无赖是扬州"的作者徐凝也跑来请白刺史举荐自己。两雄相争，互不相让。徐凝昂首言道："张兄，你的诗再好，也没有能和我咏庐山瀑布之'今古长如白练飞，一条界破青山色'匹敌的句子吧？"张祜默然不答。白居易叹道："论到你们两位诗歌的比较，就像廉颇和白起在狭小的鼠穴中相斗，胜负只在于一战之间啊！"

秦国的白起、王翦和赵国的廉颇、李牧，号称战国四大名将。白起是四大名将之首，曾在伊阙之战中大破魏韩联军；攻陷楚国国都郢城；最著名的是在长平之战后期重创纸上谈兵的赵括所率领的赵国四十万主力。白起一生夺城逾百，杀敌百万，可谓百战百胜，为秦国统一中国立下了不世之功，被封为武安君。

廉颇曾为赵国大破齐国，屡败强秦。长平之战前期，成功抵御秦军，使得秦国不得不用反间计，诱骗赵国换上赵括为帅；长平之战后，率领赵国残兵还能击退燕国趁人之危的入侵，斩杀敌帅栗腹，逼得燕国割地求和，被封为信平君。

这两位都是常胜将军，有趣的是他们生活在同一时代，却从未有机会正面交锋。在白居易的心目中，徐凝的《庐山瀑布》不输于诗仙李白的《望庐山瀑布》，张祜的《观魏博何相公猎》不输于诗佛王维的《观猎》，两人如今同堂争胜，就像廉颇、白起两位不败名将狭路相逢于鼠穴之中，不得不一决雌雄。这个比喻既有惜才之意，又可淋漓尽致地形容这一棋逢对手、难分伯仲的局面。

仔细比较之后，白刺史评判徐凝险胜。这让名气比徐凝更大的张祜非常难堪，也使得张祜的好友杜牧发飙，写诗嘲讽白居易"睫在眼前长不见"。这个故事在《唐诗为镜照汗青》中有详细记录，此处不再赘述。

东坡信步进了开先寺，住持大师见大名鼎鼎的苏子瞻光临，喜出望外，赶紧备下笔墨求诗。刚刚看完八卦故事的苏轼若有所思，挥毫写下一首绝句：

> 帝遣银河一派垂，古来惟有谪仙词。
> 飞流溅沫知多少，不与徐凝洗恶诗。

以苏轼的成就和眼光，一旦评价"郊寒岛瘦、元轻白俗"，事后都成了定论。现在他说徐凝的《庐山瀑布》是"恶诗"，和谪仙李白的《望庐山瀑布》根本不在一个档次，一下子就让徐诗彻底挂掉，宋朝以后，再没有什么人来为其翻案。这场跨越唐宋的论战，张祜和杜牧在强大友军苏轼的帮助下，终于完胜了徐凝和白居易。

东坡这么刻薄地评论徐凝，很可能是在潜意识里认为李白《望庐山瀑布》的"飞流直下三千尺，疑是银河落九天"根本无法被超越，所以徐凝的"今古长如白练飞"是班门弄斧。既然如此，他自己当然也就避开瀑布而只写山景。苏轼在西林寺的墙上留下了《题西林壁》，作为游览庐山后的总结：

横看成岭侧成峰，远近高低各不同。

不识庐山真面目，只缘身在此山中。

此诗久负盛名，但我个人认为其艺术性在徐凝诗之下，因为只有说理而没有形象描写，更像是一篇哲理议论文。东坡似乎蛮喜欢写这种哲理诗，他还有一首《琴诗》：

若言琴上有琴声，放在匣中何不鸣？

若言声在指头上，何不于君指上听？

怪不得有人说苏轼是用写文章的方法来写诗，如果单以《题西林壁》和《琴诗》为例，这个评价确实恰当，还好苏轼的大部分诗歌并非如此。诗人大凡讨论起生活哲理，常常是由于心有所感，东坡很可能在庐山悟到：从新党、旧党的不同角度看待事物，会得出不同的结论，只有跳出党争之外，才能看清国事的全貌。在这样的思绪中，他继续沿江东下，直到金陵，去拜访新党前领袖王安石，从而发生了前文所叙的那一幕。

苏轼在金陵收获了与王安石的友谊，另一方面却付出了巨大的代价。他期望着"惟愿孩儿愚且鲁，无灾无难到公卿"的幼子苏遁中暑不治，夭亡在母亲王朝云的怀中。遭此沉痛打击的苏轼更加无心北上汝州，上书朝廷，说自己生活条件窘迫，想到常州居住，因为在那里有点田产，可以自给自足。奏书早上到了宋神宗手中，当天傍晚即被批准。就在苏轼收到批复，打点行装准备从金陵出发去常州时，一心希望再造汉唐盛世的宋神宗驾崩了，年仅三十八岁。

| 也值一死 |

常州一带是江南鱼米之乡，不但物产丰富，而且风景秀美。苏轼来到此地后，既无饥寒之忧，又远离政治纷扰，大概是一生中最为优游的一段岁月。他在这里写下的著名篇章，是为惠崇和尚《春江晚景图》的题画诗：

竹外桃花三两枝，春江水暖鸭先知。

蒌蒿满地芦芽短，正是河豚欲上时。

惠崇的这幅画已经失传，但从此诗生动的描写中，我们可以想象其画面的春意盎然。"春江水暖鸭先知"一句，传神入妙，也富有哲理。最令人印象深刻的，是东坡对肥美河豚（学名为河鲀）的垂涎欲滴。河豚之鲜甲于天下，所以民间一直有"拼死吃河豚"的比喻，连被视为"贱食"的猪肉和没人要的羊脊骨都能点化为千古名菜的美食家苏轼，自然不会放过这种极致的美味。

常州有个人，特别善于烹调河豚，特意邀请苏轼来品尝自己的手艺，全家妇孺都躲在屏风后窥探，期待"舌尖上的大宋"节目金牌主持人苏东坡先生能品题一句，借此得以身价大增。东坡闷头大嚼，却像哑巴一样一言不发，一直在屏风后探头探脑的人们十分失望。一顿饭吃完，东坡把筷子一放，油嘴一抹，点头说了四个字："也值一死！"全家人轰然大乐。

|才名远播|

宋哲宗即位、高太后临朝、司马光执政后，之前因为反对新法而被贬的大臣们陆续复职，苏轼也被调回京城，担任翰林学士，重返朝廷中枢。一天夜里，他因为值班而夜宿皇宫，忽然太监来传旨，太皇太后和皇帝召他便殿说话。

高太后问道："苏卿前年为何官？"苏轼答："臣为常州团练副使。"高太后又问："如今为何官？"苏轼答："臣如今待罪翰林学士。"高太后再问："怎么一下子连升了这么多级呢？"苏轼答："是臣有幸得遇了太皇太后和陛下的圣恩！"按道理来讲，这是标准答案，不料高太后摇头："非也。"苏轼疑惑道："那想来是宰执大臣的推荐？"高太后还是摇头："也不是。"想爬上翰林学士这样亲近皇帝的高位，正常情况下只有以上两种途径，苏轼见高太后都否定了，大惊之下赶紧躬身："臣实在不敢通过其他途径以求进用！"高太后缓缓道："这是先帝的心愿啊！从前先帝每次在宫中读卿的文章，常常御膳摆到案上也忘了吃，每每必叹息说：'奇才，天下奇才！'只是没有来得及重用卿就龙驭宾天了。"

苏轼听了，对神宗的知遇之恩大为感动，不觉失声痛哭。高太后与哲宗念及先帝，也默默流泪，左右宫人都唏嘘不已。高太后抹去泪水，命坐赐茶，然后派人将御前金莲烛撤下，用来打着灯笼照明，送苏轼回翰林院休息。这在宋朝是一等一的待遇，三百余年间总共只有几位大臣享受过如此殊荣。

此时，宋朝与辽国之间因"澶渊之盟"，多年睦邻友好、承平无事。两国之间既然没机会动武力、比拳头了，总要搞点什么来争强斗胜，那就拼文学、比大脑吧。元祐年间，苏轼显然是宋朝方面的头号种子选手。辽国来访的使者素闻其大名，想着要出点奇招来折服他，便在宴席之上突然开口："鄙国有一上联'三光日月星'，无人能对。不知贵国可有高士能指教否？"宋朝大臣闻者面面相觑。因为字数的限制，无论下联对以什么事物，前面那个"三"字总是要重复的。大家都将头转向苏轼，但他们求救的目光还没有射到东坡身上，子瞻便已微微一笑，脱口道："四诗风雅颂。"诗经中的三种文体是风、雅、颂，而雅又分大雅、小雅，所以称为"四诗"，正好避过了这个死结。

满座正在惊叹其才思敏捷时，东坡继续说道："这个是天生的对子，不足为奇。在下还有一对：四德元亨利。"辽使一听，心中想到："不对啊！《易经》我也读过，'四德'明明是元、亨、利、贞，怎么漏了一个字？哈哈，这次被我抓住错漏了！"大喜之下，刚要站起身来反驳，东坡便不疾不徐道："贵使请安坐。贵使觉得在下忘了一个字吗？那字是我朝仁宗皇帝的名讳，在下不敢出口。贵我两朝是兄弟之邦，贵使也是我朝的外臣，按礼也不可出口此字。"辽使这才想起宋仁宗名为赵祯，只得哑口无言，坐了回去，心中叹服苏轼之才。自此，只要苏子瞻在座的场合，辽使都闷头吃饭藏拙，不敢多言献丑。

后来苏辙出使辽国，契丹人常问："小苏学士啊，你家大苏学士近来可安好？"苏辙写家书给苏轼，就谈及此事，还赋诗一首：

> 谁将家谱到燕都？识底人人问大苏。
> 莫把声名动蛮貊，恐妨他日卧江湖。

第十五章

惟有朝云能识我　始信东坡眼目长

苏轼是知识分子的代表，当然也有知识分子为当政者不喜的通病，就是保持对朝政的批评。

|不合时宜|

苏轼认为如今尽废新法是与民为害，因而与旧党同僚们争论激烈。旧党中很多党性很强的人便攻击他："王介甫在朝要推行新法时，苏大胡子总说新法有各种不便，与当朝唱反调；如今司马君实在朝要尽废新法，苏大胡子又总说新法的各种好处，还是与当朝唱反调。莫非他收了西夏的钱财，专门在我朝扰乱人心！"

有一天，苏轼在家里吃过午饭，抚摸着微微发福的肚皮散步消食，随口问一旁的侍女们："你们说说看，这肚子里装的都是些什么？"一个侍女实话实说："是满腹文章。"东坡不以为然。另一个侍女道："是满腹机智。"东坡也摇头不语。王朝云微笑而言："学士您啊，是一肚子的不合时宜。"东坡捧腹大笑，赞道："知我者，唯有朝云也！"

虽蒙高太后青眼，但苏轼自知性格耿介，当年因直言不能见容于掌权的新党，如今又因直言不能见容于掌权的旧党，索性上书请求外调，以远离政治纷争。元祐四年，苏轼以龙图阁学士知杭州，回到了他最喜欢的好湖山。当年告他黑状的沈括正闲居在邻近的润州（今江苏省镇江市）梦溪园写他的传世名著《梦溪笔谈》。三十年河东，三十年河西，如今沈括对重登高位的苏轼恭迎拜谒，十分勤谨，使得东坡更加鄙薄他的为人。

看着因为长期没有治理而淤塞过半的西湖，想起自己的偶像白居易在杭州为官时，曾经整治西湖、造福百姓，东坡也发动民工，开始疏浚河道，将挖出来的淤泥筑成一条长堤，以六桥相接，桥下可行舟，桥上可行人，后人称之为"苏公堤"，简称"苏堤"。堤上遍植柳树，若于春日清晨行走其上，波光映树影，烟柳笼画桥，枝头黄莺歌声悦耳，路上美女春衫悦目，便是著名的"西湖十景"之一"苏堤春晓"。

东坡在湖水最深处建起三座水瓶状的空心石塔，用以划分水面界线、显示淤泥积累的程度。若逢月圆之夜，在塔中点燃蜡烛，烛光映于水波粼粼的湖面，与天上的明月交相辉映，便是"西湖十景"中的"三潭印月"，这一美景被选为第五套人民币一元纸币背面的风景图案。不幸的是，前几年，三座空心石塔中的一座被一艘游船撞到湖底去了，肇事原因是游船驾驶员在看手机。

| 半疯米颠 |

宋四家"苏黄米蔡"之一的米芾，字元章，比东坡小十四岁，从小临摹东坡的书法长大，后来成了东坡的好友。那年他正在扬州，东坡便邀他来杭州参加自己组织的诗会，并取出私藏好茶"密云龙"款待大家。当时名士满座，王朝云以龙井泉水煮茶奉客，青烟袅袅，沁香四溢。米芾作《满庭芳·咏茶》一词以谢：

> 雅燕飞觞，清谈挥麈，使君高会群贤。
> 密云双凤，初破缕金团。
> 窗外炉烟自动，开瓶试，一品香泉。
> 轻涛起，香生玉乳，雪溅紫瓯圆。
>
> 娇鬟，宜美盼，双擎翠袖，稳步红莲。
> 座中客翻愁，酒醒歌阑。
> 点上纱笼画烛，花骢弄，月影当轩。
> 频相顾，馀欢未尽，欲去且留连。

大家兴致正高时，米元章突然起身而言："米芾有一事，要请学士主持公道！"东坡看他神情严肃，忙道："何事？请讲！"米芾道："世人皆以我为颠狂。请学士评判，米芾到底颠还是不颠？"东坡大笑："我从众！"

米芾之所以这样问苏轼，而苏轼之所以这样答，是因为米芾这个人极为特立独行。就以穿衣为例吧，他不按宋朝的时尚，反而照唐朝的风格，在人群中很是异类。他到无为州当监军时，进了官衙，看见一块奇石，高兴得手舞足蹈：
"此石足以当得我拜！"立即换上官衣官帽的正装，手执笏板，跪倒便拜，恭
恭敬敬地呼之为"石丈人"。后来听说河岸边有一块形状更为怪异的石头，米
芾马上派衙役将其运回，一见之下，倒头又拜："我欲见石兄二十年矣！"认
了丈人又认兄长，别人都是和权贵攀亲戚，他却只和这不能说话的石头攀亲戚。

　　米芾为官时，每天不务正业，专门玩石赏砚，让人想起《世说新语》中的
那些奇葩人物，所以时人有诗称他"衣冠唐制度，人物晋风流"。他在皇帝面
前也是本色不改。有一次，宋徽宗让米芾在宫内屏风上，用草书写一首诗，实
际上是想见识一下他的书法。元章领旨，当下笔走龙蛇、一气呵成，徽宗看后
大加赞赏："米卿书法名不虚传！"米芾一看徽宗高兴，便嬉皮笑脸地求告：

"此砚已被微臣用过，天子就不能再用了，不如请陛下赏赐给微臣吧？"虽然
这个理由很烂，而且此砚乃自己的心爱之物，但见他如此喜爱，又欣赏他的书
法，徽宗只得半犹豫地赐给了他。米芾怕皇帝反悔，赶紧将砚台揣入怀中跑了，
全然不顾墨汁四溅，将官袍染得一塌糊涂，甚至连谢恩都忘了。米芾的母亲当
年服侍过宣仁太后和尚未登基的神宗，与皇家颇有渊源，所以这家伙胆大妄为、
完全不顾君臣之体，也是有底气的。

　　元章揣着砚台回家，把玩得爱不释手，接连三天抱在被窝里陪自己睡觉，
然后和其他挚爱的砚台收藏在一处。有位也很爱砚的朋友向米芾求讨一方，元
章大怒回信道："砚，就是我的头，项羽才被砍头呢！是谁教唆你来要我的头的？
这个事情要好好追究一下！"他的这个反应，把这位朋友吓得不轻。

　　这些怪异的行为，让米芾得到了"米颠"的雅号，苏轼也觉得实至名归。
据说宋徽宗还曾故意赏给米芾九百两银子，米芾高兴得手舞足蹈："知臣莫若
君！"在宋朝，九百两银子是"半封"，这就是在戏谑米芾是个"半疯"，和
现代人嘲笑别人是"二百五"一个意思。

| 卷土重来 |

　　在随后的几年中，东坡辗转于颍州（今安徽省阜阳市）、扬州、定州等地
担任知州，一直没有回到旧党把持的朝廷中枢。元祐八年，第二任妻子王闰之
逝世，东坡写了《祭亡妻同安郡君文》，追思她在自己前半生风风雨雨中的陪伴，
感谢她对王弗留下的儿子苏迈的悉心抚养。就在这一年，太皇太后高滔滔去世，

哲宗亲政，大宋庙堂局势风云突变。哲宗十分崇敬自己的父亲神宗，对于高太后和旧党联手、废除神宗耗尽心血坚持的改革十分不满，同时因自己被压制多年，更是像憋足了劲儿的弹簧一般充满逆反心理，亲政后，立即决定继续推行新法，还在元祐九年决定，次年改元"绍圣"，意即继承先帝遗志，启用章惇为相，新党卷土重来。

章惇，字子厚，大概是和苏轼命运沉浮联系最为密切的人，他俩之间的恩怨纵贯一生。早在群星爆发的嘉祐二年，章惇就和苏轼、苏辙兄弟一起荣登进士榜。因为那年的状元是章惇的侄子章衡，章惇耻于列名在侄儿之下，居然放弃人人艳羡的进士之位，丢下皇帝颁布的敕诰，施施然回家去了。两年之后，他再次参加考试，名列第一甲第五名、开封府试第一名，这才出仕，刚烈而自信的性格早已初现端倪。

苏轼与章惇惺惺相惜，很快结为好友。两人曾一起到南山仙游潭观景，只见脚下与对面潭壁之间仅有一根横木虚悬空中，其下就是万丈深渊。章惇拱手请苏轼到潭壁上题字，苏轼犹豫了半晌，摇头不敢。章惇将衣服一挽，一只手握住饱蘸漆墨的大笔，踏上横木，平步而过，在石壁上写下"苏轼章惇来此"几个大字，再稳步走回，面色淡然、若无其事。苏轼拍拍他的背："子厚他日必能杀人啊！"章惇问："何以见得？"苏轼道："你个瓜娃子连自己的性命都不爱惜，自然也不会爱惜他人的性命。"章惇哈哈大笑。苏轼贬官黄州时，章惇已位至副相，还去信规劝子瞻写诗写文章要措辞谨慎、莫谈国事，苏轼在回函中感谢："平时惟子厚与子由极口见戒，反复甚苦。"

当年神宗朝新党掌权时，除了苏轼一人被迫害，其他旧党大臣多是被外放洛阳、南京等好地方，官位待遇都不低。到高太后当朝、旧党执政时，新党大臣却被普遍攻击，甚至宰相蔡确被远贬岭南而病死于贬谪之所。章惇也先被贬官，然后守丧闲居，被旧党不断修理了七八年。也许因为在这个过程中未能得到苏轼的援手，更可能是因为苏辙也在弹劾者之中，章惇从此对这位自己曾经雪中送炭帮助过的老朋友视同仇敌。但神经大条的苏轼可能完全没有注意到好友的情感变化，他本就是对事不对人的性格，也没和旧党其他人拉帮结派，自然没有多想。

风水轮流转，新党再度上台后，过去这些年所受的鸟气必须要一吐为快，于是对旧党人士进行了大范围报复清洗。章惇则对苏轼给予了专门的打击，将他远贬到地处岭南的惠州（今广东省惠州市）。

｜相濡以沫｜

宋朝时的岭南，蛮荒烟瘴、疾疫横行，而贬官到那里的人往往心情抑郁，所以病死率极高，蔡确就是个例子。有宋一代，不杀士大夫，将大臣贬谪到这种不毛之地，就等于是判了死缓。章惇故意把苏轼送去那里，就是要宣泄心中的仇恨，除之而后快。

这一年，苏轼已年近花甲，几乎再难有起复之望，平时跟随在身边的几个侍妾纷纷散去，唯王朝云始终如一，不畏艰险地伴随他跋山涉水，到了惠州。东坡深有感触，作了一首《朝云诗》：

不似杨枝别乐天，恰如通德伴伶元。

阿奴络秀不同老，天女维摩总解禅。

经卷药炉新活计，舞衫歌板旧姻缘。

丹成逐我三山去，不作巫山云雨仙。

白居易的歌姬樊素，以"樱桃樊素口"闻名，擅唱《杨柳枝》词，深受宠爱。乐天六十多岁时得了风疾，就卖掉爱马"骆骆"，遣走樊素去嫁人。马不能言，长嘶返顾，樊素再拜流泪道："主君乘此马五年，不惊不逸。樊素事主十年，无违无失。如今我虽年长，容貌未至衰残。骆骆之力，尚可以代主一步；樊素之歌，亦可以送主一杯。一旦双去，有去无回。故素将去，其辞也苦；骆将去，其鸣也哀。此人之情也，马之情也，岂主君独无情哉？"如果樊素再等十多年，到白居易逝世，色衰艺退，就不容易找到好人家了，所以白居易虽然舍不得，最终还是让她离开了，但心中难以忘怀，在诗中写到"病共乐天相伴住，春随樊子一时归"。晋朝刘伶元在年老时娶的小妾名叫樊通德，二人情义深厚，常在一起谈诗论赋，时人称为"刘樊双修"。

东坡感激朝云，因为她不像樊素最终离开了白乐天，而是像樊通德陪伴刘伶元终老。樊素对白居易不为无情，但同为歌姬出身的朝云对苏轼则更加忠诚，两人生死相随、心意相通，实有患难夫妻的情义。可惜朝云的孩子夭折，没有李络秀（西晋安东将军周浚之妾，生周顗、周嵩、周谟，三子后来皆显贵）那么好的福气，有儿子阿奴（周谟的小名，三子中唯一得善终者）一直陪在身边。她每天要么像天女维摩一样念经参禅，要么在煎药炼丹中准备成仙。咱们中国人在宗教信仰上的特点就是功利现实，很多古人都在佛道双修，随便哪条路成功了都行。

有一年秋天，东坡在院中闲坐，眼看着落木萧萧，颇为悲凉，想转换一下心情，便对朝云说："你把我那首'花褪残红'唱来听听吧。"朝云知道苏轼说的是《蝶恋花·春景》：

> 花褪残红青杏小。
>
> 燕子飞时，绿水人家绕。
>
> 枝上柳绵吹又少，天涯何处无芳草？
>
> 墙里秋千墙外道。
>
> 墙外行人，墙里佳人笑。
>
> 笑渐不闻声渐悄，多情却被无情恼。

朝云打起节拍，曼声唱了一句便哽咽起来，泪水簌簌而落。苏轼大惊，问她是何原因，朝云答道："我唱不下去的，是这句'枝上柳绵吹又少，天涯何处无芳草'。"意即如果有一天我先你而去，也许你又会寻觅天涯芳草了吧。东坡见朝云如此感伤，忙笑着宽慰道："你看，我正在悲秋，你又来伤春了。"

朝云的丹药当然没有炼成，可能反过来被重金属影响了健康，到惠州两年后就去世了，苏轼自此不再听这首《蝶恋花》。东坡按照朝云的遗愿，将她葬于惠州西湖畔，在墓上筑六如亭，并亲手写下楹联：

> 不合时宜，惟有朝云能识我。
>
> 独弹古调，每逢暮雨倍思卿。

| 乐天知命 |

诗人多是旅游控，东坡初到惠州时，便去游览了城西的丰湖，美丽的景色让他想起魂牵梦萦的杭州西湖。有一次酒醉之后，子瞻为丰湖写下了"梦想平生消未尽，满林烟月到西湖"的诗句，从此丰湖就改名为西湖了。朝云在杭州西湖与苏轼相识，长眠于惠州西湖，一生与西湖有缘。东坡思念朝云不已，为之写下《西江月·梅花》：

> 玉骨那愁瘴雾？冰姿自有仙风。
>
> 海仙时遣探芳丛，倒挂绿毛么凤。

素面翻嫌粉涴，洗妆不褪唇红。

高情已逐晓云空，不与梨花同梦。

惠州的梅花冰肌玉骨，不畏瘴气的侵袭，连海仙都经常派遣使者绿毛幺凤鸟到花丛中探望她。以"晓云"代指"朝云"，将朝云比作梅花，借咏梅而悼亡。明代才子杨慎评价："古今梅词，以东坡此首为第一。"

生命中失去太多东西的苏轼并没有怨天尤人，反而更加处之泰然。他在惠州三年，与所有人，无论贵贱贤愚，都毫无蒂芥、相处融洽。当时的岭南与中原相比，物产极度匮乏，东坡有诗云"客来茶罢无所有，卢橘杨梅尚带酸"，但水果是（亚）热带的强项，该吃的时候他就放开吃，还兴高采烈地写了《惠州一绝》：

罗浮山下四时春，卢橘杨梅次第新。

日啖荔枝三百颗，不辞长作岭南人。

据说荔枝性热，多食有害身体，但东坡毫不在意，大概觉得总归不会比河豚更危险。该睡的时候，东坡则舒心大睡，良好的人际关系也让他能享受这个待遇，比如他在《纵笔》里写道：

白头萧散满霜风，小阁藤床寄病容。

为报先生春睡足，道人轻打五更钟。

此诗传至京师，章惇看老朋友在岭南这种蛮荒之地居然仍能好吃好睡，心中极为不爽："苏子瞻尚尔快活！"心想还能将他再贬到什么更苦的地方去呢？干脆一路向南，把年过花甲的子瞻用一叶孤舟载过琼州海峡，送到了更为不毛的儋州（今海南省儋州市），因为"瞻"与"儋"字相近；还顺便把苏子由贬到雷州（今广东省雷州市），因为"雷"下有"田"字，与"由"字相近。

在宋朝，被放逐到海南，基本是有去无回，是仅比杀头轻一等的处罚。儋州这地方，以前根本没有人烟，医生、药石统统找不到。刚开始苏轼还可借宿官屋，但章惇很快命令当地官府，不允许苏氏兄弟借住，也不允许他们租住民居，这就是要逼他们露宿街头，已是将对士大夫可以做到的迫害发挥到了极致。东坡在写给友人的信中对新环境作了如此总结："此间食无肉，病无药，居无室，出无友，冬无炭，夏无寒泉，然亦未易悉数，大率皆无尔。惟有一幸，无甚瘴也。"

意思是，除了以上六样重要的事物统统没有之外，我也懒得数下去了，反正任何该有的基本都没有，唯一的幸运是也没有厉害的瘴气来夺我的性命。

|随遇而安|

来到儋州后的第一个中秋，身处险恶之境的苏轼作了一阕《西江月·中秋和子由》：

> 世事一场大梦，人生几度秋凉？
> 夜来风叶已鸣廊，看取眉头鬓上。
>
> 酒贱常愁客少，月明多被云妨。
> 中秋谁与共孤光？把盏凄然北望。

在此团圆佳节，自然更加思念海峡北面一水之隔的弟弟苏辙。"月明"指代年轻的哲宗皇帝，"云妨"自然暗指遮蔽圣聪的宰相章惇，这是古诗词里的常用比喻。"世事一场大梦，人生几度秋凉"是饱含人生哲理的名句，温瑞安先生相当喜欢，《四大名捕》里的高手"大梦方觉晓"只要一念这十二个字，就会开始动手杀坏人，少年时读起来觉得充满了正义战胜邪恶式的热血澎湃，如今读起来，则觉得充满了生命败给时间的无可奈何。

在这个世上，似乎没有什么困难能将苏轼彻底击垮，你让我租不到住所，我就自己开发房地产。他向当地人买了一小块地，和小儿子苏过一起动手盖起房子来。热情淳朴的当地人纷纷送来泥和瓦，很快就帮他们筑起几间小屋。苏轼便在这里一边写书，一边由当地父老们陪着到处游览海南岛美丽的热带风光，又打算随遇而安、终老于此了。新年之际，他写下一首《减字木兰花·己卯儋耳春词》：

> 春牛春杖，无限春风来海上。
> 便丐春工，染得桃红似肉红。
>
> 春幡春胜，一阵春风吹酒醒。
> 不似天涯，卷起杨花似雪花。

苏轼想到北方的新年正是一片银装素裹，在海南岛看不到雪景，但春风吹起的杨花漫天纷飞，好似中原的雪花飘飘。大凡被贬到边穷之地的人，面对异乡荒凉的景色，总是兴起飘零流离之叹，但东坡此词却一连用了七个"春"字，生机盎然。

安心扎根祖国边疆的苏轼在儋州开办学堂，普及文化，认真做起了支教老师，许多人不顾路途遥远，赶来求学。有一位名叫姜唐佐的年轻人学习非常努力，苏老师认为他很有前途，就为他在扇子上题诗两句："沧海何曾断地脉，白袍端合破天荒。"小姜请求赐一首全诗，苏老师笑道："等到你中了举人，我会为你补全的。"

要知道，自从科举制度实行以来，偏僻的海南岛还没有人中过举。但苏轼北归后不久，姜唐佐果然成为海南历史上第一位举人，并被贡举到京师。当时东坡已经逝世，小姜去拜谒苏辙，讲了这段往事。深为感动的苏辙代替哥哥为姜唐佐将诗补全：

> 生长茅间有异芳，风流稷下古诸姜。
> 适从琼管鱼龙窟，秀出羊城翰墨场。
> 沧海何曾断地脉，白袍端合破天荒。
> 锦衣他日千人看，始信东坡眼目长。

第十六章 万里归来年愈少 笑时犹带岭梅香

　　元符三年，年纪轻轻、还没来得及生出儿子的宋哲宗突然病逝。在决定继位者的争论中，宰相章惇坚决反对选择哲宗的弟弟赵佶："端王轻佻，不可以君天下！"但是哲宗之母向太后赏识赵佶既孝顺又多才多艺，坚持立他为帝，这位就是事后证明"诸事皆能，独不能为君"、直接导致北宋灭亡的宋徽宗。

| 心安吾乡 |

　　宋徽宗登基后不久，便毫无悬念地将与自己作对的章惇罢相，后来又贬到雷州，也就是之前苏辙被送去的地方。既然章惇倒台，向太后又和曹太后、高太后一样是"苏轼太后粉丝团"成员，东坡自然被赦免"前罪"，此时，他已经六十三岁。听到这个好消息，儋州的父老乡亲们纷纷跑来恭喜苏轼终于可以北归中原了。苏轼本人却无甚激动之情，随口吟出自己十几年前写的一句"试问岭南应不好，却道，此心安处是吾乡"。

　　当年"乌台诗案"时，苏轼的好友王巩（字定国）受到牵连，被贬到宾州（今广西省宾阳县）去监督盐酒税，是在该案中被贬得最远的。苏轼对此非常内疚，给王巩写过很多书信，一再表示对连累他无辜受苦的歉意和难过，并建议他用按摩脚心的方法抵抗南方的瘴气。苏轼还在《王定国诗集叙》中说："今定国以余故得罪，贬海上五年，一子死贬所，一子死于家，定国亦几病死。余意其怨我甚，不敢以书相闻。"

　　王巩家中有好几位歌女，只有一位复姓宇文名柔奴、号"点酥娘"的愿意陪同共赴宾州。在被贬的那几年中，王巩吟诗作画，柔奴歌声慰藉，两人相濡以沫。后来王巩遇赦北归，得以与苏轼重聚。苏轼发现王巩遭此一劫，不但没有那种常见的仓皇落魄，反而性情更加豁达，容光更加焕发，觉得很不科学，心中颇为疑惑。王巩唤出柔奴为苏轼献歌一曲，歌声温柔甜美、恬淡安稳。苏轼试探地问柔奴："岭南应是不好？"柔奴随口答道："此心安处，便是吾乡。"苏轼没想到如此一个柔弱女子，竟能脱口说出如此豁达之语，而且出处是自己偶像白乐天《种桃杏》诗中的一句"无论海角与天涯，大抵心安即是家"，不禁大为叹赏，立刻填了一阕《定风波》：

> 常羡人间琢玉郎，天应乞与点酥娘。
>
> 自作清歌传皓齿，风起，雪飞炎海变清凉。
>
> 万里归来年愈少，微笑，笑时犹带岭梅香。
>
> 试问岭南应不好。却道，此心安处是吾乡。

十几年前，苏轼就在词中赞叹"琢玉郎"王巩和"点酥娘"柔奴虽然受到不公的待遇，却能处之泰然，不带一丝怨气。如今，他自己终于也达到这一层境界，可以"万里归来年愈少，微笑，笑时犹带岭梅香"了。离开儋州之前，苏轼饱含深情地写下了《别海南黎民表》，赠给前来送别的父老们：

> 我本海南民，寄生西蜀州。
>
> 忽然跨海去，譬如事远游。
>
> 平生生死梦，三者无劣优。
>
> 知君不再见，欲去且少留。

| 唯情最难 |

东坡带着苏过横渡琼州海峡返回大陆，先路经惠州，去了结一桩心事。原来当年惠州都监（相当于保安司令）有个宝贝女儿，名叫温超超，容貌秀美，年方及笄（满十五岁，达到法定婚龄）了，却一直不肯嫁人。她听说大才子苏东坡被贬到惠州，大喜道："这正是我想要的夫君啊！"经常在傍晚跑到苏轼的窗外徘徊，陶醉地听他吟咏诗词。东坡听到动静，一推窗户查看，她就害羞地跑开。

东坡了解原委后，像温庭筠知道年轻的鱼玄机爱上自己时所做的一样（详见《唐诗为镜照汗青》），很诚恳地对温小姐说："老夫认识一位王郎，俊秀文雅，与姑娘年貌相配，待老夫介绍与姑娘，结成良缘。"不料没过几天，东坡就被贬到儋州，不得不离开惠州，但心里一直记挂着这个承诺。现在能够自由行动，东坡便特意去看望温小姐，才知道自己离开不久之后，她即郁郁而终。东坡独自一人来到沙洲上她的墓旁，默然良久，写下一阕《卜算子》：

> 缺月挂疏桐，漏断人初静。
> 谁见幽人独往来，缥缈孤鸿影。
>
> 惊起却回头，有恨无人省。
> 拣尽寒枝不肯栖，寂寞沙洲冷。

张先八十五岁还纳妾，苏轼在惠州时不过六十岁，所以有人很愤慨他为什么不娶温超超，却转去物色什么王郎，最终使她抑郁而亡。但世间万物，唯"情"之一字最难，不可轻易以之责人。黄庭坚评论此词道："语意高妙，似非吃烟火食人语，非胸中有万卷书，笔下无一点尘俗气，孰能至此！"周传雄的《寂寞沙洲冷》歌中唱到"仍然拣尽寒枝不肯安歇微带着后悔，寂寞沙洲我该思念谁"也算不错，如果拿来和原句的"拣尽寒枝不肯栖，寂寞沙洲冷"比较一下，就能体会出黄庭坚的意思了。有些版本中此词前有小序"黄州定慧院寓居作"，但我个人更喜欢这个惠州温小姐的凄美故事。

顺带聊几句有关古代女子年龄称呼的小知识：十二岁称"金钗之年"，十三岁称"豆蔻年华"，十五岁称"及笄之年"，十六岁称"碧玉年华"，二十岁称"桃李年华"，二十四岁称"花信年华"。

鹤骨霜髯

苏轼继续一路北行，翻越大庾岭时，在一个小村店歇歇脚。有一位老翁出来问从人："这个当官的是谁？"从人回答："是苏尚书（苏轼曾任礼部尚书）。"老翁惊喜道："真是苏子瞻吗？我听说有人千方百计要害苏公，没想到今日能见到您北归，这真是天佑善人啊！"东坡微笑而谢，于店内墙壁题了一首《赠岭上老人》：

> 鹤骨霜髯心已灰，青松合抱手亲栽。
> 问翁大庾岭上住，曾见南迁几个回？

这一路的目的地是常州，那里有苏轼曾经置下的房产，也有美味的蒌蒿、芦芽和河豚，是他过得最舒心的地方，也是他选择的终老之地。当他经过镇江时，邀请米芾同游金山寺。长老请东坡为寺庙题一个匾额，东坡微笑道："有米元章在此，何须老朽献丑？"元章难得地谦虚了一下："不敢当！学生曾向端明（苏东坡是端明殿大学士）学字呢。"东坡拍拍他的背："如今已青出于蓝啦！"米芾点头："先生真是了解我啊！"从此对自己的书法更为自负了。

垂垂老矣的东坡扭头看见著名画家李公麟多年前留在寺里的一幅苏轼像，回顾自己跌宕坎坷的一生，便提笔在画像上自题了四句：

> 心似已灰之木，身如不系之舟。
>
> 问汝平生功业，黄州惠州儋州。

再过两个月，苏轼就将走到生命的尽头，此时已接近油尽灯枯，对于政治也早已不再有什么雄心壮志，所以"心似已灰之木"。他晚年羁旅漂泊，全不由自主，故曰"身如不系之舟"。后两句非常有意思，你可以理解为东坡的自嘲，似乎叹息自己命途多舛，本该建立功业的光阴，都浪费在了三个贬官的地方。李白人生不得意，可以怪他自己好酒、好出大言，性格有明显缺陷；杜甫人生不得意，可以怪奸臣当道、国事糜烂；但苏轼以此天纵英才，所遇皇帝不昏、大臣不奸、国事不坏，却遭遇如此坎坷的一生，实在令人扼腕。

但这后两句，也可以理解为东坡的旷达，他最终认识到，自己领悟人生真谛，正是在这些仕途失意之地，正如杨绛先生所说："惟有身处卑微的人，最有机缘看到世态人情的真相。"似乎也只有这种巧妙的笔法，才能传达出东坡此刻微妙的心情，余味无穷。

巨星陨落

宋徽宗建中靖国元年的夏天，苏轼接到人生的最后一封信，来自章惇的长子章援。章援，字致平，是元祐三年东坡当主考官时选取的进士，按惯例算是东坡的门生。章援很清楚父亲的所做所为，因为谁都看得出，章惇在贬东坡去儋州时，就是想置其于死地，哪知东坡居然熬到章惇都下台了，还活得好好的。现在章援听到江湖传言，说朝廷很快会重用苏轼，非常担心苏轼得势后，会以牙还牙地报复父亲，所以写了一封长信，叙师生之谊，委婉地为父求情。

东坡览信后大喜，转头对苏过说："致平这封信有司马迁的文风啊！"立即让侍儿准备纸墨，作书以答："伏读来教，感叹不已。某与丞相定交四十余年，虽中间出处稍异，交情固无增损也。闻其高年寄迹海隅，此怀可知。但以往者更说何益，惟论其未然者而已。主上至仁至信，草木豚鱼可知。建中靖国之意，又恃以安。海康风土不甚恶，寒热皆适中，舶到时，四方物多有。若昆仲先于闽客川广舟中准备家常要用药百千去，自治之余，亦可及邻里乡党……书至此，困惫放笔，太息而已。某顿首再拜致平学士阁下。六月十四日。"信中还谆谆告诫在岭南不可乱服丹药，并承诺晚些时候，将自己的热带养生心得《续养生论》寄过去。

东坡曾对弟弟子由说："吾上可以陪玉皇大帝，下可以陪卑田院乞儿，眼前见天下无一个不是好人。"此言出自肺腑，经得起检验。他临终之前的这封亲笔回书，对于让自己在岭南蛮荒之地待了整整六年差点死掉、而且间接导致朝云埋骨异乡的章惇依然充满了拳拳友爱，所体现出来的宽恕之心和伟大人格，超越我所知道的其他任何一位诗词家。

这封信送出之后的一个月，苏轼溘然长逝于他所热爱的江南水乡常州，一代巨星的颠沛人生，终于谢幕。"苏门六君子"之一的李廌为东坡写祭文有云："道大难容，才高为累。皇天厚土，鉴平生忠义之心；名山大川，还千古英灵之气。"

对于自己一生的文学成就，苏轼只是对于写文章有些自得，"某平生无快意事，惟作文章。意之所到，则笔力曲折，无不尽意。自谓世间乐事无逾此矣"，"作文如行云流水，初无定质，但常行于所当行，止于所不可不止"。《宋史·苏轼传》也点评道："其体浑涵光芒，雄视百代，有文章以来，盖亦鲜矣。"

林语堂先生则对其给予了全面的评价："苏东坡是一个无可救药的乐天派、一个伟大的人道主义者、一个百姓的朋友、一个大文豪、大书法家、创新的画家、造酒试验家、一个工程师、一个皇帝的秘书、酒仙、厚道的法官、一位在政治上专唱反调的人……但是这还不足以道出苏东坡的全部……苏东坡比中国其他的诗人更具有多面性天才的丰富感、变化感和幽默感，智能优异，心灵却像天真的小孩——这种混合等于耶稣所谓蛇的智慧加上鸽子的温文。"

天纵奇才、忧国爱民，皇帝太后都欣赏他、信任他，平民百姓都崇拜他、亲近他。苏东坡的身上，具备了中国古代知识分子各种最美好的品格，而几乎没有大的缺陷。即使有小小的傲气，看起来都是那么可爱。当我写下这一段赞美而非溢美之词时，不得不为中国历史上曾拥有如此伟大的人而感到发自内心的自豪。

争相攀附

苏轼是如此人见人爱、花见花开，就连许多人见人恨的奸臣对他都很敬仰。大奸臣高俅曾是东坡身边的小秘书，苏轼在外放定州、离开京师之前，先是想将高秘书推荐给朋友曾布。曾布是曾巩的弟弟，这兄弟俩与苏轼同年，都是仁宗嘉祐二年龙虎榜中的进士。曾布可能是"外貌协会成员"，觉得高俅的颜值对不起这个看脸的世界，就婉谢了东坡的好意。这倒不要紧，反正苏轼人缘好、朋友多，于是他又把高俅推荐给了朋友——驸马都尉王诜。

王诜是书画高手，娶了太后高滔滔的女儿、宋神宗一母同胞的妹妹蜀国大长公主，所以是端王赵佶的姑夫。王驸马为人轻浮，和端王臭味相投。当时的八卦传言，说这两人经常相携出入青楼楚馆，在这个过程中结下了深厚的友谊。王诜家藏有名画《蜀葵图》，但可惜只有半幅，他在和书画名家赵佶聊天时，几次提到这个遗憾。过了几个月，赵佶向王诜讨要此画，驸马爷心想大概是端王听我说这幅画很好，打算收藏吧，就派人送到王府，哪知几天后，赵佶居然遣人将装裱完整的一整幅画送还给了王诜。原来赵佶见王诜对此画念兹在兹，便差人四处寻访求购，终于找到了另外半幅，特意送给他一个惊喜。

对于赵佶的成人之美，王诜自然感激在心。几天后，两人一起上早朝，王诜因为昨夜荒宴，起床晚了，来不及梳头，就利用等待觐见的时间，用篦子打理。赵佶也面临同样的问题，向王诜借来篦子一用，发现它做工极为精巧，爱不释手、连连夸赞。王诜笑道："此物我近日做了两把，还有一把尚未用过，晚些时候差人送到府上。"

下朝后，王诜即派高俅送篦子去端王府。赵佶正巧在院子里踢足球，高俅便侍立于一旁观看，在人家踢到精彩之处时忍不住（或者是有意地）用最大音量喝了一声"好"，把赵佶吓了一大跳。赵佶回头一看，哟，这应该也是行家啊，随口问道："你也会踢吗？"高俅赶紧回答说："小人颇善于此。"赵佶微微点头："那便下场来踢踢看。"高俅等的就是这句话，一边恭声道"小人不敢"，一边早已脱掉外衣，一身短打地走到场中，使出浑身本领，将那球踢得如同粘在身上一般，简直就是"金球奖最佳球员"。赵佶大喜，当即派人传话给王诜："多谢君送的篦子和送篦子来的人，我一起收下啦！"于是，高俅成了赵佶的亲信玩伴。

一个多月后，哲宗驾崩，端王被向太后选中即位，突然从一个富贵闲人变成了九五至尊。一人得道，鸡犬升天，鸿运当头的高俅凭借和皇帝的关系青云直上，成为管理禁军的权臣。

在《水浒传》中，高俅将王进害得背井离乡，将林冲害得家破人亡，小人得志，面目可憎，但他对最早的上司苏轼的家人却颇为照顾，每逢苏家子弟进京，他都非常殷勤地给予赠恤，可谓不忘旧恩。

小说里陷害梁山好汉的高俅令人恨得咬牙切齿，但在正史中，他固然是奸臣，却没有到那么登峰造极的地步。当时真正的大奸臣是公认的"六贼"：蔡京、朱勔、王黼、李彦、童贯、梁师成。其中，梁师成虽然只是个宦官，却最被宋徽宗宠信，官至检校太傅，贪污受贿、卖官鬻职，无恶不作，甚至敢找人仿照皇帝的笔迹，伪造圣旨。王黼把他当干爹供着，连蔡京父子也得谄附他，故时人称其为"隐相"。

梁师成为了面子，去攀一株参天大树，自称是苏轼的私生子，说苏轼远谪岭南之时，将家中侍女送与梁氏友人，不足月而生了他。他还对家中账房说："如果我的兄弟小苏学士（苏过）要用钱，一万贯以下的，都不必禀告我，照付就是。"但苏过自始至终没有用过他的钱。

当时身为新党成员的蔡京掌权，苏轼被列入黑名单"元祐党人碑"，诗歌、文章禁止流传，已在民间流传的书稿，都被勒令销毁。梁师成收集保存了很多东坡的手稿，跑去向徽宗诉冤："臣的先辈有何罪呢？"徽宗看在梁师成的面子上，同意将苏轼的文章解禁，它们才再次流传开来。所以我们今天能看到这么多苏轼的作品，不得不感谢梁师成。

第十七章

自在飞花轻似梦 金风玉露一相逢

苏轼最好的朋友，应该是他传说中的妹夫秦观。虽然苏小妹在正史中查无此人，但不妨碍她在各种民间传说中和苏东坡、秦少游一起为大家贡献许多喜闻乐见的益智小段子，并且在其中展现出比哥哥和夫君更高的文才，充分体现出段子手对须眉浊物的鄙视和对知识女性的推崇。

| 和天也瘦 |

秦观生于高邮军（今江苏省高邮市），比苏轼小十二岁。两人还未相识的时候，秦观得知大名鼎鼎的苏学士将至扬州，就先去当地最著名的山寺的墙壁上模仿苏轼字体题了一首《江城子》：

> 西城杨柳弄春柔，动离忧，泪难收。
>
> 犹记多情，曾为系归舟。
>
> 碧野朱桥当日事，人不见，水空流。
>
> 韶华不为少年留，恨悠悠，几时休？
>
> 飞絮落花时候，一登楼，
>
> 便作春江都是泪，流不尽，许多愁。

苏轼果然到此一游，看见该词，瞬间就凌乱了，心想我从没来过这地方，更没写过这首词，可这笔迹又分明是我的，这"韶华不为少年留"写得也还真不错，真是白日见鬼啊……

翌日，苏轼进了高邮城，去拜访好友孙觉。孙觉将得意门生秦观写的诗词上百篇拿出来炫耀，苏轼一看这诗风和笔力，恍然大悟，昨天寺庙墙壁上题词的八成是此人了。

元祐年间，苏轼在京师做礼部尚书的时候，秦观担任国史院编修，与黄庭坚、晁补之、张耒一同在东坡门下游学，又同时供职于史馆，人称"苏门四学士"。其中，秦观与东坡的关系最为亲密。有一次，秦观将自己新作的《浣溪沙》呈给老师点评：

漠漠轻寒上小楼，晓阴无赖似穷秋。

淡烟流水画屏幽。

自在飞花轻似梦，无边丝雨细如愁。

宝帘闲挂小银钩。

东坡读罢，不禁击节赞叹："'自在飞花轻似梦，无边丝雨细如愁'，好句，好句！真有屈原、宋玉之才！"刚赞叹完，又急切问道："还有何词？"少游忙又呈上一篇《水龙吟》：

小楼连苑横空，下窥绣毂雕鞍骤。

朱帘半卷，单衣初试，清明时候。

破暖轻风，弄晴微雨，欲无还有。

卖花声过尽，斜阳院落；红成阵，飞鸳甃。

玉佩丁东别后，怅佳期、参差难又。

名缰利锁，天还知道，和天也瘦。

花下重门，柳边深巷，不堪回首。

念多情，但有当时皓，向人依旧。

一般人看第一句，都知道出处是唐朝张籍《节妇吟》的"妾家高楼连苑起"。但东坡和秦观很熟，知道他有一个相好的歌伎，姓娄名琬字东玉，看出来"小楼连苑横空"和"玉佩丁东别后"将女子的名、字全部藏入其中，便故意微笑调侃他道："这首不佳，头十三个字，只说得'一个人骑马楼前过'而已。"娄琬是落入风尘的薄命女子，但借着少游此词，也名留青史了。明代文坛领袖王世贞认为，"天还知道，和天也瘦"和李清照的"莫道不销魂，帘卷西风，人比黄花瘦"同样精妙。

不过，不是每个人都和王世贞一样喜欢秦观用"天"来拟人。有一次，程颐见到少游，便问："'天若有情，天也为人烦恼'是先生所作之句吗？"少游心想："哎哟，平时不苟言笑的程大儒都欣赏我的词啊，可见此句确实是神来之笔！"连忙拱手逊谢："正是拙作，请伊川先生指教。"程颐板着脸道："上穹尊严，先生怎么能用这么轻佻的词句去形容呢！"少游无语，掩面飘下。

糟糠鄙俚

其实程颐很可能是因为记恨苏轼而迁怒于秦观。司马光过世那天，朝臣们刚刚参加完太庙里的庆典，听到噩耗，就赶去司马家吊丧，没想到在大门口被负责葬礼仪式的程颐拦住了："各位没有读过《论语》吗？'子于是日哭，则不歌'，诸公今天早上刚欢庆过，如果在同一天里又哭，就违背孔夫子的教导了！"

东坡对程颐这种不近人情的观点十分不满，立刻反驳道："《论语》所说的可不是'子于是日歌，则不哭'。遇到丧事哭过了、当天又唱歌，确实不合情理，当唱过歌后遇到丧事，怎么就不能哭了呢？"还是带领众人进了门，对司马光的遗体施礼。

当时的风俗和现在一样，按照惯例，司马光的儿子司马康应该在灵柩旁向前来吊唁的客人还礼，但此时却不见人影——原来是程颐认为这种风俗不合古礼，他说如果儿子真的孝顺，就应该伤心欲绝得无法见客人才对，于是禁止司马康出来接待客人，让他一个人在房间里悲痛。

东坡听了程颐的理由，叹口气道："伊川先生可谓是糟糠鄙俚叔孙通了。"叔孙通是汉朝初年为汉高祖刘邦制定国家礼仪的儒生，但人品口碑不咋地。东坡以叔孙通来指代程颐，再加上"糟糠鄙俚"四个字，就是讽刺程颐见识鄙陋、迂腐不化，可谓一针见血。朝臣们听了哄堂大笑，程颐面红耳赤，从此与苏轼不和。

俗话说"打人不打脸"，东坡如此当众嘲讽程颐，心无城府、口无遮拦的缺点暴露无遗，缺乏优秀政治家的素养；而程颐的食古不化、呆板无趣，也可见一斑。

婉约正宗

程颐的打击并未对秦观造成实质性的影响，因为少游虽然不再说"天也烦恼"，却通过他的千古名篇《鹊桥仙》，让天上的云彩和星星充满了感情：

纤云弄巧，飞星传恨，银汉迢迢暗度。

金风玉露一相逢，便胜却人间无数。

柔情似水，佳期如梦，忍顾鹊桥归路。

两情若是久长时，又岂在朝朝暮暮？

正是这首词，帮助秦观奠定了"婉约正宗"的地位。也正是最后一句"两情若是久长时，又岂在朝朝暮暮"的反问，鼓励了多少青年男女勇敢地开始异地恋，但其中的绝大多数又在现实面前败下阵来，可谓功不掩过。两情若欲久长时，最好想办法能朝朝暮暮。爱情最大的敌人不是时间，而是空间。时间的拉伸只是稀释了多巴胺，将鲜果炮制成蜜饯，将爱情发酵成亲情；空间的距离则是引入忽略、猜疑、误解，最终杀死爱情。除非两人都非常成熟，彼此有着充分的了解和信任，才有可能成为少数战胜空间阻隔的幸运者。

宋哲宗亲政后，秦观被章惇视为与苏轼一党之人而遭贬到湖南郴州。初到异乡的少游作了一阕《踏莎行·郴州旅舍》：

雾失楼台，月迷津渡，桃源望断无寻处。

可堪孤馆闭春寒，杜鹃声里斜阳暮。

驿寄梅花，鱼传尺素，砌成此恨无重数。

郴江幸自绕郴山，为谁流下潇湘去？

"雾失楼台，月迷津渡"是极受后人称赏的名句，以月下雾中的楼台、渡口的模糊，反映作者心绪上的凄迷，可作为以景写情的范例，也可作为"互文"这种修辞手法的范例。读书人一旦开始寻觅桃花源，那就表示对现实很失望了。但因为雾大，连桃花源都找不到，再来个杜鹃声声啼血、夕阳西下、暮气沉沉，把低落的心境表达得淋漓尽致。"驿寄梅花"的典故出自北魏（一说三国东吴）陆凯的《赠范晔诗》：

折梅逢驿使，寄与陇头人。

江南无所有，聊赠一枝春。

"鱼传尺素"的典故则出自汉代乐府民歌《饮马长城窟行》：

······

客从远方来，遗我双鲤鱼。

呼儿烹鲤鱼，中有尺素书。

长跪读素书，书中竟何如？

上言加餐食，下言长相忆。

古时的信笺质地脆弱，在运输途中容易损坏，人们便将其放入一个匣子中来保护，这个匣子叫作"函"，于是有了"信函"的说法。可能受到"鱼传尺素"这个故事的影响，匣子常被做成鲤鱼的形状，既美观又便于携带。秦观用这两个典故表示接到了来自朋友的问候，却使他的离愁别恨更深了。郴江啊，你就绕着郴山流淌不是很好吗，为何偏偏要流下潇湘去呢？关于这最后一句究竟想表达什么，人们众说纷纭：有人说是郴江绕着郴山腻味了，耐不住寂寞，要下潇湘；有人说是表达对命运的无可奈何，就像对江水奔流的无可奈何。在这些看法中我个人没有偏好，反而觉得正是这种众说纷纭使其成为颇有兴味的名句。

秦观病逝于广西藤州后，与他一生亦师亦友的东坡，将自己最爱的这句"郴江幸自绕郴山，为谁流下潇湘去"写在折扇上，在后面题跋道："少游已矣，虽万人何赎！"米芾见了折扇，感慨良多，便将这首《踏莎行》和东坡的跋语写成了一幅帖子。此帖后来传至郴州，当地人便将少游的词、东坡的跋、元章的字刻在石碑上，作为对秦观的纪念。

秦观逝世二十五年后，江南名门士子陆宰的妻子唐氏在进京的船上生下一子。据说唐氏生产前一夜，梦见大才子秦观，她将这个梦告诉了丈夫，陆宰又惊又喜，心想："秦少游来送梦，莫非这个孩子将有他那样的才华么？"于是就给孩子取名为"游"，字"务观"。这孩子长大后，果然才华冠绝当世，在文学史上取得的地位远超秦观。但清代诗人查慎行（金庸先生的先祖）认为，陆游名字的出处并没有这么丰富的剧情，只是陆宰为儿子起名时想到了《列子·仲尼篇》中的"务外游，不知务内观"一语，意思是不要只顾着游赏外物却不知审视自己——而这可能也正是秦观名字的出处。无论陆游的名字来源于《列子》还是秦观，他对这位词家前辈都是很推崇的，成年后亲眼观摩秦观画像时，作了一首《题陈伯予主簿所藏秦少游像》，以表达仰慕之情：

晚生常恨不从公，忽拜英姿绘画中。

妄欲步趋端有意，我名公字正相同。

薄薄酒

"苏门四学士"中的黄庭坚，字鲁直，号山谷道人，晚号涪翁，比苏轼小八岁。他幼时聪颖过人，是宋朝的又一位神童，书读几遍就能背诵如流。舅舅李常来家里做客，取架上的书考问，小鲁直没有答不出的，李常惊叹他为"千里之才"。七岁时，小鲁直作了《牧童诗》一首：

> 骑牛远远过前村，短笛横吹隔陇闻。
>
> 多少长安名利客，机关用尽不如君。

如果拿唐初神童骆宾王七岁时所作的《咏鹅》来与之相比，黄庭坚此诗的眼界情怀远远高出骆诗。如果拿宋初神童寇准七岁时所作的《咏华山》来与之相比，寇准是心比天高，黄庭坚则是看破红尘——寇准是早熟，黄庭坚则是早熟得有点吓人。

第二年，同乡有人进京赶考，八岁的小鲁直作诗相送：

> 万里云程着祖鞭，送君归去玉阶前。
>
> 若问旧时黄庭坚，谪在人间今八年。

第一句用了刘琨担心祖逖"先吾着鞭"的典故，暗指自己和对方在一个等级上，今年先送您去赶考，祝您能参加殿试、面见皇帝、鹏程万里，而小弟我过几年就会赶来的。后面两句自比天上的星宿下凡，就像李白一样是"谪仙人"。初出茅庐之人，往往自信心爆棚，这一点从古至今都一样。

年轻的黄庭坚曾在开封繁华的相国寺市场里淘得宋祁手写的《新唐书》草稿一册，带回家后反复研读。他仔细观察草稿中那些字句有修改的地方，体会其与修改前的不同之处，领会出了宋祁的用意何在。如此揣摩草稿，就仿佛大作家在亲身向你传授写作心得一般，自此，鲁直写文章的水平突飞猛进。

治平四年，二十二岁的黄庭坚高中进士，翌年年初又参加四京学官的考试，应试的文章拔得头筹，被授为国子监教授。苏轼读了他的诗文后，击节赞叹道："超凡绝尘，卓然独立于千万诗文之中，世上已好久没有这样的佳作了！"黄庭坚由此名震大宋文坛。

后来，黄庭坚娶了孙觉之女为妻，而孙觉是秦观的老师、苏轼的好友，鲁直借此机缘，拜在东坡门下，和老师在诗词、文章、书法上相互交流。苏轼曾戏作《薄薄酒》两章：

> 薄薄酒，胜茶汤；粗粗布，胜无裳；丑妻恶妾胜空房。
>
> 五更待漏靴满霜，不如三伏日高睡足北窗凉。
>
> 珠襦玉柙万人相送归北邙，不如悬鹑百结独坐负朝阳。
>
> 生前富贵，死后文章，百年瞬息万世忙。
>
> 夷齐盗跖俱亡羊，不如眼前一醉是非忧乐都两忘。
>
> 薄薄酒，饮两钟；粗粗布，著两重；
>
> 美恶虽异醉暖同，丑妻恶妾寿乃公。
>
> 隐居求志义之从，本不计较东华尘土北窗风。
>
> 百年虽长要有终，富死未必输生穷。
>
> 但恐珠玉留君容，千载不朽遭樊崇。
>
> 文章自足欺盲聋，谁使一朝富贵面发红。
>
> 达人自达酒何功，世间是非忧乐本来空。

　　北邙山是洛阳北郊的高级公墓所在地，"珠襦玉柙万人相送归北邙"，就是穿上金缕玉衣、被万人远送去入住豪华公墓的意思。黄庭坚读了此诗很喜欢，也作了《薄薄酒》两章向老师致敬，志趣与东坡一般无二，而文采也不相上下：

> 薄酒可与忘忧，丑妇可与白头。
>
> 徐行不必驷马，称身不必狐裘。
>
> 无祸不必受福，甘餐不必食肉。
>
> 富贵于我如浮云，小者谴诃大戮辱。
>
> 一身畏首复畏尾，门多宾客饱僮仆。
>
> 美物必甚恶，厚味生五兵。
>
> 匹夫怀璧死，百鬼瞰高明。
>
> 丑妇千秋万岁同室，万金良药不如无疾。
>
> 薄酒一谈一笑胜茶，万里封侯不如还家。
>
> 薄酒终胜饮茶，丑妇不是无家。
>
> 醇醪养牛等刀锯，深山大泽生龙蛇。
>
> 秦时东陵千户食，何如青门五色瓜？
>
> 传呼鼓吹拥部曲，何如春雨池蛙？

性刚太傅促和药，何如羊裘钓烟沙？

绮席象床瑚玉枕，重门夜鼓不停挝。

何如一身无四壁，满船明月卧芦花？

吾闻食人之肉，可随以鞭朴之戮；

乘人之车，可加以鈇钺之诛。

不如薄酒醉眠牛背上，丑妇自能搔背痒。

教学相长

黄庭坚是江西诗派的开派宗师和领袖，他最有名的诗作，应该是抒发别后友情的《寄黄几复》：

我居北海君南海，寄雁传书谢不能。

桃李春风一杯酒，江湖夜雨十年灯。

持家但有四立壁，治病不蕲三折肱。

想得读书头已白，隔溪猿哭瘴溪藤。

黄几复是黄庭坚的发小，此时在南海之滨的广州，而黄庭坚在渤海之滨的德州。北海、南海的典故，出自春秋时楚国使者屈完代表楚成王对兴师问罪的齐桓公所说之言："君处北海，寡人处南海，惟是风马牛不相及也。"两地相隔如此遥远，以至于想托鸿雁传书，人家都要推脱："俺向南最多飞到衡阳回雁峰，不去岭南那么远的地方。"将大家熟悉的"鸿雁传书"反其意而用，收到别出心裁的效果，这正是黄庭坚所自傲、江西诗派所推崇的"点铁成金、夺胎换骨"之术。颔联的"桃李""春风""一杯酒""江湖""夜雨""十年灯"，都是名词性词组，这种仅仅使用名词的排列就能达到强烈艺术效果的技法，源自于温庭筠的"鸡声茅店月，人迹板桥霜"。用挚友小聚的快乐来反衬其后的离思，使得漂泊萧索之感更加浓烈。

黄庭坚在诗词的总体成就上比之东坡当然逊色，但在书法方面则并辔争先，一起进入了"宋四家"之列。两人曾经讨论彼此的书法，东坡道："鲁直近来写字虽然清新刚劲，但是笔势有时太瘦，如同树梢挂蛇。"黄庭坚立刻回应："学生固然不敢轻易议论先生之字，然而总觉得有些褊浅，颇似石头压蛤蟆。"两人一起哈哈大笑，因为被对方准确指出了自己的缺点。师生关系如此平等融洽，教学相长，不亦乐乎？所以东坡对此评论道："鲁直以平等观作欹侧字，以真实相出游戏法，以磊落人书细碎事，可谓'三反'。"

|字如其人|

有一次，驸马都尉王诜差小厮高俅将自己的诗作送给黄庭坚，请他和诗一首。鲁直那阵子很是慵懒，不想动脑筋，看丑丑的高俅又不顺眼，就一直没完成任务。王诜隔三岔五地让高俅送鲜花到黄家，这是在很礼貌地催促："老兄你欠我的和诗呢？"黄庭坚看着堆在屋角的这几大盆鲜花，挠了挠头，坐下来写了一张小帖：

> 花气薰人欲破禅，心情其实过中年。
> 春来诗思何所似？八节滩头上水船。

驸马爷您送来这些鲜花的香气，快要把我静心禅定的功夫都薰破了。这样美好的春天，其实就适合苟且地睡睡懒觉、享受生活，你却偏要让我作诗，写什么远方。我现在的才思就像在滩头一节一节逆水而上的小船，真是何其艰难！这张帖子笔势刚健，如同长枪大戟，是黄庭坚的书法代表作，被称为《花气薰人帖》，现藏于台北故宫博物院。

除了蔡京、高俅等少数反例之外，"字如其人"的规律在更多时候都能成立，书法好的人多数品格也比较好，作为"宋四家"之一的黄庭坚就是典型正例。苏轼赞他"瑰伟之文妙绝当世，孝友之行追配古人"，如果你认为前半句有溢美之嫌，那么后半句鲁直则是当之无愧。他对母亲竭尽孝诚，虽身居高位，但每晚都亲自为母亲洗涤便桶。母亲卧病一年，他日夜陪侍在侧，衣不解带；母亲去世后，又筑室于墓旁守孝，哀伤成疾，几乎丧命。

对母亲至孝的黄庭坚，对师长也做到了至敬。东坡去世后，鲁直将其画像挂于家中，每天早上都要穿戴整齐后焚香作揖，十分恭谨肃穆。有朋友在聊天时随口问他："您与苏公并称'苏黄'，名声在伯仲之间，为何还对苏公如此恭敬？"鲁直闻言大惊，立刻起身，严肃答道："我不过是先生门下的弟子，怎敢与师尊同列！"所以将苏、黄并称，并非黄庭坚的本意，他对老师与自己在历史地位的高下上有着清醒的认识。

第十八章

日日思君不见君　锦瑟华年谁与度

"苏门四学士"加上陈师道和李廌，又被称为"苏门六君子"。陈师道，字履常，又字无己，彭城（今江苏省徐州市）人，比苏轼小十六岁，徐州太守孙觉曾推荐年少时的他带着作品去见曾巩。

骨肉重逢

曾巩，字子固，建昌军南丰（今江西省南丰县）人，世称"南丰先生"。陈师道前去拜谒，子固一见之下，大为赞赏，就收为弟子，悉心教导。后来苏轼在彭城为官，陈师道前往拜谒，俩人一见如故。苏轼给了陈师道很多指点，还想收这个才华横溢的年轻人为弟子。面对如此大好机会，陈师道却以"向来一瓣香，敬为曾南丰"婉谢，意思是当年拜了曾巩为师，就不再改换门庭了。这可能是因为苏轼名气太大，陈师道不愿让自己有蹭流量之嫌；另一方面，他对曾老师也确实情深意重。曾巩过世后，陈师道写诗《妾薄命》，自注"为曾南丰作"以悼之：

> 主家十二楼，一身当三千。
>
> 古来妾薄命，事主不尽年。
>
> 起舞为主寿，相送南阳阡。
>
> 忍著主衣裳，为人作春妍。
>
> 有声当彻天，有泪当彻泉。
>
> 死者恐无知，妾身长自怜。

其中"有声当彻天，有泪当彻泉"是感情诚挚的悼亡名句。而末句更是写尽了所有悼亡者的悲哀，就是天人永隔而逝者无知，一切的哀悼行为都只是生者的自我安慰罢了。面对着死亡这个终极问题，人类是如此无力和绝望。

陈师道家境贫寒，本来娶妻是个大问题。但以善于择婿著称的东平人郭概很欣赏他，不但将女儿下嫁于他，还帮他负担了婚后妻子和孩子们的温饱问题。这位好岳父还有另一个著名的女婿，就是赵挺之，也就是李清照的公公。

宋神宗元丰年间，郭概被任命到四川去提点刑狱，但陈师道因母亲年老需要留下照顾而无法同行，只好让妻子带儿女们随岳父大人西去，不得不忍受骨肉分离的痛苦。将近四年以后，陈师道经苏轼、孙觉等人举荐，当了徐州州学教授，算是进入编制内、端上了稳定的饭碗，才将妻儿接回家乡。他见到久别重逢的孩子们，悲喜交加，心情正如当时写下的《示三子》：

> 去远即相忘，归近不可忍。
>
> 儿女已在眼，眉目略不省。
>
> 喜极不得语，泪尽方一哂。
>
> 了知不是梦，忽忽心未稳。

尾句意境与晏几道的"今宵剩把银釭照，犹恐相逢是梦中"颇为相似。陈师道曾向黄庭坚学诗，后来转学杜甫。此诗用字宛如白描，朴实无华，然而读者都能体会到其深情出自肺腑、感人至深，正是老杜的风格。黄庭坚对陈师道的文学成就相当钦佩，对别人说道："陈无己，天下士也。其读书，如禹之治水，知天下之脉络，有开有塞，至于九州涤源，四海会同者也。其论事，救首救尾，如长山之蛇。其作文，深知古人之关键。其作诗，深得老杜之句法，今之诗人不能当也。"在我看来，想学老杜甚难，得有类似的贫寒生活经验才能学得像。陈师道之困苦不逊于老杜，具备了这个客观条件。即使老杜复生来写骨肉长期分离再重逢这个题材，恐怕也无以过之。

| 闭门觅句 |

既然苏轼仕途坎坷，与他关系亲近的陈师道自然受到连累，一生都没当上什么官，直到徽宗登基后，才被授以秘书省正字之职。尽管仕途不济，但无己安贫乐道，闭门吟诗，自得其乐，每次在外登临览胜得了灵感，就急忙回家跳上床，学习王勃用被子蒙住脑袋思索腹稿的做法，开始冥思苦想。他比王子安还要挑剔，是连一点儿声音也不能听到的，家人知道他这个恶习，所以一见他开启思索模式，便赶快出门，将房前屋后的猫狗都赶跑，连家里吵吵闹闹的孩子都要抱去寄存在邻居家，直等到他的诗做好，才敢恢复正常生活。陈师道就是这样熬出那首《绝句》的：

> 书当快意读易尽，客有可人期不来。
>
> 世事相违每如此，好怀百岁几回开？

令人快意的书籍总是很容易就读完了，让人期盼的客人怎么等也等不来。世上的事情往往就是这样不尽如人意，人生纵然百年，又能有几次欢笑开怀呢？从陈师道的生活条件和诗中反映的苍凉心境来看，他不会是高寿之人。

建中靖国元年，黄庭坚在江陵大病初愈，写了《病起荆江亭即事·其八》，怀念好友陈师道，悼念同门秦观：

> ……
>
> 闭门觅句陈无己，对客挥毫秦少游。
>
> 正字不知温饱未，西风吹泪古藤州。

在黄庭坚看来，陈无己的特点是苦吟，秦少游的特点是捷才。黄庭坚写此诗的一年前，秦观在藤州病逝；写此诗的一年后，刚被授予秘书省正字不久的陈师道也去世了。

| 炙手寒心 |

赵挺之是新党成员之一，与旧党的苏轼及其门人政见不合。苏轼对赵挺之的为人颇为反感，说他是"聚敛小人"，学问品行都无可称道，不堪国家重任。赵挺之则数次弹劾苏轼，罪名是子虚乌有的"诽谤先帝"之类。

陈师道回到开封的第一年冬天，按例要到京郊参加祭祀礼仪。那一天大雪纷飞、天寒地冻，妻子郭氏看丈夫没有御寒的衣物，就跑到妹妹家里借了一件毛皮大氅——当然是妹夫赵挺之的。不料陈师道刚刚穿上衣服，一听说是向自己一贯不屑的这位连襟借的，当即圆睁双眼、愤愤言道："我就是冻死，也不会穿他家靠聚敛搜刮得来的衣服！"说完，将大衣脱下一扔，穿着自己的单薄衣衫就冒雪出门而去，结果在郊祭中受了寒，回到家就一病不起，第二年春天便病重逝世。据说他死后，家人无钱安葬，朝廷特赐绢二百匹，才换得钱，让他入土为安。

陈师道对赵挺之的鄙夷之深，居然让自己赔上了性命。苏门子弟和赵挺之的龃龉，究竟是党派之间的意气之争呢，还是赵挺之的人品确实有问题呢？我们可以从另外两位大人物给他的差评中看出来。

第一位给差评的是宋徽宗。赵挺之死的时候，官职是大学士，皇帝御驾亲临赵家抚恤，问赵夫人郭氏还有何愿。郭氏哭拜，恳请了三件事。徽宗对头两件事都点头同意，唯独对第三件事——谥号里想有一个"正"字——回答说"待理会"，翻译成今天的话就是"回去研究一下"。有经验的小伙伴都明白，如果领导说"回去研究一下"，那基本就是没戏。赵挺之最后的谥号是"清宪"，最终也得不到家人所求的"正"字，可见赵挺之的为人，连自身都歪歪斜斜的徽宗都看不上。

第二位给差评的是中国历史上著名的女词人李清照。传说赵挺之的三儿子赵明诚到了婚娶之龄，有天夜里做了一个梦，醒来只记得梦中看见十二个字："言与司合，安上已脱，芝芙草拔。"不解何意，便去请教父亲。赵挺之想了一下，哈哈笑道："这是一个离合字谜，谜底是'词女之夫'四字，看来天意是要你娶一个女词人！"当时最著名的"词女"非李清照莫属，赵挺之便为儿子聘了这位天才少女为妻。

这个传说不管你们信不信，反正我是不信，因为字谜编得太粗糙、太没水平！李清照的父亲是"苏门后四学士"之一的李格非，一个典型的旧党成员，和新党成员赵挺之本该是冰炭不同炉的。但如果我们注意到赵明诚和李清照的结婚时间是建中靖国元年、这桩婚事的敲定应该是在前一年的元符三年，就会发现其中的微妙之处。那一年，正好是哲宗驾崩、向太后扶立徽宗、新党章惇罢相、包括苏轼在内的贬谪蛮荒之地的旧党大臣纷纷被赦免调回的时候。赵挺之很可能是敏锐地察觉到了政治风向的变化，决定向正在回来的胡汉三们示好，所以主动编了这个段子，来与苏门子弟李格非结亲。

向太后完成扶立徽宗这步大臭棋之后，在建中靖国元年初就薨了，将大宋的锦绣江山放心地交到了败家子赵佶手上。徽宗刚开始延续了恩人向太后的政策，希望新旧两党和平共处，他用"建中靖国"为年号，意在表明"朕打算和平中正，你们两边都给朕消停些，别闹腾了"。改换年号，最能体现皇帝的理想，所以苏轼在安慰章援的信中写到"建中靖国之意，又恃以安"。在这样的政治气氛中，赵李两家结了这桩门当户对、郎情女愿的亲事。但这个年号只用了一年，徽宗便改元"崇宁"，起用新党成员蔡京，对旧党朝臣进行清洗。朝政大事居然如此朝令夕改，怪不得章惇一针见血地指出"端王轻佻，不可以君天下"。

赵挺之作为蔡京的得力副手，在打击旧党上不遗余力，包括亲家李格非。李清照为了救父，写诗给公公，内有"何况人间父子情"之句，读到的人莫不恻隐，唯赵挺之漠然。数年后，赵挺之因打击旧党之功而升为尚书右仆射，混到了宰相级别，李清照献诗向公公道贺，除了其中一句"炙手可热心可寒"之外，都没有流传下来，估计整首诗写得不太得体。从赵李两家的这段故事中，不难看出赵挺之为人的冷漠功利。

| 闺中奇人 |

虽然苏轼的一众门人中有秦观、黄庭坚、陈师道等众多出类拔萃者，但他最欣赏的却很可能是李之仪。李之仪，字端叔，比秦观大一岁。元祐八年，苏轼出知定州时，挑选了李之仪同行，作为他的幕僚，"苏门四学士"之一的张耒秒变酸柠檬，很是眼红地写道："每隔几年见一次端叔，议论越来越奇，名誉越来越高。朝廷士大夫讨论到天下士子，屈指一数，头一两名就必然说到咱们端叔。如今先生出守定州，朝廷上有一半人想跟去做他的幕僚，但都不敢开口向他求职，而先生单单向朝廷申请要了端叔。"羡慕之情，溢于笔端。

苏轼的学生，几乎都是手无缚鸡之力的书生，唯独李之仪被他推崇为伏波将军马援、定远侯班超之流的人物，曾写诗相赠：

> 若人如马亦如班，笑履壶头出玉关。
> 己入西羌度沙碛，又向东海看涛山。
> 识君小异千人里，慰我长思十载间。
> 西省邻居时邂逅，相逢有味是偷闲。

李之仪早年拜在范仲淹之子范纯仁门下，但这并不影响他后来又成了苏轼的门生。我觉得他能成为这两位人中龙凤的弟子，真是三生有幸！

徽宗登基的第二年，范纯仁病危。他向儿子们口授遗表，让李之仪记录整理。打着新法大旗的蔡京上台后，准备报复之前与自己不和的范纯仁，便在其遗表中做文章、搞文字狱，诬陷范纯仁诽谤新法、藐视朝廷，将李之仪逮捕入狱、严刑拷打。和李之仪交好的众人想营救，但都束手无策。这时候，一位奇女子胡淑修登场了。

胡淑修，字文柔，是李之仪的妻子，出身书香门第之家，祖父和父亲都是翰林学士，所以她精通文学和历史是不足为奇的，难得的是，她居然还精通算术，是当时有名的数学家，连比她年长十六岁的科学家沈括也经常向她请教问题，并且感叹道："如果李夫人是男子的话，必是我的良师益友啊！"

有一次，苏轼到李之仪家中做客，胡淑修在屏风后偷偷观察了整个过程，等苏轼走后，她对丈夫说："苏子瞻名震天下，我原以为他很可能只会空谈，今天才知道他是个行事认真之人，实乃一代豪杰！"胡淑修从此成为东坡的铁杆粉丝，并多次对李之仪说："读苏子瞻的文章，让人有杀身成仁之志，夫君应该多多同他交往。"

宋哲宗亲政后，打压旧党，东坡在一个月内三次接到贬谪令，别人对这样的倒霉者都是避之唯恐不及，胡淑修却亲手缝制棉衣赠给东坡路上御寒，还颇为感慨："我不过是一介女流，能有幸结交苏子瞻这样的君子，更有何憾！"在常州时，有多人因为受苏轼的牵连，被批枷挂牌示众，胡淑修竟主动站出来，给自己挂上这么一块牌子，加入到示众者的行列之中，并对围观的民众慷慨激昂地说道："我看重苏公的为人，钦慕其道义已久，自愿与其同罪，好使天下人知道——这世上尊敬苏公的，并非只有男子！"

丈夫入狱后，胡淑修马上典当了自己的衣物首饰，凑足路资，孤身一人来到京城的父亲家中，请父亲尽快设法营救。但是等了多日，她发现父亲对权势熏天的蔡京也束手无策。多方打探后，她终于得知有位官员家中收藏了一份范纯仁的手稿，而其中的内容正好可以驳斥蔡京的诬告，于是急往其家中恳求观看，但此人惧怕蔡京，死活不肯出示手稿。胡淑修救夫心切，便以重金收买此家的一个仆人，问清了房屋结构和手稿所藏之处。当夜三更，她一身黑衣短打、黑纱蒙面，上房溜柱，潜入那人家中，将手稿盗出。胡淑修知道祖母常进宫中与太后亲近，于是拿着手稿去祖母处哭诉，祖母遂将手稿上报太后，最终为李之仪洗刷了冤情。

此事震动朝野，士大夫们皆啧啧赞叹，太后也特地宣她进宫抚慰，好亲眼一见这位奇女子，并赐她凤冠霞帔。中国古代真实的侠女屈指可数，女科学家更是寥若晨星，胡淑修居然能够两者兼于一身，其智商、情商、胸襟、技艺、仁爱、勇气之全面，千年仅见，放在男人堆中，也能愧煞须眉。

不负相思

因为蔡京一心打击旧党，李之仪出狱后，未能官复原职，而是被贬官到太平州（今安徽省当涂县）。黄庭坚原本在太平州当知州，后来因为受到苏轼的牵连，被蔡京陷害而贬官闲居。两人同为东坡门下，平素交好，这正是他乡遇故知。

黄庭坚为李之仪接风洗尘，特意招来当地色艺双绝的歌伎杨姝在席间助兴。杨姝只有十几岁，居然为他二人弹了一首古曲《履霜操》。范仲淹很爱弹琴，但终身只弹这一曲《履霜操》，所以人称"范履霜"。仕途坎坷的黄庭坚听杨姝弹奏此曲，追念屡被贬谪的先贤，不觉同气相求、深为感动，填了一阕《好事近·太平州小伎杨姝弹琴送酒》：

> 一弄醒心弦，情在两山斜叠。
>
> 弹到古人愁处，有真珠承睫。
>
> 使君来去本无心，休泪界红颊。
>
> 自恨老来憎酒，负十分金叶。

杨姝选了此曲，显然觉得黄鲁直、李端叔与范文正公是同一类人。李之仪心中一动，觉得此女实是知音，也以黄庭坚词的韵脚和了一首《好事近·与黄鲁直于当涂花园石洞听杨姝弹履霜操，鲁直有词，因次韵》：

> 相见两无言，愁恨又还千叠。
>
> 别有恼人深处，在懵腾双睫。
>
> 七弦虽妙不须弹，惟愿醉香颊。
>
> 只恐近来情绪，似风前秋叶。

黄庭坚被调离太平州后，没有同门好友相伴的李之仪继续在编管地过着枯燥无趣的生活。来到当涂的第三年，他的儿子、女儿和相濡以沫四十年的妻子相继去世。李之仪悲痛欲绝，将胡淑修安葬在当地的藏云山致雨峰下，与自己的双亲为伴，并撰写了《姑溪居士胡氏文柔墓志铭》以为纪念。

时年五十七岁的李之仪饱受病痛折磨，藓疮遍体、奇痒难耐，寒疾也久治

一江水思君饮惆怅

不愈，再加上前途无望、孤寂无援，可谓了无生趣。

当他跌到人生谷底的时候，又有一位特别的女子来到他身边，正是那位几年前为他弹琴的小姑娘。杨姝为端叔斟满一杯酒，然后将琴摆好，再次弹出了那首熟悉的曲子。曲终之后，百感交集的李之仪拿出纸笔，写下《清平乐·听杨姝琴》：

> 殷勤仙友，劝我干杯酒。
> 一曲《履霜》谁与奏？邂逅麻姑妙手。
>
> 坐来休叹尘劳，相逢难似今朝。
> 不待亲移玉指，自然痒处都消。

杨姝用清越的琴声，抚慰了茕茕孑立、形影相吊的李之仪，帮助他慢慢走出了亲人离丧的痛苦。两人的感情日渐加深，年近花甲的端叔终于与杨姝跨越四十岁的年龄差距，结为连理。

婚后，李之仪携手杨姝，来到长江边，面对着东流不回的江水，写下了一首流传千古的《卜算子》：

> 我住长江头，君住长江尾。
> 日日思君不见君，共饮长江水。
>
> 此水几时休？此恨何时已？
> 只愿君心似我心，定不负相思意。

端叔这是借词中人之口，抒发自己的肺腑之声，含蓄地表达了自己对这份暮年爱情的坚贞不渝。后来杨姝为他生下一子两女，陪伴他走到了人生的最后一刻，彼此之间果然不相负。

第十九章

家山回首三千里 一曲当时动帝王

李之仪作完那阕流传千古的《卜算子》，正要离开江边，只见远远来了两匹马，当先一人身穿官服，身材挺拔、面色青黑，望之似曾相识。待得那人来到近处，只见面容丑陋，眉目犹如剑拔弩张，正是自己的旧日好友。

| 梅子黄时雨 |

旧友重逢，端叔忍不住兴奋地叫道："贺鬼头，如何在此处？"对方听得叫声，跳下马来奔到李之仪面前，紧紧握住他的双手，哈哈大笑："端叔，我早知你在太平州，不期在此江边相遇！"李之仪回头见杨姝看了那人的长相后，似乎有些害怕，连忙介绍："这位官人姓贺，名铸，字方回，小我四岁，乃是我多年的故交。因为容貌粗犷，朋友们都称他为'贺鬼头'，你莫要害怕，其实他还有一个雅号曰'贺梅子'。"杨姝听了，笑问道："莫非源自那句大名鼎鼎的'梅子黄时雨'？"原来贺铸有一阕《青玉案》：

> 凌波不过横塘路，但目送，芳尘去。
>
> 锦瑟华年谁与度？
>
> 月桥花院，琐窗朱户，只有春知处。
>
> 飞云冉冉蘅皋暮，彩笔新题断肠句。
>
> 试问闲愁都几许？
>
> 一川烟草，满城风絮，梅子黄时雨。

要问"愁"这种情绪怎么来形容呢？其悠远好比一川烟雨笼罩的青草；其弥漫好比满城的飞絮；其绵长不断令人烦恼，好比梅子黄时的细雨。这样唯美的比喻，只要想出一个就能成为名句，贺铸居然一连用了三个，而最后一个最为形象贴切。这神来之笔迅速流传开来，大家便都称贺铸为"贺梅子"。江南每年农历五六月间，霪雨霏霏，连月不开，令人身心不畅，谓之"梅雨"，便是这"梅子黄时雨"了。

贺铸此时被任命为太平州通判，没想到在赴任的路上遇到了李之仪。两人他乡遇故知，欣喜之情，不难想象。贺铸在此地盘桓数日，与老友诗酒尽欢。端叔赋得一首《邂逅故人》：

> 已将身世等浮云，又向江边得故人。
>
> 数日暝寒埋雪意，一番佳境为时新。
>
> 村醅淡薄聊资笑，洞户深闲自有春。
>
> 已幸邻封同寄老，却应风月费精神。

侠骨柔肠

贺铸在当时就已是一个传奇，不仅因为他具有和粗陋容貌不相匹配的细腻文思，还因为他性格豪爽、狂放不羁，且自命不凡。他很喜欢议论时事，批评起人来毫不客气，哪怕对方是炙手可热的权贵。对方就算恨得牙根痒痒，拿贺铸也没办法，因为这家伙出身太好，是宋太祖结发妻子贺皇后的族孙，而贺铸娶的夫人赵氏则是济国公赵克彰之女。他还说自己是唐朝贺知章的后裔，因为贺老住在庆湖（就是"唯有门前镜湖水，春风不改旧时波"的那个镜湖，以前还有个名字叫"庆湖"，现在有个更为雅致的名字叫"鉴湖"），故自号"庆湖遗老"。

贺铸的名言是："吾笔端驱使李商隐、温庭筠常奔命不暇。"估计除了他自己，很少有人是这么认为的。当时还有一位牛气哄哄的异人就是大名鼎鼎的米芾，两人年纪只相差一岁，每次碰面都是火星撞地球，可以从早辩论到晚，从怒目相向发展到肢体冲突，最后谁也不服谁，唯恐天下不乱的围观群众每次都能吃瓜吃到撑。

古代的读书人大多手无缚鸡之力，贺铸却是个特例。论动笔，他诚然胜不过李商隐和温庭筠，但若论动手，则远胜之。他有个同僚是贵二代，平时骄横狂妄，一向瞧不起贺铸，没事就故意与他争执。有一天上班时，方回突然将旁边侍候的小吏都遣出去，将办公室的门一关，就剩下他与那个同僚两人，然后手拿一根大棒，指着那贵公子厉声问：某月某日，你盗窃了某某公物来做私用，可有此事？某月某日，你又盗窃了某某公物藏到自己家中，可有此事？同僚吓得脸色发白，心想这些我偷偷做的事情，你如何尽皆知晓，赶紧承认确有此事。贺铸冷笑道："如果你愿意让我惩治，就不去告发你。"同僚鸡啄米一般点头应承。方回把这小子的上衣扒得露出后背，抡起大棒，打了几下，同僚受痛不过，哀嚎大哭，磕头求饶。贺铸哈哈大笑，丢下大棒，让那小子滚蛋。自此以后，再没有人敢招惹贺鬼头了。他的代表作之一《六州歌头》，很能反映这种豪侠性格：

> 少年侠气，交结五都雄。
>
> 肝胆洞，毛发耸。立谈中，死生同。一诺千金重。
>
> 推翘勇，矜豪纵。轻盖拥，联飞鞚，斗城东。
>
> 轰饮酒垆，春色浮寒瓮，吸海垂虹。
>
> 闲呼鹰嗾犬，白羽摘雕弓，狡穴俄空。乐匆匆。
>
> 似黄粱梦，辞丹凤。明月共，漾孤篷。
>
> 官冗从，怀倥偬。落尘笼，簿书丛。
>
> 鹖弁如云众，供粗用，忽奇功。
>
> 笳鼓动，渔阳弄，思悲翁。
>
> 不请长缨，系取天骄种，剑吼西风。
>
> 恨登山临水，手寄七弦桐，目送归鸿。

我们很容易看出，南宋辛弃疾的风格颇有受贺铸此词影响的痕迹。这首是典型的豪放词，方回还有一首婉约风格的代表作，就是他的悼亡词《鹧鸪天》：

> 重过阊门万事非，同来何事不同归？
>
> 梧桐半死清霜后，头白鸳鸯失伴飞。
>
> 原上草，露初晞。旧栖新垄两依依。
>
> 空床卧听南窗雨，谁复挑灯夜补衣？

贺铸年过半百后，在苏州闲居了三年，其间与他同甘共苦多年的妻子赵氏逝世。后来他故地重游，眼见物是人非，他思念亡妻，于是写此词以寄托哀思。因为有"梧桐半死"之句，贺铸又将这个词牌称为"半死桐"。这是在中国诗词史上能与元稹的《遣悲怀》《离思》、苏轼的《江城子》并列的悼亡名篇。

从前经常有人将宋朝词人分为婉约派和豪放派，甚至有人认为婉约派是颓废的、消极的、落后的，豪放派是健康的、积极的、进步的。如果我们将《六

斗城东勇冠少年侠

州歌头》和《半死桐》对比着看，就会发现一个很有意思的问题：贺铸是属于婉约派还是豪放派呢？苏轼又属于婉约派还是豪放派呢？所以，将词人归为豪放派或婉约派是不严谨的，咱们只能将一些风格明显的词作归为豪放词或婉约词。

|败家皇帝|

苏轼和他的朋友或门人基本都是在宋徽宗年间去世的，这实在是一种幸运，因为可以不用亲眼看着千年少见的超级败家子赵佶是如何把大宋的锦绣江山败完的。如果他们活得再久些，可能大部分人不是死于战乱，就是当女真人的俘虏。

赵佶百事都会，就是不会当皇帝，主要是不会用人。如果想得到徽宗的宠信，捷径就是和他在文艺娱乐方面有共同语言，比如高俅是因为球踢得好，蔡京则是因为字写得好。蔡京的字，徽宗是极珍爱的。有一年盛夏，蔡京在汴梁城北门公干，手下两名小吏各手持一把团扇，毕恭毕敬地为他扇风。蔡京心里一高兴，提笔蘸墨，为他二人各在团扇上手书杜甫诗一联。没过多久，这两名小吏都穿上了高端定制华服，家里也修葺一新，显然是发了一笔横财。原来当时还是端王的赵佶出价两万贯钱，将这两把扇子买去了。赵佶登基后，有一次和蔡京饮宴提及此事："卿当年手书的两把团扇，现在还被朕收藏在宫中。"

可惜蔡京虽然字写得极好，人品却极坏，是导致北宋政事糜烂、国家灭亡的"六贼"之首。靖康元年，金军侵宋之际，蔡京举家南下，躲避战乱。天下士人请求朝廷严惩罪魁，于是蔡京被贬至东坡曾经的贬谪之地儋州。尽管携带了巨额盘缠，但"京失人心"，百姓不肯卖东西给他，最后饿死于流放途中。

宋徽宗不但用人唯玩，在男女之事上也是花样百出，三宫六院的佳丽还不够，非偷偷微服出宫，到外面去找京城名妓李师师。他自以为能掩人耳目，不会影响到天子的声誉，其实青楼自古都是靠六扇门罩着，白道和黑道又是一家，所以到后来，连梁山泊的古惑仔们都知道李师师是皇帝的女人，如果想被招安、重回体制内，走李师师的门路、请她去吹枕边风，比贿赂大臣、请他在朝堂上奏事更为管用。按《水浒传》的描述，一身刺青的浪子燕青用美男计打动了李师师，达到了千军万马、血战冲杀都达不到的目的，终于帮助厚黑大师宋江哥哥完成了洗白的宏伟大业。

| 一曲动帝 |

关于李师师和宋徽宗的特殊关系，很可能确有其事，我们从当时的著名词人周邦彦的词中可以探知一些八卦。周邦彦，字美成，比陈师道小三岁，也是李师师的座上常客，但总归要按照皇帝的活动规律回避一下。有一天，他听说徽宗偶染贵恙，心想这是个安全的机会，就跑去李师师家中。哪知刚进屋还没坐稳，李师师的婢女就匆匆来报："官家已到门外！"周邦彦被堵在了屋内，情急之下，只好钻到床底下暂避。

只听得徽宗笑语："师师，朕今日特地带来了江南新进贡的鲜橙，与你一同享用。"李师师忙道："多谢圣上！"随即用并州出产的锋利小刀剖开橙子，两人甜甜蜜蜜地分食。

卿卿我我一阵之后，师师柔声问："圣上今夜住在哪里？已经三更时分，行路艰难，不如别走了。"徽宗被她这么一提醒，连忙站起身来："已经三更了么？朕今日身体不适，还是早点回宫歇息吧，改日再来看你。"

好不容易挨到天子刚走，周邦彦赶紧从床底爬出来，慢慢伸展开早已蜷缩得僵硬发麻的肢体，一边催促李师师道："快帮我准备纸笔，我有了一首好词！"当下挥毫写了一首《少年游》：

> 并刀如水，吴盐胜雪，纤手破新橙。
>
> 锦幄初温，兽烟不断，相对坐调笙。
>
> 低声问：向谁行宿？城上已三更。
>
> 马滑霜浓，不如休去，直是少人行。

此词意态缠绵而文字清新，"情深而语俊"，李师师吟后大爱。过了几日，徽宗龙体稍安，又带了几个橙子来秘会。师师为他唱曲时，不自禁就把这首《少年游》唱了出来。徽宗一听，顿时明白那日房里另有他人在，大怒问道："此词何人所作？"师师不敢隐瞒："乃是周邦彦所作。"徽宗眉头紧锁："哼，此人的名字朕似乎听过，现居何职？"师师答道："好像在开封府做个监税官。"

醋意大发的徽宗回宫后就把蔡京叫来训话，命其将周邦彦贬成个更小的官，限期离开京城。过了两日，徽宗又跑去李师师家，不料扑了个空。一问婢女，说是给远行的周监税送行去了。徽宗听得情敌周邦彦这么快就被赶出京城，心中大喜，暗赞蔡京执行力强，便安坐下来等师师。没想到左等不来，右等不至，直等到月上半天了，师师才回来，还一脸愁容、泪痕未干。徽宗忍不住发飙道："你跑到哪里去了？"师师赶紧请罪："妾万死！因为周邦彦获罪离京，妾去略奉上一杯薄酒相送，不知恰巧官家到来，累得久等。"徽宗幸灾乐祸地问道："此人不是善于作词嘛，离别京城之际，可有填一阕？"师师点头："他确实填了一阕《兰陵王》。"徽宗冷冷道："既然如此，你且唱来听听。"师师闻言，斟了一杯酒，双手奉给徽宗，微笑道："请官家满饮一杯，容妾唱此一曲，祝官家万寿无疆！"言罢唱了周邦彦的这首《兰陵王·柳》：

> 柳阴直，烟里丝丝弄碧。隋堤上、曾见几番，拂水飘绵送行色。
> 登临望故国，谁识京华倦客？长亭路，年去岁来，应折柔条过千尺。
>
> 闲寻旧踪迹，又酒趁哀弦，灯照离席。梨花榆火催寒食。
> 愁一箭风快，半篙波暖，回头迢递便数驿，望人在天北。
>
> 凄恻，恨堆积！渐别浦萦回，津堠岑寂，斜阳冉冉春无极。
> 念月榭携手，露桥闻笛。沉思前事，似梦里，泪暗滴。

歌声婉转，音调悠扬，一曲既罢，余音绕梁。徽宗是艺术修养极高之人，一听之下，起了爱才之念，转头对门外侍者言道："你记着明日告诉蔡京，派人去将周邦彦召回京来，做大晟乐正，负责宫廷雅乐。"周邦彦居然因此升官，算是因祸得福。

据传李师师在"靖康之变"后流落南方，被诗人刘子翚偶然遇见。刘子翚是朱熹的老师，被钱锺书先生称为"诗人里的一位道学家"，他的组诗《汴京纪事》中的最后一首如下：

> 辇毂繁华事可伤，师师垂老过湖湘。
> 缕衣檀板无颜色，一曲当时动帝王。

| 词中老杜 |

宋代的词都是配乐唱出来的，词牌与曲调不分家。周邦彦对音律非常在行，自己也会作曲，所以在词界的地位相当高，在宋代影响甚大。他被一些人推举为婉约词的集大成者，作品长期被尊为婉约词的"正宗"，旧时词论甚至称他为"词家之冠"或"词中老杜"。我个人对他的词没有特别的爱好，比较认同王国维先生在《人间词话》中的看法："美成深远之致，不及欧（阳修）、秦（观），唯言情体物，穷极工巧，故不失为第一流之作者。但惟创调之才多，创意之才少耳。"然而静安（王国维之字）先生也有一首很欣赏的周词《苏幕遮》：

> 燎沈香，消溽暑。鸟雀呼晴，侵晓窥檐语。
> 叶上初阳干宿雨，水面清圆，一一风荷举。
>
> 故乡遥，何日去？家住吴门，久作长安旅。
> 五月渔郎相忆否？小楫轻舟，梦入芙蓉浦。

周邦彦是钱塘人，长期在汴京做官，午夜梦回家乡，醒来时作了此词，江南水乡的美景跃然纸上。对于"叶上初阳干宿雨，水面清圆，一一风荷举"一句，王国维给了很高的评价："此真能得荷之神理者。"还有一首《鹤冲天·溧水长寿乡作》，用字细致精巧，是周邦彦在当溧水知县时的作品：

> 梅雨霁，暑风和，高柳乱蝉多。
> 小园台榭远池波，鱼戏动新荷。
> 薄纱厨，轻羽扇，枕冷簟凉深院。
> 此时情绪此时天，无事小神仙。

周邦彦的词作，内容不外乎男女恋情、别愁离恨、人生哀怨等传统题材，对于社会生活的反映不够广阔。他的成就主要在于兼收并蓄，博采众家之长，又摒弃它们的弊端，引导词的创作逐步走上富艳精工的道路。

| 曾忆繁华 |

"靖康之变"后，忙着和周邦彦争风吃醋、将社稷丢在一旁的宋徽宗，被女真人俘获，装在囚车里押回金国，送到金太祖完颜阿骨打的庙宇去献俘，一路受尽凌辱。听闻宋朝国库被金兵抢劫瓜分，徽宗面无表情；看着自己的妃嫔被金将抢去凌辱，他也默不作声；唯有听到皇家藏书藏画都被掳掠一空时，他忍不住仰天长叹，这才是他的最心爱之物。

赵佶被金国封为"昏德公"，这是个侮辱性极强却又实至名归的封号。昏德公最初被关押在韩州（今辽宁省昌图县），后被迁到五国城（今黑龙江省依兰县）。从繁华的帝国都城，到苦寒的穷乡僻壤，从九五至尊，到亡国俘虏，一切屈辱，皆是他咎由自取！作为阶下囚的赵佶，写下了一阕《眼儿媚》：

玉京曾忆昔繁华，万里帝王家。

琼林玉殿，朝喧弦管，暮列笙琶。

花城人去今萧索，春梦绕胡沙。

家山何处？忍听羌笛，吹彻梅花。

此词的意境是否令你似曾相识？正是李煜"四十年来家国，三千里地山河"的升级版。李煜不过是江南三千里小国之主，虽然懦弱无能，但心地仁厚，并非暴君，江山亡于强盛的大宋，其实非他个人之罪，令人不免生出几许同情。而徽宗是当时世界上最富裕帝国的天子，纵使无力进攻金国，自保尚且有余，但他偏偏能在短短二十几年间将国家玩到灭亡，其昏聩程度，令人叹为观止。所以后人在比较李煜与赵佶时，总会感叹"李后主亡国着实可怜，宋徽宗亡国实在可恨"。

徽宗与儿子钦宗被迁往五国城关押后，金人让他俩在那里"坐井观天"，演义小说中说是可怜巴巴地坐在水井里，事实上是枯坐在四合院的天井里。徽宗留下了一首《在北题壁》：

彻夜西风撼破扉，萧条孤馆一灯微。

家山回首三千里，目断天南无雁飞。

杜甫的"茅屋为秋风所破"也就罢了，毕竟是在天府之国的成都，但徽宗的"彻夜西风撼破扉"，可真真是在冬季气温低至零下四十度的极北苦寒之地。他在悔恨和屈辱中捱过五年后，病死于五国城，终结了大喜大悲的一生。

赵佶一手导致了北宋的灭亡——这本是世界历史上最伟大灿烂的帝国之一。国家的沦亡，导致无数人的生活轨迹由岁月静好堕入战火流离，其中包括我们所熟知的李清照，她是中国历史上最杰出的女词人，无须加上"之一"。

第二十章　东篱把酒黄昏后　自是花中第一流

宋神宗元丰七年，李清照呱呱坠地，苏轼正是在这一年结束黄州的贬官生涯，到金陵拜会了王安石，司马光也是在这一年完成了鸿篇巨制《资治通鉴》。

｜四相簪花｜

李清照的父亲是"苏门后四学士"之一的李格非，母亲是那位在神宗面前告苏轼《咏桧诗》有"不臣之心"的宰相王珪的长女。

王珪这人说起来也有点故事。宋仁宗庆历年间，韩琦在扬州做官，衙署后花园中有一本芍药，乃是人所未见的异种。此株一枝四杈，每杈上都盛开一朵，花瓣上下均为红色，却有一圈金黄色花蕊拦腰围在中间。韩琦大为惊异，想请三位有才学的客人来一起赏花，加上自己凑足四位，以对应"四花"的祥瑞。当时大理寺评事通王珪、大理寺评事金判王安石在扬州供职，韩琦都邀了来，还缺一位名士，就在过客中寻找。那天大理寺丞陈升之路过扬州，正巧躬逢其盛。酒过三巡之后，四人将四朵鲜花剪下，各簪一朵在头上。此后三十年中，四位簪花人竟然都做到了宰相一级的高官，位极人臣，这个典故便叫作"四相簪花"，被沈括记录在《梦溪笔谈·补笔谈》之中。这个芍药品种自此被唤作"金缠腰"，又叫"金带围"，传说此花一开，扬州城就要出宰相。

不过王珪为相时，夹在新旧两党之间，没有什么建树，舒亶叫他诬陷苏轼他就去，被章惇呵斥也不还口。他上殿的目的只是"取圣旨"，等神宗决定后"领圣旨"，退朝后告诉他人"已得圣旨"，所以时人称其为"三旨相公"。

康熙年间，后来的鹿鼎公韦小宝在未发迹之前，曾因为年少顽皮，在禅智寺攀折芍药，被大和尚们一顿打骂，撵将出来。十余年后，成为钦差大臣的韦大人驾临扬州，想起了年少时所受的打骂之辱，不由得怒从心头起、恶向胆边生，一门心思要找个碴儿，毁掉扬州的芍药盛景，以报当年之仇，在席间脱口而出："扬州就是和尚不好。"布政司慕天颜是个乖觉而有学识的人，接口道："韦大人所见甚是！扬州的和尚势利，奉承官府，欺辱穷人，那是自古已然。"接着便讲了"王播碧纱笼"的故事（详见《唐诗为镜照汗青》）给韦大人听，意思是扬州的和尚一直都是这样狗眼看人低，间接表达与韦大人站在同一条阵线上同仇敌忾的立场，接着又为韦大人簪了一朵"金带围"，讲了"四相簪花"的故事，预言韦大人将来必定像那四位一样登阁拜相、加官晋爵。韦大人市井出身，最喜欢的就是听说书故事，听下来彩头又好，大悦之下，便放过了扬州的芍药们。

| 东窗事发 |

王珪的儿子王仲山生有一女，嫁给秦桧为妻，在史书上留名为"王氏"。当年秦桧奉投降派总头子宋高宗的旨意，将抗金英雄岳飞抓捕入狱后，因为陷害证据不足，在杀放两难之间犹豫不决。一日，他正在东窗下苦苦思索，王氏见状冷笑道："老东西连这点儿事也决定不了？捉虎易，纵虎难也！"秦桧听后，下定决心，罗织"证据"将岳飞杀害。

秦桧死后，善良的人们觉得不能便宜了这大坏人，就编故事说他在鬼城酆都受苦，请前来探监的方士向还在阳间的老婆王氏预告"东窗事发"了，这是该成语的出典，反映出百姓喜欢拿"奸臣""妖妇"出气的朴素心理——皇帝总是对的，就算做错了，也是好心办坏事，是圣聪被妖妃或者奸臣蒙蔽所致。对这一点，明朝"吴中四才子"之一的文徵明在他的《满江红》中写道："笑区区一桧亦何能？逢其欲。"冷冷地指出，奸佞之所以能够横行，都是因为他们在做统治者想做而不方便出面做的事情而已。

王氏因其心思阴毒，至今还以铁铸之身，跪在西湖畔岳王庙之中供万人唾弃。王氏与李清照虽是姑舅表姐妹，不过人品与易安居士相比，可是天差地远。

| 绿肥红瘦 |

李清照的生母早逝，将她养育成人的继母则是那位抢了欧阳修状元之位的王拱辰的孙女。如此的家学渊源，教出"千古第一才女"，也是情理中事。李清照自幼随父亲在汴京长大，优渥稳定的生活环境、诗书世家的优雅氛围，使得她非常喜欢学习晚唐"华岳三峰"之一韩偓的"香奁诗"。韩偓有一首《懒起》，末四句为：

> 昨夜三更雨，今朝一阵寒。
>
> 海棠花在否？侧卧卷帘看。

诗中女子很关心海棠花儿的命运，可又"懒起"，不愿出门去看。其深层的心理，很可能是深知"昨夜三更雨"的威力，对娇柔的海棠花能熬过这场风雨不抱多少希望，不愿亲眼看到它因摧残而败落的结局。美人伤春，多为感叹似水流年。十六岁的李清照化用此诗，写出了著名的《如梦令》：

> 昨夜雨疏风骤，浓睡不消残酒。
>
> 试问卷帘人，却道海棠依旧。
>
> 知否，知否？应是绿肥红瘦。

惜花之人刚刚睡醒，虽然昨夜残留的酒意还未消，但她第一时间便问卷帘的侍女："你看见院里的海棠花儿怎么样了？"侍女不知道主人的心思，随便扫了一眼就回答："海棠吗？还是老样子呗！""唉，你这个粗心的丫头！我没亲眼见都知道，经过一夜的疾风，应该是绿叶肥壮，而红花消瘦了才对啊。"一个敏感细腻的心灵，如果身边都是这种不解风情之人，会有一种发自心底的孤独和落寞吧。用"绿肥红瘦"一词来惜花伤春，别出心裁，比之韩偓诗，可谓青出于蓝、点铁成金。李格非的好友、"苏门四学士"之一的晁补之读后叹为奇才，大力传播此词，"当时文士莫不击节称赏"。李清照一时名动京师，开始崭露头角。

|巾帼豪情|

韩偓的另一首七绝《偶见》（又名《秋千》），描写了一个俏皮可爱的妙龄少女打秋千时的场景：

> 秋千打困解罗裙，指点醍醐索一尊。
>
> 见客入来和笑走，手搓梅子映中门。

这个女孩在家中院内荡秋千玩累了，便向侍女要了一杯饮料。"醍醐"一词，本意是从酥酪中提炼出的油，如果夏天浇到人头上，来个"醍醐灌顶"，那种清凉舒爽会让你一个激灵，头脑突然清醒，对某事瞬间觉悟；后来也用以指代美酒，白居易诗中就有"更怜家酝迎春熟，一瓮醍醐待我归"之句。女孩正

问卷帘海棠依旧否

在悠闲啜饮的时候，家里突然有客人来访，她自知衣裙不整，有失雅观，赶紧起身，不好意思地笑着躲开了，走到门口时却突然停下来，摘下一颗梅子在手里搓玩，好奇地打量来客。《论语》中，孔老夫子谆谆教导我们"立不中门"，站在门口是失礼的，但女孩显然天真无邪，完全不以老夫子的教诲为意。少女时代的李清照应该觉得韩偓诗中的女子就是自己的写照，又将这个场景化成了一阕《点绛唇》：

> 蹴罢秋千，起来慵整纤纤手。
>
> 露浓花瘦，薄汗轻衣透。
>
> 见客入来，袜划金钗溜。
>
> 和羞走，倚门回首，却把青梅嗅。

让我们想象一下，如果这是赵明诚去李格非家拜访的情景就有意思了。赵明诚看到年方二八的李清照倚门回首嗅青梅的娇俏模样，一见钟情，那应该是很浪漫的桥段。有观点认为这首词不是李清照的作品，因为其中的女孩太活泼，不像大家闺秀，这个观点我不敢苟同。李清照从来就不是一个循规蹈矩的闺阁女子，在前面那首《如梦令》中，她已经"浓睡不消残酒"了，而在另一首《如梦令》中，她干脆在外面喝得酩酊大醉了才乘船回家：

> 常记溪亭日暮，沉醉不知归路。
>
> 兴尽晚回舟，误入藕花深处。
>
> 争渡，争渡，惊起一滩鸥鹭。

从李清照少女时代的作品来看，父母给了她非常宽松的家庭氛围，使得她的天才得以自由发展。此外，宋朝的社会风气比较开放包容，无论是大家闺秀还是小家碧玉，都不是大门不出二门不迈的。这样的家庭环境与社会大环境，共同造就了一个好酒、好游、有林下之风的才女，李清照与父亲的同门师兄晁补之、张耒都有交游唱和。

张耒在湖南浯溪湘江崖上读到唐代安史之乱结束后水部员外郎元结所作、太子太师颜真卿所书的摩崖石刻《大唐中兴颂碑》，写了一首七言古诗《读中兴碑》：

> 玉环妖血无人扫，渔阳马厌长安草。

潼关战骨高于山，万里君王蜀中老。

金戈铁马从西来，郭公凛凛英雄才。

举旗为风偃为雨，洒扫九庙无尘埃。

元功高名谁与纪，风雅不继骚人死。

水部胸中星斗文，太师笔下龙蛇字。

天遣二子传将来，高山十丈磨苍崖。

谁持此碑入我室，使我一见昏眸开。

百年兴废增感慨，当时数子今安在？

君不见荒凉浯水弃不收，时有游人打碑卖。

诗文传到汴京，李清照读后即写出了和诗《浯溪中兴颂诗和张文潜》：

五十年功如电扫，华清花柳咸阳草。

五坊供奉斗鸡儿，酒肉堆中不知老。

胡兵忽自天上来，逆胡亦是奸雄才。

勤政楼前走胡马，珠翠踏尽香尘埃。

何为出战辄披靡，传置荔枝多马死。

尧功舜德本如天，安用区区纪文字。

著碑铭德真陋哉，乃令神鬼磨山崖。

子仪光弼不自猜，天心悔祸人心开。

夏商有鉴当深戒，简策汗青今具在。

君不见当时张说最多机，虽生已被姚崇卖。

比起直接创作一首诗歌，为人作和诗的难度要大得多，因为每句的尾字都要与原诗相同，还得在主题一致或者呼应的框架下写出不一样的内容和新意，完全是戴着镣铐跳舞。李清照这一曲舞蹈跳得很好，而且从尾句的语势上看，明显意犹未尽，于是接着再跳一曲：

君不见惊人废兴传天宝，中兴碑上今生草。

不知负国有奸雄，但说成功尊国老。

谁令妃子天上来，虢秦韩国皆天才。

花桑羯鼓玉方响，春风不敢生尘埃。

姓名谁复知安史，健儿猛将安眠死。

去天尺五抱瓮峰，峰头凿出开元字。

时移势去真可哀，奸人心丑深如崖。

西蜀万里尚能反，南内一闭何时开？

可怜孝德如天大，反使将军称好在。

呜呼，奴辈乃不能道辅国用事张后专，乃能念春荠长安作斤卖。

张耒的原诗算是泛泛的怀古，可谓中规中矩。而李清照一句"不知负国有奸雄，但说成功尊国老"为自己的两首和诗定了调子——怀古得有视角、有深度、有批判性，别那么不痛不痒的。李诗气势磅礴，好似刀剑纵横，立意高远，哪像出自一个初涉世事的少女之手，立刻就把张耒比下去了。"何为出战辄披靡？传置荔枝多马死"一句，自然让人想起小杜"一骑红尘妃子笑，无人知是荔枝来"，联想丰富、用典巧妙，令人会心一笑。"天心悔祸"乃是前所未见的比喻，这种地方最见一个诗人的才情。"西蜀万里尚能反，南内一闭何时开"，说的是安史之乱平定后唐玄宗从西蜀返回长安、却被儿子肃宗软禁一事。"奴辈乃不能道辅国用事张后专"，讥刺肃宗时代奸臣李辅国、张皇后乱政。全诗奔流直下、一气呵成，诗眼在"夏商有鉴当深戒，简策汗青今具在"一句，借古讽今，对国事表达出深切的关注。

在当时关心国家大事还是男子的专利，一介小女子有这等眼界和胸怀，怎能不令世人刮目相看？李清照由此名声大噪。此时苏轼还健在，如果看到门人李格非的女儿有超越自己所有门人的资质，甚至直追他本人，当是既惊且慰吧。

| 琴瑟和谐 |

建中靖国元年，旧党成员李格非十七岁的女儿李清照嫁给了新党成员赵挺之二十岁的儿子赵明诚。在前文中，我曾大胆揣测赵挺之借着低劣字谜撮合两家联姻的动机，是否猜得准确其实无关紧要，因为李清照本人对这段才貌相当的姻缘显然很满意。她的《丑奴儿》生动描绘了新婚小儿女的闺房之乐：

晚来一阵风兼雨，洗尽炎光。

理罢笙簧，却对菱花淡淡妆。

绛绡缕薄冰肌莹，雪腻酥香。

笑语檀郎，今夜纱橱枕簟凉。

那位"掷果盈车""潘鬓消磨"的大帅哥潘安，小字"檀奴"，所以后世常称花样美男为"檀郎"，再进一步则代指夫君或者情郎。这样看来，赵明诚的颜值不低，至少在李清照这里是"情人眼里出潘安"。另一方面，新婚少妇对自己的梳妆打扮进行了一番细腻的描绘，还自夸体香盈盈、肤如凝脂，冰肌玉骨在薄纱下若隐若现。这种大胆的描写，在当时的女性作者中可算非常前卫，以至于有道学家认为这属于"身体写作"。还有人说如此暧昧的"艳词"，肯定不是出自李清照之手，但我个人觉得，敢爱敢恨、敢于绽放生命之美的李清照绝对写得出这种调调。

爱情的鲜果再美味，早晚也要变成能够长久保质的蜜饯。当多巴胺消退后，能够长久维系夫妻间密切关系的，就是两人之间共同的兴趣爱好，在这一点上，赵明诚与李清照可称是琴瑟和谐。当时李格非担任礼部员外郎（大致相当于文化部某司副司长），赵挺之担任吏部侍郎（大致相当于组织部副部长），均是朝廷的高级官员，但两家都不是世代累资的名门望族，赵明诚又只是还在太学读书的学生，没有什么收入，所以夫妻俩的生活比较清俭。即使如此，每个月的初一、十五赵明诚休假回家与妻子团聚时，也必会一同先进当铺去典当一两件衣物，换来五百文钱，然后去逛热闹的相国寺市场。

你可能还记得，年轻的黄庭坚就是在这个市场里淘到了宋祁的《新唐书》手稿，得此秘籍后，文章水平突飞猛进。赵明诚和李清照也是来找类似的宝贝，他们总会买一些喜爱的碑文，还会买一些蔬果，回家后，一边品着美食，一边把玩今天收回来的碑文，活得就像陶渊明笔下与世无争的远古葛天氏之民一样逍遥自在。

这样无忧无虑的日子只持续了很短的时间，随着蔡京被重新起用，激烈的新旧党争把赵李两家都卷了进去：赵挺之因打击旧党得力而一路升迁；李格非则被列入"元祐党人"黑名单而罢官，不得不离开京师，回到原籍山东章丘闲居。

还好父辈间的政治纷争没有影响到李清照夫妻的感情。崇宁二年，赵明诚太学毕业后进入仕途，有了独立的经济来源，夫妇二人便共同立志：即使节衣缩食，也要尽量搜罗天下的古文奇字。这样日积月累下来，他们的收藏品越来越多。当偶尔遇到珍贵的名人字画价格超出他们的购买能力时，两人就又祭出典当衣饰的法宝。好在毕竟是官宦人家，柜里的衣服比较富余。

不过，这招儿也不是百试不爽，他们也有望画兴叹的时候。某天，有个人

小山

录金石甘苦何其乐

拿来一幅南唐著名花鸟画家徐熙的《牡丹图》，索价二十万文，相当于一个县令两年的工资，当时即使是富贵人家的子弟也很难一下凑出这么多钱来。如果继续典当衣服的话，大概需要四百件。夫妻俩打开衣柜评估了一下，觉得不太现实，只能将画留在家中，点着蜡烛观赏了一整夜，第二天早上红着眼睛还给了人家，还两人相对着惋惜惆怅了好几天。

人比黄花瘦

在蔡京的一手策划下，新党对旧党的迫害愈发严重。到了崇宁三年，居然下令凡是"元祐党人"的子弟，无论有官无官，都不准在京师居住。此时的开封城已经没有李清照的立锥之地了，她只得离京回到老家，去投奔父母，夫妻俩不得不分隔两地。这年的重阳节，她写了一首《醉花阴·重阳》，寄给远在京师的赵明诚：

> 薄雾浓云愁永昼，瑞脑消金兽。
>
> 佳节又重阳，玉枕纱橱，半夜凉初透。
>
> 东篱把酒黄昏后，有暗香盈袖。
>
> 莫道不销魂，帘卷西风，人比黄花瘦。

回想新婚时甜蜜的"今夜纱橱枕簟凉"，如今却是独守空房的"玉枕纱橱，半夜凉初透"，怎能不叫人黯然销魂？赵明诚读了此词，叹赏不已，堂堂男子又不愿意对老婆甘拜下风，就闭门谢客，花了三天三夜的功夫，废寝忘食地写了五十阕词，将李清照的这首词也抄了一遍混在其中，然后请朋友陆德夫来品评一番。陆德夫仔细吟哦了好几遍，缓缓说道："这五十一阕词中，只有三句绝佳。"赵明诚急切地问："是哪三句？"陆德夫答："莫道不销魂，帘卷西风，人比黄花瘦。"赵明诚愕然无语，从此断了与妻子比拼文采的念头。其实他写词输给老婆倒也无须觉得丢人，谁让他的老婆是古今第一词女呢？纵观整个中国历史，论词作的数量和质量都能不输于李清照的，也就苏轼、辛弃疾等两三人而已。

花中第一流

崇宁五年，蔡京罢相，朝廷大赦天下，解除一切党人之禁，李清照得以返京与已是鸿胪少卿的赵明诚团聚。没想到第二年，即大观元年，打不死的小强蔡京居然复相，赵挺之也被蔡京赶下台来，心心念念要当大官的赵公在被罢官五天后就气得一命呜呼。赵家在京城待不下去了，夫妻俩便一起回到青州。

对于李清照夫妻这样的"葛天氏之民"来说，闲居也许是最适合他们的生活。当时同样罢官归隐的晁补之在家乡修了"归去来园"，向隐士们的偶像陶渊明的名作《归去来兮辞》致敬。大观二年，二十四岁的李清照为了表达对现状的满意，也为了表达对晁补之的敬意，将自家刚刚修缮完的藏书楼命名为"归来堂"。《归去来兮辞》中有一句"倚南窗以寄傲，审容膝之易安"，意思是住在只能容得下双膝的简陋小屋里也能随遇而安，从此李清照自号"易安居士"，世称"李易安"。

夫妻俩勤俭持家，还算是衣食无忧，度过了一段难得的平静岁月。这年秋天，易安居士在归来堂内闻着浓郁的桂子飘香，作了一阕《鹧鸪天·桂花》：

> 暗淡轻黄体性柔，情疏迹远只香留。
> 何须浅碧深红色？自是花中第一流。
>
> 梅定妒，菊应羞，画阑开处冠中秋。
> 骚人可煞无情思，何事当年不见收？

屈原的《离骚》中列举了一大堆花花草草，用兰花、菊花、荷花、芙蓉、扶桑等来比喻君子的美德，桂花却不在其中，李清照因此嘲笑他没有情思。"何须浅碧深红色？自是花中第一流"，正像是易安自己的词品，更像她的人品。

第二十一章

花自飘零水自流 江山留与后人愁

宣和年间，闲居了十三年的赵明诚复官，担任莱州知州。他接到任命后，只能先一个人按期走马上任，李清照则留在青州整理、打包家中的藏品，准备挑出最心爱的一部分带去莱州。

| 眉间心头 |

已经习惯了十几年的朝夕相处，突然的分离让李清照很不适应，她的千古名篇《一剪梅》就是此时所写：

> 红藕香残玉簟秋。轻解罗裳，独上兰舟。
>
> 云中谁寄锦书来？雁字回时，月满西楼。
>
> 花自飘零水自流。一种相思，两处闲愁。
>
> 此情无计可消除，才下眉头，却上心头。

同是抒发相思之情的词，当年的《醉花阴》中只有三句绝佳，如今《一剪梅》中则句句绝佳，由此可见易安在艺术上的成熟。"此情无计可消除，才下眉头，却上心头"，激起了多少相思之人的共鸣。琼瑶女士很喜欢这首词，将自己的一部小说起名为《月满西楼》。著名音乐人苏越为这首《月满西楼》谱了曲，由歌手童丽演唱，婉转低回、韵味悠悠，具备了该词本应有的味道。

李清照在青州收拾藏品，花了将近半年时间，才带上最后整理出的最爱，赶到莱州与丈夫会合。此后，赵明诚的俸禄几乎都被夫妻俩花在了收藏上，他们的藏品在完整和精致程度上均冠于当时的其他收藏家。两人每收集到一部古书，就一起校勘、整理、分类、签题标记；如果得到名画或古玩，则摩挲把玩、寻找瑕疵，每次都要搞到蜡烛燃尽才安歇。

两人经常饭后对坐烹茶，玩味所藏心爱之物。李清照博闻强记，能够指着堆积如山的藏书，凭记忆说出某个典故的出处在哪本书、哪一卷、第几页、第几行。两人便以她说的正确与否来定胜负，胜者可以先喝茶，结果多数时候都是李清照记得正确，作为赢家先端起茶杯，又忍不住得意地咯咯而笑，总是不小心把茶水洒在衣服上，还得赶快起身打理，搞得明明赢了，却喝不到茶，书房之乐，更胜闺房之乐。

这种夫妻之间的文化游戏在后世被另一对配偶效仿，那便是清代著名词人纳兰性德和他的妻子卢氏。他在悼念亡妻的一阕《浣溪沙》中写道：

> 谁念西风独自凉？萧萧黄叶闭疏窗。
> 沉思往事立残阳。
>
> 被酒莫惊春睡重，赌书消得泼茶香。
> 当时只道是寻常。

纳兰性德，字容若，其父是康熙朝的著名权臣——兵部尚书纳兰明珠。容若家世如此显赫，自己又是文武双全，论文可称清代第一词人，论武则是康熙皇帝身边的一等侍卫。功名富贵如探囊取物般易得，所以他并不以此为意。从这首悼亡词可以看出，他是个情深意重之人。然而强极则辱，情深不寿，纳兰容若三十岁即病故。

| 不让须眉 |

李清照能够成为中国古代第一才女的原因，其才华横溢、敏感细腻自不待言，最特别的因素在于她的人格之独立，在这一点上，赵明诚显然未能跟上她的脚步。作为传统的男性，赵明诚可能觉得妻子应该依附于他。他在归来堂中建起书库，将书籍编上甲乙丙丁的序号造册锁存，李清照需要阅读书籍时，还得向他讨来钥匙、做好登记才能借出，如果稍有污损，赵明诚必严责她小心修复。李清照收藏书籍本来是为了可以随时览读，没想到生出这么多麻烦，性格独立的她自然不甘心受制于人，干脆自己在吃穿家用上处处节约，省出钱来另行购买书籍副本，以随意使用，这是夫妻之间第一次出现不和谐的音符。

宣和七年，赵明诚改任淄州知州，生活的大转折就此来到。因为在这一年，对中原花花世界觊觎已久的金国大举兴兵，南下攻宋，一路摧城拔寨。战争打破了宋徽宗荒淫糜烂的生活，他眼见亡国在即，惊慌失措地将皇位传给儿子以推卸责任。二十六岁的太子赵桓被迫登基，是为宋钦宗，次年改元"靖康"，但女真人可不会因为宋朝换了个皇帝就停下进攻的脚步。

靖康二年三月，赵明诚因母亲病逝于江宁府，只身南下奔丧。同年四月，金兵攻破京师开封，已是太上皇的宋徽宗和儿子宋钦宗被掳，北宋灭亡。同年五月，赵佶的第九子康王赵构在南京应天府即位，当年改元"建炎"，成为南宋的第一位皇帝（庙号高宗）。请注意，他登基的地方不是今天的南京，虽然南京也有一个古名"应天府"，但那是明朝时候的事情了。北宋有"四京"，即东京开封府（今河南省开封市）、西京河南府（今河南省洛阳市）、北京大名府（今北京市）、南京应天府（今河南省商丘市）。而东京开封府又被称为汴京或汴梁。

金兵以为攻破开封、将赵宋皇室一锅端掉，可以一举灭宋、毕其功于一役，没想到赵构这条漏网之鱼居然能重续国祚、收拾人心。为山九仞，不能功亏一篑，于是金国派出精锐骑兵追杀赵构，必欲斩草除根。高宗即位不久，就从应天府向扬州、江宁府等地一路南逃，以躲避金国的追杀。

与此同时，李清照回到青州，整理、遴选数量庞大的收藏，将其南下转移，躲避战火。"既长物不能尽载，乃先去书之重大印本者，又去画之多幅者，又去古器之无款识者。后又去书之监本者、画之平常者、器之重大者。凡屡减去，尚载书十五车，至东海，连舻渡淮，又渡江，至建康（江宁府后来的名字）"。当李清照带着这十五车收藏行至镇江时，正遇城池失陷，她一介弱女子，却能在兵荒马乱中独力将这批稀世之宝安全押运至江宁府，其智、其勇、其能更胜须眉。十二月，不得不留在青州归来堂的十几屋珍贵书籍、古董在战火中被付之一炬，李清照夫妇闻讯后，欲哭无泪。

| 乌江怀古 |

建炎二年，还在为母亲守丧期间的赵明诚被"夺情"起用为江宁知府，可见宋高宗对他还蛮器重的。李清照随夫到江宁后的这个冬天，每到大雪之日，必戴上斗笠、披上蓑衣，一个人沿着城墙漫步，一面欣赏雪景，一面酝酿诗句。有一天，她兴冲冲跑回家对赵明诚说："我想到一联：南来尚怯吴江冷，北狩应悲易水寒。你来接两句或者和两句？"

"北狩"是徽钦二帝的专用遮羞词，虽然实质是极度屈辱的被俘北上，但在宋人口中，成了威风凛凛的北上狩猎，咱们自古在"为尊者讳"方面一贯很有一套。这两句的意思是，你我在江南尚且如此寒冷，二圣蒙尘"北狩"该怎么活？赵明诚心想，你这是在讽刺当今圣上一意偏安江南，无心光复中原、迎还二圣么？政治上太不正确了，于是摇头道："我接不出来。"

过了几日，李清照又跑来问："'南渡衣冠少王导，北来消息欠刘琨'，这两句如何？"这是拿东晋来对比，讥刺宋廷在江南没有像王导那样能安抚人心的贤臣，在中原没有像刘琨那样能坚守国土的名将。赵明诚心想，你前几天刚讥刺了圣上，现在又来讥刺将相，到底还想不想让我在朝廷里混了，于是皱皱眉头道："还是接不出来。"李清照见丈夫无意于此，只得失望而去。

建炎三年春的一天，一位下属匆匆来报，说发现御营统治官（南京守备司令）王亦有叛乱的迹象，但赵明诚不以为意。到了半夜，睡梦中的赵知府突然被外面一片喊杀声惊醒，才知道王亦果然造反了。危急关头，赵大人火速披上衣服，跑到城边，借着一根绳子从城墙缒下，脚底抹油，逃之夭夭，一心要留下自己的有为之身，将为国守城的职责和结发二十七年的妻子统统抛在身后。赵知府虽然不靠谱，还好那位汇报过异常的下属很靠谱，早有防备的他自行率军结阵固守，成功平叛，被丈夫丢弃在城中的李清照才没有成为乱兵的俘虏。

事定之后，赵知府毫无悬念地被朝廷革职。夫妻俩无所事事，打算去赣江边上找个地方养老。初夏时节，两人雇了几艘大船，带着所有的家当，从江宁沿着长江逆流而上，往江西而去。经过乌江镇（今安徽省和县）时，李清照得知这就是当年西楚霸王项羽兵败自刎之处，便上岸寻访古迹，在乌江亭边看见唐代杜牧留下的一首《题乌江亭》：

胜败兵家事不期，包羞忍耻是男儿。

江东子弟多才俊，卷土重来未可知。

很多人认为，项羽垓下兵败之后，无颜回去见江东父老而在乌江边自刎，是义烈之举。但杜牧借题发挥，说胜败乃兵家常事，能够忍辱负重再图翻盘，才是真正的男子汉，江东子弟人才济济，说不定能重整旗鼓杀回来呢？"卷土重来"的成语出处就在这里。李清照面对着浩荡奔流的江水，思索着项羽究竟应不应该渡江，百感交集之下，朗声吟出了千古绝唱《夏日绝句》：

生当作人杰，死亦为鬼雄。

至今思项羽，不肯过江东！

易安借项羽的酒杯，浇了自己心中的块垒。被金兵的追击吓得风声鹤唳而一路南逃的宋高宗如果听到此诗的话，绝不会高兴。就在几十天前才弃城而逃的赵明诚，站在妻子身后，听了这穿金裂石的高亢之音，估计当时也是羞愧得无地自容吧。想到妻子这位古今第一才女留下的诗篇以及这诗篇背后的故事必将流传千载，不知他那时心中是何滋味。

| 身心俱疲 |

李清照夫妇的船队继续一路北上，经过了姑孰、芜湖，五月到达池阳（今安徽省池州市）时，突然接到圣旨，赵明诚被重新起用为湖州知府。赵大人只等了几个月就能再度上岗，自是春风得意，便让李清照先在池阳安顿下来，自己去面圣谢恩。六月中旬，赵知府带着随身行李下船，在岸上意气风发地与妻子告别。李清照见丈夫又要在兵荒马乱中把自己一个人丢下处理这么多家当，心想你怎么老是把我当女汉子用啊，心中有气地大声问道："如果池阳城中遭遇乱局，你让我怎么办？！"赵明诚用手遥指答道："你就跟着众人混吧！真到万不得已的时候，先丢掉大的箱柜包裹；再不行就丢掉衣服被褥；如果还不行，就丢掉书册卷轴；最后丢掉古董。只是那些宗庙祭器，你必须自己背着抱着，人在器在，器亡人亡，千万别忘了！"交代完毕，骑马绝尘而去，留下李清照一个人在船上思考什么叫"与宗器共存亡"。

七月末时，留在池阳的李清照接到赵明诚的来信，说自己因为急着要赶到建康面圣，一路冒着酷暑奔驰，不幸感染了疟疾。李清照览信后忧心如焚，她知道人得疟疾后容易高烧不退，而丈夫一向性急，必会服性寒之药，意图快速降温，那样反而会使病情急剧加重。易安立刻带领船队南下，星夜兼程，一日一夜疾行三百里。赶到建康一看，果然不出所料，赵明诚服用了大量的柴胡、黄芩等药物来退热，虎狼药已使他病入膏肓。李清照明白，丈夫的大限已到，只能含悲痛哭，也不忍问丈夫对身后之事有何安排。

八月中旬，回光返照的赵明诚作了绝笔诗后，与世长辞，享年四十九岁。安葬亡夫后，李清照大病了一场。建炎三年的这半年来，四十五岁的她经历了太多人生的惊涛骇浪，已经身心俱疲。

| 傲视群贤 |

从此，李清照孤身一人，颠沛流离，四处逃亡，以躲避战火。一个弱质女子，在如此乱世中，怎么可能长期保得住全部的书籍古董！这些心爱之物在路途中不断散失、被窃，李清照从最初的心痛不已到最后的无可奈何，已经逐渐习惯了。孤独无依的她，在这样的境况中写下了《声声慢·秋词》：

> 寻寻觅觅，冷冷清清，凄凄惨惨戚戚。
>
> 乍暖还寒时候，最难将息。
>
> 三杯两盏淡酒，怎敌他晚来风急？
>
> 雁过也，正伤心，却是旧时相识。
>
> 满地黄花堆积。憔悴损，如今有谁堪摘？
>
> 守着窗儿，独自怎生得黑？
>
> 梧桐更兼细雨，到黄昏、点点滴滴。
>
> 这次第，怎一个愁字了得！

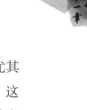

这首词是最容易引发天涯沦落人共鸣的名篇之一，其中佳句颇多，尤其是起首一连用了七组叠词，是所有诗词曲赋中绝无仅有的孤例。按照常理，这样的叠词连用，必然显得累赘，所以之前根本没人敢如此尝试。但李清照将它们这样一连，我们诵读起来会发现极具节奏感，完全可以想象当年唱出来时那种音韵美，易安居士对音律的造诣之高，由此可见一斑。此外，"寻寻觅觅"是她的动作，"冷冷清清"是她所发现的外部环境的状态，"凄凄惨惨戚戚"则是她的心境，虽然是重字，却因为各有所指而变幻出了层次感。

即使李清照开创了这样的范例，其后也无人敢于效仿，这便叫作"前无古人，后无来者"。怪不得易安在她的《词论》中，以居高临下的态度，对大家都很崇敬的前辈词人一通指指点点。

南唐李璟、冯延巳君臣，"尚文雅，故有'小楼吹彻玉笙寒''吹皱一池春水'之词，语虽甚奇，所谓'亡国之音哀以思'也"；柳永柳屯田呢，"变旧声作新声，出《乐章集》，大得声称于世；虽协音律，而词语尘下"；张先、宋祁，"虽时时有妙语，而破碎何足名家"。

对晏殊、欧阳修、苏轼这几位，易安比较客气，说他们"学际天人"，写个小词本该像在大海里舀一勺水那般容易，结果他们所作的词不过就是把诗写成长短句而已，"又往往不协音律"，为什么呢？因为诗讲究的是平仄，但词讲究的却是音律，他们都不懂嘛！至于王安石、曾巩，写文章很有西汉的风骨，但如果作词就会让人笑倒，完全没法读。"乃知词别是一家，知之者少"，要等到晏几道、贺铸、秦观、黄庭坚这几位上场，才总算知道词是怎么一回事。但晏几道的词在铺陈叙述上欠火候；贺铸的词少了几许典雅庄重；秦观的词虽然婉约情深，但缺少实际内容，就像穷人家生养出的漂亮女儿，美则美矣，但骨子里没有大家闺秀的那种富贵自信；黄庭坚的词内容倒是充实了，可惜多有小瑕疵，美玉若有瑕，价格就只能打个对折。总之，没有一位前辈词人能入得了易安居士的眼。

在传统的男权社会里，眼高于顶的男性并不鲜见，但女性一般低调含蓄，李清照这种张扬的性格绝对是个异类。我猜她写《词论》时，心里可能在想：好喜欢你们这帮男人看我不爽却又无可奈何的样子！

| 当断则断 |

孀居的李清照膝下没有子女，一人在乱世中苦苦支撑，其孤苦无依不难想象。为了能有一个可靠之人相伴着共度余生，在赵明诚去世三年之后，四十八岁的她于绍兴二年再婚，嫁给了张汝舟。

原想着能与第二任丈夫相濡以沫，没想到遇人不淑，对方完全是一头中山狼。张汝舟之所以与李清照结婚，只是贪图她的收藏品。当婚后发现其数量远远少于预期，并且李清照对它们爱逾生命、不容自己染指时，这只狼原形毕露，不断辱骂李清照，甚至对她拳脚相加。李清照性情刚烈，可不是对家庭暴力逆来顺受、委屈至死的"二木头"贾迎春，当她发现张汝舟有通过舞弊骗取官职的行为时，毅然告发，并要求离婚。宋代法律规定，妻子告发丈夫，不管男方的罪行是否属实，女方都要坐两年牢。宁为玉碎、不为瓦全的易安居士，哪怕让自己身陷囹圄，也要拼个鱼死网破。

案件查实之后，张汝舟被朝廷革职，李清照也依律入狱，但获准离婚。靠着亲朋好友们的大力营救，她只被关了九天即获释放，在这场官司中算是赢得全胜。

留与后人愁

绍兴四年，李清照迁居金华，因为当时在此地担任太守的李擢是赵明诚的妹婿，可以对自己有些照拂。丈夫离世、颠沛流离、再嫁匪人、离异系狱等一系列变故与磨难，并没有让李清照消沉于其中再难振作。来到金华的第二年，已经从离婚事件的打击中解脱出来的易安，登上婺江边上、由南朝文学家沈约（就是那位以"沈腰"著称的瘦身代言人）主持修造的八咏楼，留下了怀古名篇《题八咏楼》：

> 千古风流八咏楼，江山留与后人愁。
>
> 水通南国三千里，气压江城十四州。

"气压江城十四州"，貌似脱胎于唐朝才女薛涛的"壮压西川四十州"和诗僧贯休的"一剑霜寒十四州"，算不得独出机杼，但一句"江山留与后人愁"，让不论何时何地登临怀古之人都常常心有戚戚焉，千年之下，依旧让人叹为难以超越的绝唱。

就在同一年，易安写出了她人生中最后一篇脍炙人口的词章《武陵春》：

> 风住尘香花已尽，日晚倦梳头。
>
> 物是人非事事休，欲语泪先流。
>
> 闻说双溪春尚好，也拟泛轻舟。
>
> 只恐双溪舴艋舟，载不动，许多愁。

春色令人欲泛舟，却恐轻舟载不动厚重的愁，这个比喻之奇、之美、之新，充分展示了千古第一才女的想象力。可能正是中年丧偶、国破家亡的凄凉境遇，才将她的才华激发到如此地步。

绍兴八年，宋高宗将行在定于杭州，并改"杭州"为"临安"，表示"暂借江南一隅、临时偏安"。又过了大约二十年，孑然一身的李清照怀着故土难归的失望，在异乡悄然辞世，享年七十一岁。这样的乱世、这样的际遇，还活到了古稀之年，易安的生命力可算顽强。

第二十二章

怒发冲冠凭栏处　瑶琴弦断有谁听

李清照号称"婉约词宗"，流传下来的几十首词作，绝大多数是柔美含蓄的，而这阕《渔家傲·记梦》，在她的词作中独树一帜：

> 天接云涛连晓雾，星河欲转千帆舞。
>
> 仿佛梦魂归帝所。闻天语，殷勤问我归何处。
>
> 我报路长嗟日暮，学诗谩有惊人句。
>
> 九万里风鹏正举。风休住，蓬舟吹取三山去！

李清照梦中和天帝对话，"星河欲转千帆舞"，气势何等磅礴，明显是豪放派风格，仿佛潇洒飘逸的东邪黄药师突然打出了阳刚威猛的降龙十八掌，画风突变得让人难以一下子适应。梁启超先生评论道："此绝似苏辛派，不类《漱玉词》中语。"笔端所流出的，总是作者的心境。此词作于建炎四年，是赵明诚逝世一年以后，是什么令处于颠沛流离之中的易安居士如此振奋而愉悦呢？

| 风鹏正举 |

正是在这一年的初夏，首次独当一面作战的岳飞，在牛头山击败金兵，收复建康。此战历时半月，岳飞率领的军队仅斩敌就超过三千，取得首次辉煌的胜利，"岳家军"登上历史舞台，威名远扬。这也让已经被金兵乘舟浮海追了三百多里、一路逃到越州的宋高宗终于可以喘息稍定，颁诏次年改元为"绍兴"。"绍奕世之宏休，兴百年之丕绪"，意即要继承列祖列宗累世的宏大事业，振兴已经传承百年的皇统以继往开来，同时将越州升格半级，提为绍兴府，这就是"绍兴"这一城市名称的由来。

我们有理由相信，整个大宋帝国的军民都从这场胜利中看到了不做亡国奴、甚至光复河山的希望，从而产生了"九万里风鹏正举"的欢欣鼓舞之感。岳飞的字，正是"鹏举"，他比李清照小十九岁，这一年方才二十七岁。

武圣之争

在我们的传统文化中，"文圣"名号无可置疑地归于孔老夫子，但"武圣"名号则有关羽和岳飞两位竞争者。造成这种热闹局面的主要推手是演义故事。关云长的事迹请看小说《三国演义》，他的装备是刀中之王青龙偃月刀；岳鹏举的事迹请听评书《说岳全传》，他的装备是枪中之王沥泉神枪。两人貌似不相上下，但如果把演义小说、戏剧、评书等形式的文艺作品丢到一边，而从历史事实角度去探寻的话，我们会发现，关羽和岳飞除了单挑的武力值都很高之外，其他方面根本不在一个水平线上。

第一，是意义无法相提并论。关羽参加的是争权夺利的军阀混战，说不上正义与否；岳飞则是抵抗异族入侵、为国家救亡图存，二者的差距不言自明。

第二，是作为将领带兵的战绩无法相提并论。关羽对战的不过是割据政权，一败于曹操，当了俘虏并投降，因为战略眼光不足；二败于东吴，最后走麦城，兵败身死。岳飞对战的则是刚刚灭辽、灭宋的军事强国，却屡屡能以步兵胜铁骑，以少胜多。

第三，是被同时代人承认的程度无法相提并论。关羽生前的爵位是东汉封的"汉寿亭侯"，死后被蜀汉谥为"壮缪侯"，这个谥号很一般，"武而不遂曰壮""名与实爽曰缪"，意思是有武力没成绩、盛名之下其实难副。岳飞则生前就被封为少保（从一品），死后在南宋的爵位已经到了"鄂王"，谥号"武穆"，"兹按谥法，折冲御侮曰武""布德执义曰穆"，后来更是升级为"忠武"，这是百分之百的美谥，武将最高一级的谥号（文官梦寐以求的谥号是"文正"）。

第四，是文化水平无法相提并论。最能表现关二爷有文化的段子不过是挑灯夜读《春秋》，但没见他写过一个字；岳武穆则有书法作品流传至今，章法严谨、龙腾虎跃，绝对的儒将风范。另外，岳王还留下《武穆遗书》一部，在金庸先生笔下，傻小子郭靖学了它，居然能够带领襄阳兵民，在横扫世界的蒙古铁骑冲击下坚守孤城三十年，最终升华为"为国为民，侠之大者"。后来郭大侠将兵书藏于屠龙刀之中，所以江湖上传言此刀"武林至尊，宝刀屠龙，号令天下，莫敢不从"。周芷若以倚天剑、屠龙刀互斫，取出兵书，张无忌教主又将其赠予徐达，徐达学后，终成一代名将，率军驱除鞑虏，将占据中原近百年的蒙古人赶回漠北，光复大好河山。咦，对不起，怎么扯到小说上去了？

最后说一句，有一定历史知识的人进了关帝庙，看见满地的纸钱、香灰，就只能苦笑；但你若走进西湖畔古柏森森的岳庙，则很难不肃然起敬。

| 重整河山 |

让我们回到真实的历史。说岳飞是"儒将"，貌似褒奖，其实这个词完全不足以形容他的强悍。中国历史中的其他著名儒将，比如孙武、韩信、周瑜、陆逊、袁崇焕等，从没有看到过关于他们格斗能力的记载。那岳飞的武功如何呢？咱们不看戏曲、小说，不听评书，也不论《金陀粹编》这种他孙子岳珂写的恐怕有溢美之嫌的传记，单从蒙古人所编的正史《宋史》里摘录几句。

"生有神力，未冠，挽弓三百斤，弩八石，学射于周同，尽其术，能左右射。"

"敌猝至，飞麾其徒曰：'敌虽众，未知吾虚实，当及其未定击之。'乃独驰迎敌。有枭将舞刀而前，飞斩之，敌大败。"

"命从王彦渡河，至新乡，金兵盛，彦不敢进。飞独引所部鏖战，夺其纛而舞，诸军争奋，遂拔新乡。翌日，战侯兆川，身被十余创，士皆死战，又败之。"

"飞单骑持丈八铁枪，刺杀黑风大王，敌众败走。"

"贼合众五十万，薄南薰门。飞所部仅八百，众惧不敌，飞曰：'吾为诸君破之。'左挟弓，右运矛，横冲其阵，贼乱，大败之。"

这种在敌众我寡的劣势下，一身胆气，身先士卒，单骑冲阵，还能在百万军中取上将首级的战功，任何只有匹夫之勇的猛士能在正史里有一两次记载，就可以称为名将了，在岳飞这里却是家常便饭。在勇武这方面，岳飞完胜其他著名儒将。

而在"儒雅"这一项上，之前我列举的著名儒将，无一人有精华文墨流芳百世。但岳飞的《满江红》则可能是很多人最早会背的一首词：

怒发冲冠，凭栏处、潇潇雨歇。

抬望眼，仰天长啸，壮怀激烈。

三十功名尘与土，八千里路云和月。

莫等闲、白了少年头，空悲切。

靖康耻，犹未雪。臣子恨，何时灭？

驾长车，踏破贺兰山缺。

壮志饥餐胡虏肉，笑谈渴饮匈奴血。

待从头，收拾旧山河，朝天阙！

这首词很可能是岳飞作于绍兴四年第一次北伐时，取得收复襄阳六郡的胜利之后。那是南宋政权建立以来第一次光复大片失地，朝廷上下一片欢腾。宋高宗接到捷报，兴奋地对一旁的吏部尚书胡松年说："朕虽素闻岳飞行军极有纪律，未知能破敌如此！"胡松年答道："惟其有纪律，所以能破贼。"日本人很重视军队纪律，喜欢将优秀的军队形容为"风林火山"，这个词总结自《孙子兵法》中"其疾如风，其徐如林，侵掠如火，不动如山"一句。女真人则哀叹道："撼山易，撼岳家军难！"

刚过而立之年的岳飞，因此役之胜，升任清远军节度使，湖北路荆、襄、潭州制置使，成为有宋一代最年轻的建节者，所以词中说"三十功名尘与土"。自那以后，中原政权屡遭蒙古、后金、倭寇等异族的侵占与搅扰，每当在亡国灭种的关头，"壮志饥餐胡虏肉，笑谈渴饮匈奴血。待从头，收拾旧山河"的词句都是激励人们奋起反抗的最强音！

岳飞随后屯军鄂州（今湖北省武汉市），在千古名楼黄鹤楼上写下了另一阕《满江红》：

遥望中原，荒烟外、许多城郭。

想当年，花遮柳护，凤楼龙阁。

万岁山前珠翠绕，蓬壶殿里笙歌作。

到而今，铁骑满郊畿，风尘恶。

兵安在？膏锋锷。民安在？填沟壑。

叹江山如故，千村寥落。

何日请缨提锐旅，一鞭直渡清河洛？

却归来、再续汉阳游，骑黄鹤。

绍兴五年，岳飞奉命率兵前往洞庭湖剿平杨么。部队暂驻池州时，他特意抽空到城郊齐山上的翠微亭登临览胜，并作了《池州翠微亭》一诗：

经年尘土满征衣，特特寻芳上翠微。

好水好山看不足，马蹄催趁月明归。

从"经年尘土""马蹄催"，都可见岳飞常年为国征战的辛劳。翠微亭是唐代大诗人杜牧担任池州刺史时修建的，岳飞在戎马倥偬之际还"特特"去瞻仰古迹，能看出他不同于普通武将的文艺情怀。

| 空付瑶琴 |

绍兴八年，宋高宗重用主和派的秦桧，达成与金国的第一次和议，答应取消"宋"之国号，作为金国的藩属，每年向宗主国纳贡。主战派宰相赵鼎被罢免，岳飞、韩世忠等将领被压制，朝中要职基本上都被安置了秦桧的喽啰。在这样的政治环境下，内心苦闷的岳飞写出了他最好的词作《小重山》：

昨夜寒蛩不住鸣。惊回千里梦，已三更。

起来独自绕阶行。人悄悄，帘外月胧明。

白首为功名。旧山松竹老，阻归程。

欲将心事付瑶琴。知音少，弦断有谁听？

岳飞对朝廷这种放弃国土、屈辱求和的政策明显很不满，在觐见宋高宗时说"夷狄不可信，和好不可恃"，高宗却充耳不闻。皇帝本人的既定方针就是投降，作为臣子的岳飞无可奈何，只能在词中借"独奏瑶琴无知音"来抒发这种孤寂的心情。众多文学评论家认为，《满江红·怒发冲冠》固然慷慨激昂，然而整首词所蕴含的感情其实早已和盘托出，再无可以回味之处；而这首《小重山》才是有比兴、有寄托，耐人寻味。

绍兴十年，金国主战派完颜宗弼（《说岳全传》中的那位金太祖完颜阿骨打的四皇子金兀术）杀死本国的主和派大臣，撕毁宋金和约，再度发兵，大举南侵。此时距离和约签订还不到两年，岳飞"夷狄不可信"的预言就得到了应验。在接到高宗的救援诏令后，岳飞立即挥军北上，一路痛击金兵，连战连捷，收复了蔡州、郑州、西京洛阳等军事重地。而且岳飞十年来所实施的"连结河朔"策略大见成效，各地抗金民兵纷纷在后方起义，摧城拔寨，配合岳家军，对金兀术盘踞的东京开封府形成了四面合围的态势。

在郾城之战、颖昌之战等著名战役中，岳家军奋勇向前，"无一人肯回顾"，杀得"人为血人，马为血马"，以步兵胜骑兵，大破金兀术的王牌精锐部队"铁浮屠""拐子马"。金兵一败再败，心胆俱裂。金兀术以十万大军驻扎于开封西南四十五里的朱仙镇，企图做最后的负隅顽抗。岳飞的长子、时年二十一岁的岳云率领前哨五百铁骑抵达，立即发动冲杀，金人被打得全军奔溃。岳飞原本喜欢豪饮，高宗担心他醉酒误事，特意嘱咐他说："待卿收复了河朔（黄河以北），再好好喝酒吧！"岳飞自那以后，还真的滴酒未沾，每次接到捷报，只是兴奋地说："今次杀金人，直到黄龙府（金国军事重镇，今吉林省农安县），当与诸君痛饮！"

就在金兀术一筹莫展、准备放弃开封府、北渡黄河狼狈逃遁之时，有个北宋时的太学生拦在他的马头前劝阻，摇头晃脑地说道："您不必弃城，岳少保很快就要退兵了。"兀术表示难以置信："岳少保以五百骑破吾精兵十万，这开封府内外的百姓也日夜盼望其来，我怎么可能守得住？"太学生微微一笑："自古以来，还从没有权臣在内而大将能立功于外的。依在下愚见，岳少保祸且不免，更谈不上成功了。"金兀术听后犹如醍醐灌顶，重赏了此人，决定暂不弃城过河。咱们这个民族，但凡在历史上遭遇外敌之时，好像从没缺少过汉奸的戏份。

随后就是众所周知的朝廷十二道金牌严命班师，岳飞仰天长叹，中原恢复功败垂成！第二年，秦桧即以"莫须有"的罪名将岳飞下狱。主审官御史中丞何铸在拷打时看见岳飞背上岳母所刺的"尽忠报国"四字，为之动容，查清真相之后，如实禀告秦桧此为冤案。秦桧一看何铸如此拎不清，皱眉道："这是圣上的意思！"遂把主审官换为自己的党羽，将岳飞定为死罪。

| 高宗之忌 |

关于宋高宗为什么必欲杀岳飞而后快这一点，历来众说纷纭。早期的常见说法是岳飞想"收复中原、迎还二圣"，这一点戳中了赵构的痛处。明朝"吴中四才子"之一的文徵明有次读到一块刚刚出土的宋高宗赐诏给岳飞的刻石残碑，感慨万千，作了一阕岳武穆最擅长的《满江红》，就是这个说法的代表：

拂拭残碑，敕飞字，依稀堪读。

慨当初，倚飞何重，后来何酷。

岂是功成身合死，可怜事去言难赎。

最无辜，堪恨更堪悲，风波狱。

岂不念，疆圻蹙？岂不念，徽钦辱？

念徽钦既返，此身何属？

千载休谈南渡错，当时自怕中原复。

笑区区一桧亦何能？逢其欲！

文徵明的这种说法，其实是一个误解。我之所以这样说，分析起来需要稍微花些笔墨。

第一，"恢复中原、迎还二圣"是赵宋在亡国之际振奋人心的口号，政治上绝对正确，带头攘臂高呼的正是赵构本人，岳飞和其他人一起跟着喊喊、壮壮声势，还不至于被赵构定为异类。而且随着形势的变化，大家很快也都知趣不喊了。再者，即使徽宗能返回宋廷，作为亡国之君的他，想复位是不现实的，就算只当个太上皇，对赵构而言，也定如芒刺在背。幸好赵佶早在绍兴五年就郁郁而终于五国城，所谓的"二圣"就不存在了，那么这个口号更不必提了。

第二，宋钦宗比较能忍辱，一直熬到绍兴二十六年才驾崩，但显然赵构没有将哥哥接回来、给自己找麻烦的意思，而岳飞也同样保持了政治正确，在绍兴七年的奏章中就说自己的志向是"迎还太上皇帝、宁德皇后（钦宗生母）梓宫，奉邀天眷归国，使宗庙再安"，根本没提钦宗的常用称号"渊圣"，而是用了"天眷"一词，更像是指高宗的生母韦太后，最多是可有可无地捎上钦宗，措辞可谓细心谨慎，有足够的政治情商。也就是说，岳飞并不像有些人以为的那样，是一介毫不知审时度势的莽夫。人家文武双全，不知道比我们聪明多少倍。

还有人说岳飞身为统兵武将而提议宋高宗立储，犯了忌讳，才引来了杀身之祸。这个说法同样缺乏说服力。

首先，我在"烛影斧声"那一段中提到赵构的儿子早早夭折，他本人又在躲避金兵追击的逃亡过程中受到惊吓而丧失了生育能力，继嗣无人。万一高宗有什么意外，没有储君可以即位，而北方金人手上有宋钦宗这个现成的傀儡，南宋根本没有人可以在皇位合法性上与之竞争，就可能导致政权的崩溃。这是一个非常可怕的定时炸弹，甚至已经影响到了当时的人心稳定。为了解决这个问题，早就有官员建议高宗寻找宋太祖的后裔作为养子，以保证有合法继承人。赵构很清楚这个预案对南宋政权、对他自己都好，提议者是真心为他这个皇帝考虑，所以当即赏赐了这名大臣，并从民间挑了两个太祖后裔，收养在宫中，作为储君的备选，先培养起来。当时他对自己将来还能生出孩子抱有侥幸，所以一直拖着没有正式选立太子。

金国人看有机可乘，打算把钦宗当年所立的皇太子赵谌放回来搅混水。在高宗没有继承人的情况下，赵谌一旦回来，就是无可争议的皇储，那将来高宗驾崩后是否还能保得住祭祀牌位，就不好说了，甚至高宗本人的皇位正统性，都会受到赵谌的质疑，到时肯定是闹得一地鸡毛。岳飞得到谍报后，立即觐见高宗禀明此事，并请求立已经收养在宫中多年、对高宗感情深厚的赵瑗（多年以后的事实也证明如此）为皇太子，让金国人的阴谋无疾而终。就算作为武将讨论立储之事没有充分避嫌，可能导致高宗一时不快，但岳飞在乱局中的此举，明显表明他对赵构个人忠心耿耿。赵构不是傻子，怎能不明白岳飞的忠诚？事实上，他随后还让岳飞拜见了赵瑗，这就是帝王让信任的将领将来好好辅佐下一任皇帝的惯常示意方法。二十多年后，高宗传位的，正是岳飞在两位候选人中看好的赵瑗。岳飞在此事中表现出来的政治智慧，连挑剔的朱熹老夫子都认为可以作为人臣忠君的典范，而不是僭越的反面教材。

另一方面，宋朝作为扬文抑武非常明显的朝代，从制度上保证了两宋三百余年间没有任何一位武将能够强势到军阀化、藩镇化的地步，他们的实力从未对皇权和朝政构成过威胁，所以赵构害怕岳飞对自己形成政治威胁的可能性非常小。当然，也有人认为岳飞在后期有尾大不掉的军阀化趋势，从而引起赵构的疑忌，不过我个人感觉这并非是赵构痛下杀手的真正原因。

赵构真正害怕的，是将北宋一举灭亡、将父母兄弟一股脑掳去、将自己追杀得走投无路、浮海而逃几百里的金国。我们今天看历史记载，也许不觉得这是多么可怕的事情，但是悲剧当事人的心理阴影面积，我们这些吃瓜的局外人很难计算准确。所以对赵构来说，头等要紧的大事是与金国媾和，以保住自己偏安江南的荣华富贵，而不是与之进行胜负难料的战争。当然，今天从客观上来看，南宋要想全面战胜金国，也确实缺乏足够的实力。

另外，我们还可以从现实的利益得失来分析赵构面前的牌局。

首先，如果与金国媾和成功，自己这个皇帝就妥妥地当下去。如果硬要与之硬拼，即使举国节衣缩食地打赢了，自己也还是皇帝，又不会升一级，搞不好还得面对哥哥赵桓回归这件麻烦事。

其次，就算赢得了对金战争的胜利，最多就是能收复中原故土，又不可能一直追到白山黑水之间，把金国给灭了。无论是宋还是金，双方都不具备吞并对方的实力。如果真的不顾一切地去端女真人的老窝，那么这个持久战不知要打到何年何月了，而武将一旦在常年征战中积累威望，军队容易私家化、军阀化，老祖宗赵匡胤"陈桥兵变、黄袍加身"的戏码很可能会再次上演，这种危险必须坚决杜绝！

再次，一旦战败，自己的皇位还能不能坐得稳、小命还能不能保得住，一切就成了未知数。

这样算下来，对赵构而言，打赢也没有明显收益，还有一堆潜在麻烦，打输则更要把老本都赔光，那又何必为了一个"恢复中原"的虚名而战呢？不管多屈辱都必须媾和，只有媾和，才符合赵构的现实利益。而受托来维护他利益的，正是负责对金议和事宜的宰相秦桧。

| 天日昭昭 |

现在，媾和之路上有一块巨大的绊脚石，就是主战派的将领岳飞和韩世忠。秦桧本来计划先对韩世忠动手，唆使另一位资深大将张俊来联合岳飞，趁着视察韩世忠军队的机会瓜分其军，岳飞坚决不肯，因此得罪张俊。秦桧又将韩世忠的军吏逮捕到大理寺，要他诬告韩世忠，岳飞得知后派人快马送信给韩世忠，告知他秦桧的阴谋。韩世忠立刻求见高宗，为自己澄清。

两次阴谋都被岳飞所破，秦桧恼羞成怒。正好此时收到金兀术的来信："你们一天到晚说要求和，而岳飞正在图谋河北之地，并且杀了我的女婿，此仇不可不报。必杀岳飞，而后和议可成也。"

秦桧于是调转矛头，先对付岳飞，构陷了冤狱，要置其于死地。韩世忠亲自跑去见秦桧，质问这个毫无证据的案子，秦桧道："其事体莫须有。"韩世忠大怒："'莫须有'三字，何以服天下！"秦桧死猪不怕开水烫地两手一摊，韩世忠只得愤然而无奈地离去。

绍兴十一年十二月二十九日（公元1142年1月27日），宋高宗最终下诏："岳飞特赐死。张宪、岳云并依军法施行，令杨沂中监斩，仍多差兵将防护。"岳飞、岳云、张宪三人一同被害于大理寺风波亭。岳飞临刑前，在供状上写下八字绝笔："天日昭昭！天日昭昭！"卒年三十九，长子岳云卒年二十三。

蒙古人所编的《宋史·岳飞传》结尾写道："自坏汝万里长城！高宗忍自弃其中原，故忍杀飞，呜呼冤哉！呜呼冤哉！"在惜字如金的史书中发出这种重叠式的感叹，可见天下人无不知岳飞之冤！

岳飞死后，心灰意冷的韩世忠辞去枢密使之职，终日借酒浇愁。金国将领酌酒相庆："和议自此坚矣！"

这一年，宋金达成了《绍兴和议》：金国"册封"赵构为皇帝，南宋对金称臣纳贡，割让从前被岳飞收复的唐州、邓州等地，两国以"淮河—大散关"一线为界。自此之后，南宋再也无力改变苟且偏安江南一隅的格局，直到被蒙古所灭。

南宋的百姓只能将害死岳飞的账都算到秦桧夫妻头上，恨不得把他俩一起送下油锅，于是发明了外形是油炸两个面人的食品——"油炸桧"，流传到今天，就成了我们所熟悉的油条。这就是为什么全国各地的油条都是两根并连而从无单根的缘故。

第二十三章

提兵百万西湖上　几曾着眼看侯王

绍兴三十年，金主完颜亮将柳永那首描写杭州繁华的《望海潮》写在屏风上，准备再次撕毁和约，率军南侵。一心想做太平天子的赵构被惊醒美梦之后，赶紧立赵瑗为皇子，这样随时可以退位、推卸责任，真不愧是赵佶的儿子，连这种"鸵鸟招数"都照抄得一模一样。

| 书生应战 |

绍兴三十一年，完颜亮挥军南下，在扬州长江岸边跃马扬鞭，极目南望，意气风发地吟出了《南征至维扬望江左》：

> 万里车书尽混同，江南岂有别疆封？
> 提兵百万西湖上，立马吴山第一峰。

这应该是雄踞北方的大金国在它整个一百多年历史中最有名的诗作。完颜亮豪情万丈地吟完诗后，指挥十五万雄兵，欲从采石矶（位于今安徽省马鞍山市）渡江。得到消息的赵构立即在临安打点行装，准备再次浮海而逃。这次挺身而出拯救他的，是绍兴二十四年的进士虞允文。

常言道，百无一用是书生。虞书生此前也从未带过兵、打过仗，这次的任务本来只是去前线犒军，打个酱油，没想到主将李显忠还在赴任路上，未来得及赶到，而敌军已经兵临长江对岸，虞允文自告奋勇，担起了指挥之责，生平第一仗遇上的就是率领倾国之兵而来的敌国皇帝，这样的人生玩的才是心跳！

虞允文指挥一万八千江东子弟兵，浴血死战，坚守不退，大破几乎十倍于己的金兵。完颜亮只好退到下游的扬州，想躲开虞允文，不料第一仗就打出感觉的虞书生又率兵沿着南岸追到镇江，隔江阻截。

这姓虞的小子实在是欺人太甚！是可忍，孰不可忍！完颜亮恼羞成怒，下令金兵必须在三天内强渡长江，否则全体处死。可那时候从扬州到镇江，还没有现在的跨江大桥使得天堑变通途，孤注一掷的命令只会激化内部矛盾。金国将领眼见虞允文麾下部队士气高昂，在长江对面严阵以待，又听说后方的完颜雍（后来的金世宗）在辽阳拥兵称帝，瞬间便军心不稳，索性哗变，干掉了自家这个不靠谱的皇帝，收兵北撤。

沉冤得雪

次年，即绍兴三十二年，惊魂稍定的赵构立赵瑗为皇太子，并改其名为赵昚（shèn）。同年，赵构禅位，成为太上皇，终于从担惊受怕的皇帝岗位上成功退休。

赵昚就是被后世赞为"卓然为南渡诸帝之称首"的宋孝宗。他在位期间，起用主战派人士，对外锐意收复中原；对内加强中央集权，积极整顿吏治，裁汰冗官，惩治贪污，重视农业生产。这段政治相对清明、百姓生活相对稳定的时期，被称为"乾淳之治"。

赵昚在登基当年，就"追复岳飞原官，以礼改葬，访求其后，特与录用"。但出于维护太上皇圣明形象的考虑，孝宗也没宣布岳飞是冤枉的。之前的统治者给一批人扣上罪名，之后的继任者即使为其平反，对前任的错误也要蜻蜓点水、一笔带过，为尊者讳，才能最大限度地维持政权的合法性，历代统治者皆深谙此道。

但赵昚总算是为岳飞漫长的平反过程迈出了第一步。淳熙五年，孝宗诏见岳飞之子岳霖时说："卿家纪律，用兵之法，张（浚）、韩（世忠）远不及。卿家冤枉，朕悉知之，天下共知之。"随着岳飞地位的不断升高，作为高宗替罪羊的秦桧当然就一步步沦落下去，最后秦桧与王氏这对夫妻被铸了铁像，长跪在西湖岳庙之中。

审时有度

有秦桧这样一位臭名昭著的祖先，他的后裔肯定很难抬起头来。秦桧死后六十年，其曾孙秦矩任职蕲州通判，面对来犯的十万金兵，力战不屈，城破后誓死不降，自焚身亡，以自己的气节为秦家挽回了部分声誉。实际上，秦矩与秦桧并没有血缘关系。善妒的王氏无所出，又不允许秦桧纳妾，便将她哥哥的儿子改名秦熺，过继给秦桧当养子。

乾隆十七年的殿试结束后，览卷中的乾隆皇帝读到一篇文采飞扬的文章，一看名字是"江宁秦大士"，便叫这位考生近前来，狐疑地问道："秦桧也是江宁人氏，你可是他的后代？"听得皇帝问出这么一句话，整个大殿顿时鸦雀无声，旁人都为秦大士捏了一把汗，因为这个问题无论怎么回答都难周全：秦大士要么欺君，要么很可能在进一步的问答中谤祖，对读书人来说都是不可饶恕的。只要答得有一点不妥当，最轻也是十几年的寒窗苦读一朝尽废，随之此生功名无望；要是敢欺君，就更有性命之忧。秦大士稍稍沉默，缓缓回答了七个字："一朝天子一朝臣。"

当年有宋高宗这种昏庸的君主在上，就有秦桧这种卖国的臣子来迎合；如今是皇上您这样的圣明天子在上，自然就有我这种忠心耿直的臣子来辅佐。这个回答，将自己的两难处境轻松化解，更在古今对比中将马屁拍得文雅含蓄、言简意赅、高明至极。

乾隆龙颜大悦，钦点秦大士为一甲第一名。喜讯传到江宁，地方官立刻按照习俗，将秦大士家所住之处更名为"秦状元里"，此地名一直保持到今天，就在南京市秦淮区三山街附近。

秦大士中了状元后不久，与朋友们一起到杭州西湖游玩，自然要走进湖畔的岳庙瞻仰一番。大家看到秦桧的跪像，纷纷不怀好意地戏谑新科状元："秦兄到了先辈所在之地，理当题一副对联，以记此游。"秦大士摇头苦笑，略一思索，要来纸墨，挥笔而就："人从宋后羞名桧，我到坟前愧姓秦。"此联一流传出去，听说者无不对秦状元的文采、胸襟竖起一根大拇指，他的口碑不但没有因为姓秦被减分，反而因此加分了。

按道理而言，即使秦桧是奸臣，秦大士本人又有什么罪过呢？但是他愿意代先祖谢罪，立刻就得到了舆论的好感。1970 年，联邦德国总理勃兰特在华沙犹太隔离区起义纪念碑前那突然的一跪，成为联邦德国与东欧国家、犹太民族乃至整个世界重归于好的一座里程碑。次年，他本人即获得诺贝尔和平奖，而联邦德国则得到了世人的谅解、信任和尊重。在这件事上反观东邻日本的表现，就看得出民族特点的区别。

秦大士的对联水平独步当世，曾在家乡的燕子矶石壁上亲题"渔火只疑星倒出，钟声欲共水争流"。著名文学家袁枚到江宁任县令时，看到此联，大为叹赏，专程登门拜访秦大士，与之结为好友。两人相携泛舟秦淮河，欣赏两岸古迹风光。秦大士望着洗净六朝金粉繁华、至今仍不疾不徐流淌的河水，触景生情地咏出一首七绝《游秦淮》：

> 金粉飘零野草新，女嫱日夜枕寒津。
> 兴亡莫漫悲前事，淮水而今尚姓秦。

袁大才子听到最后一句，忍不住脱口叫了声"好"，此诗很快名动一时。秦大士在该谦卑的时候谦卑，在该自信的时候自信，平衡拿捏得刚刚好。

┃重扶残醉┃

宋孝宗淳熙年间，退位当了太上皇的赵构不用再操心国事，常常带几个内侍微服出宫，在杭州城内游山玩水。某日，他走进西湖畔一家酒肆，坐下来想要喝两杯，只见大堂屏风上题着一首《风入松》：

> 一春长费买花钱，日日醉湖边。
> 玉骢惯识西湖路，骄嘶过、沽酒楼前。
> 红杏香中箫鼓，绿杨影里秋千。
>
> 暖风十里丽人天，花压鬓云偏。
> 画船载取春归去，馀情付、湖水湖烟。
> 明日再携残酒，来寻陌上花钿。

赵构念了第一句，便啧啧称赏，注目良久，随后唤来酒肆掌柜询问："这是何人所题？"掌柜的回答："太学生俞国宝。"赵构笑道："此调甚好，但末句未免露了寒酸相。能够一春长费买花钱、纵骑玉骢西湖畔的人，哪还会将残酒打包带回去呢？果然是个穷学生！叫他将此句改为'明日重扶残醉'，则迥然不同。"转头吩咐随从："你去禀告官家，这俞国宝颇有才气，给他安排个官职吧。"赵构固然是庸君，文学鉴赏力倒确实不低，无论是"庸"还是"雅"，都遗传了他父亲宋徽宗的基因。

连太上皇都在倡导这种寻欢作乐之风，无怪乎南宋小朝廷一派歌舞升平、醉生梦死。当初赵构将皇帝驻跸的行在杭州改名为临安，貌似给大家表了个态：朕在这里只是临时安顿一下，从没忘记恢复故土。但皇帝历来都是说一套做一套，屈辱媾和，不就是为了苟且偏安么？西湖畔又是个美不胜收的地方，"西湖天下景，朝昏晴雨，四序总宜。杭人亦无时而不游……日糜金钱，靡有纪极，故杭谚有'销金锅儿'之号，此语不为过也"。其乐已如此，何必还要去收复什么中原呢？诗人林升有感于此，在临安一家旅舍的墙壁上题诗：

> 山外青山楼外楼，西湖歌舞几时休？
>
> 暖风熏得游人醉，直把杭州作汴州。

这首《题临安邸》，摆明了是讥刺当政者，居然没有被铲掉，甚至还被热烈传抄，可见南宋对言论的管制，较之明清，明显宽松太多了。

几曾着眼

秦桧对养子秦熺的教育非常重视，作为大宋帝国的宰相，他绝对有条件让自己的孩子不输在起跑线上。要请家教，不请最好的，就请最贵的。当时最贵、最有名望的词人是谁？如果不考虑夫人王氏的表妹李清照，无疑只有朱敦儒。

朱敦儒，字希真，比李清照大三岁，洛阳人氏，年轻时隐居故乡，有《卜算子》一阕流传天下：

> 古涧一枝梅，免被园林锁。
>
> 路远山深不怕寒，似共春相避。
>
> 幽思有谁知？托契都难可。
>
> 独自风流独自香，明月来寻我。

"独自风流独自香"，使得朱敦儒"志行高洁，虽为布衣而有朝野之望"。靖康年间，宋钦宗召他到汴梁，想任命其为国子监的学官。这正是"独自风流独自香"所要的结果——"明月来寻我"。朱敦儒眼看乱世将至，固辞不受："自乐闲旷，爵禄非所愿也。"从汴梁返回西京洛阳后，作《鹧鸪天·西都作》一首：

> 我是清都山水郎，天教分付与疏狂。
>
> 曾批给雨支风券，累上留云借月章。
>
> 诗万首，酒千觞。几曾着眼看侯王？

玉楼金阙慵归去，且插梅花醉洛阳。

"清都"指天帝的都城，"山水郎"是为天帝管理山水的郎官。我曾经呼风唤雨，还多次向天帝上奏章，以留住彩云、借走月亮。像我这么拽的人，根本不曾正眼看过那些贵族侯王。就算到玉楼金阙的天宫里做官，我都懒得去，何况是人间的都城呢？只愿鬓边插着梅花，醉饮在这美丽的洛阳。此词甩着一副有才任性、藐视权贵的派头，为时人所称赏。

南渡之后，朱敦儒被高宗任命为秘书省正字，后因发表主战言论，被主和派弹劾而免职闲居。此时秦桧为了请他来教秦熺作诗，特意举荐其为鸿胪少卿（主管朝廷礼仪和外交事务的副部长）。朱敦儒应召至临安后，有人作诗讥刺：

少室山人久挂冠，不知何事到长安？

如今纵插梅花醉，未必王侯著眼看。

这里用河南嵩山少室山指代洛阳人朱敦儒，用长安指代都城临安。当年你不是牛哄哄地看不起王侯吗？话不要说得太满，如今你就算把头上插满梅花装高雅，王侯们也看不起你啦！

谨小慎微

秦桧向下善于笼络，向上则善于逢迎。身为一人之下、万人之上的宰相，他为人处世却处处谨慎低调，有两个小故事颇能体现他这个特点。

有一天，秦熺穿了件黄葛衣衫，准备跟随父亲出门，秦桧瞪了他一眼："去把衣服换了！"秦熺没明白父亲的意思，心想可能老人家欣赏不了咱们年轻人的时髦款式，就换了一件传统款式的黄葛衣衫，秦桧见了，气不打一处来地训斥道："去换白葛！"秦熺一看父亲原来是为了衣衫颜色和自己生气，急忙辩解道："这种黄葛是贵贱通用的，我穿它并没有僭越啊！"秦桧满脸涨得通红地喝道："黄葛和皇家的赭黄色相近，就算别人都可用，我和你却不可用！"

还有一次，秦桧的妻子王氏按例入宫，向宋高宗之母显仁太后请安。太后随口说了一句："老身很喜欢吃子鱼，不过最近很久没有吃到大一点的了。"王氏一看这是巴结太后的好机会，便赶紧说："妾身家倒是养了些子鱼，明日就派人给您送一百尾来！"太后听后，垂下眼皮，不置一词。

满园春红杏出墙来

一回到家，王氏就忙不迭地向秦桧邀功："这次我帮你好好孝敬了一下太后呢！"秦桧一听详情，不禁大惊失色："真是妇人之见！太后想吃大点的子鱼，连官家都搞不到，咱家却轻轻松松拿出一百尾来，你这是想害死我呢，还是想害死我呢？！"

辗转反侧一宿之后，第二天一早，秦桧命人将一百尾普通的青鱼送进宫去。太后听说秦家的一百尾子鱼送到，皱着眉头出来验收，一看之下，忍不住拍掌笑道："我说秦桧老婆没见过世面，果不其然！原来她连稀奇的子鱼和普通的青鱼都分不清楚！"

| 红杏出墙 |

以上两个故事，出自叶绍翁所著的《四朝闻见录》，此书记载了南宋高宗、孝宗、光宗、宁宗四朝的许多轶事。叶绍翁在光宗朝和宁宗朝做官，这些当时第一手的资料很有价值。不过，他最负盛名的作品并非此书，而是那首脍炙人口的《游园不值》：

> 应怜屐齿印苍苔，小扣柴扉久不开。
>
> 春色满园关不住，一枝红杏出墙来。

不值，是"没有得到观赏机会"的意思，想进入那个小花园参观，但是未能入其门。自从元代以后，从第四句化出来的"红杏出墙"，成为某种社会现象的专用雅称，从侧面证明了此诗后两句的艺术水准之高。钱锺书先生在《宋诗选注》里写到，这首古今传诵的诗，脱胎于陆游的《马上作》：

> 平桥小陌雨初收，淡日穿云翠霭浮。
>
> 杨柳不遮春色断，一枝红杏出墙头。

不过在第三句上，叶绍翁比陆游写得更有新意。正是由于"关"字强有力的反向铺垫，第四句的"出"字才能带给读者"关不住"的惊喜。

第二十四章　红酥手送黄滕酒　千载名与汉江流

叶绍翁在《四朝闻见录》中提到，陆游的母亲在生产之前梦到了秦观，所以陆游的父亲将秦少游的名和字颠倒过来，为儿子取名为游，字务观。陆游出身于山阴（今浙江省绍兴市）的官宦诗书世家，其始祖据说是春秋时楚国著名的高士陆通。

家学渊源

陆通，字接舆，因为行为狂诞，所以得了"楚狂接舆"的外号。当年逛遍全中国都找不到理想工作的孔老夫子跑到楚国求职时，陆通在马车旁唱小调，存心气人："凤兮凤兮，何德之衰？往者不可谏，来者犹可追。已而已而，今之从政者殆而！"翻译成今天的白话，大致就是："孔老二，你这个落毛的凤凰不如鸡，德行曲线一路下滑啊！时光一去不回头，过去的错误来不及后悔，知错就改也犹未为晚。算了吧，算了吧，现在当官从政都是高危职业呢！"

孔子一听，这唱歌的人好像很有见识，赶快下车想同他交谈，陆通却躲开不见了。看起来不屑于理你，又非得跳出来说你几句；等你想回话的时候，他玩消失——孔子的门人愤愤不平地把这件事记录在《论语》之中，使得这种高人风范从烈烈先秦一直流传到今天。东晋的陶渊明就很崇拜楚狂接舆，学习他的精神，不肯为五斗米折腰。

楚狂接舆曾经很拽地教训孔夫子这件事，毫无疑问地证明了陆家的来头之大。陆游的祖父陆佃，官至尚书右丞（副宰相），年轻时曾受教于王安石。王安石当政时，询问陆佃对于新法的意见，陆佃回答："新法并非不好，但恐怕推行时不能如您的本意，最终会搞得于民不便。"王安石没有听到自己想听到的话，眉头一皱，就安排陆佃去研究学问，不再以政务问题来咨询他。

风水轮流转，等到宋神宗驾崩、司马光当政时，朝廷中的新党成员基本被贬逐干净，旧党成员范祖禹、黄庭坚被安排主修《神宗实录》，陆佃多次为了维护王安石的声誉而与之争辩。黄庭坚摇头："如果照陆公的说法来写，那便是谄媚的史书了！"陆佃针锋相对："如果照黄公的意思来写，那便是诽谤的史书了！"

陆佃被视为新党成员，在旧党上台几年后还没有辞官，所以旧党认为他是个苟且之人，而新党也认为他"气节不足"。在政治上不愿意结党站队的人，经常两头不讨好，在这一点上，陆佃算是李商隐和苏轼的同道中人。

陆佃的儿子陆宰，是当时著名的藏书家。宋徽宗宣和七年，陆宰奉诏入朝，妻子在船上生下第三子陆游。正是这一年，金军大举南下攻宋，徽宗传位钦宗，次年改元"靖康"。靖康二年，金兵攻破汴京，北宋灭亡。同年，康王赵构即在应天府称帝，改元"建炎"，南宋开始，所以陆游属于南宋的第一批诗人。

陆宰带着家眷，历尽千辛万苦，逃回老家山阴，两岁的小陆游亲身体验了亡国逃难之苦，后来他用"我生学步逢丧乱""儿时万死避胡兵"等诗句来描述这一段难忘的经历。

绍兴十三年，宋高宗鉴于皇室的藏书在战乱中损失太多，便向天下访求，首先就命绍兴府官员到陆宰家抄录藏书，结果抄到了一万三千卷之多，都是陆宰在战乱中费尽心血保存下来的。

在这样的诗书氛围中，陆游想不成为早慧少年也很难。他七岁那年，父亲指着一只聒噪乱叫的乌鸦出了道考题："别人都说乌鸦不吉利，你认为如何？"小陆游低头略思索片刻，然后抬头吟出一联："穷达得非吾有命，吉凶谁谓汝先知？"这种态度在信奉泛神论的古代中国是相当嚣张的。

| 孔雀东南飞 |

绍兴十四年，二十岁的陆游娶了唐婉为妻。唐婉才华横溢，与陆游琴瑟和谐，夫妇感情日深。据说陆母对此十分不满，担心儿女情长会影响儿子的学业，这个理由怎么看都不太充分。我只能怀疑这位婆婆是在吃儿媳妇的醋，觉得她抢走了自己的儿子。另一方面，作为才女的唐婉可能性情耿介，对吹毛求疵的婆婆未必能做到百依百顺。

婆媳关系难处，强势的陆母以唐婉不育为由，命令儿子休妻。恪守愚孝的陆游不敢违逆，但耍了个小聪明，在外面找房子，偷偷安置唐婉，并时常去看她。陆母察觉后大怒，马上为陆游另娶了一位温顺本分的王氏女子。唐婉家人则将她改嫁给了皇族后裔赵士程。

说起来，陆游和赵士程还是远亲。陆游的姨父钱忱，是宋太宗赵光义的四世外孙（同时还是吴越王钱俶的四世孙。钱忱的母亲是宋仁宗之女、秦鲁国大长公主，钱忱的父亲是会稽郡王钱景臻）；而赵士程的父亲、仪王赵仲湜，则是宋太宗的四世孙。陆游和赵士程的亲戚关系虽然远，但恰好是同辈。

比陆游小六十岁的刘克庄在《后村诗话》里写道："二亲数遣妇，放翁不敢逆尊者意，与妇诀。某氏改事某官，与陆氏有中外。"意思是"某官"（即赵士程）与陆家有亲戚关系。又过了四十年，周密在《齐东野语》中第一次明言陆妻姓唐，是唐闳之女，和陆母是姑侄关系——就因为他的话，后世人以讹传讹，认为唐婉是陆游的表妹。但唐闳属山阴唐氏，陆母则属江陵唐氏，两家唐氏虽然同姓，却不同宗。陆母的祖父唐介的墓志铭记载到，唐介的六个孙子起名，名中的一个字都是心字底，孙辈中并无唐闳这个人。所以周密以为陆母姓唐、是唐婉的姑姑，应该是周密对刘克庄所写内容的误读。

| 独失巨星 |

被严母棒打鸳鸯而无可奈何的陆游，只能擦干眼泪，埋首专心攻读，于绍兴二十三年参加了朝廷举办的"锁厅试"。锁厅试是宋朝专为朝廷官员、宗室后裔以及官宦子弟举行的考试。这一年的考生中，夺魁呼声最高的是秦埙。因为宰相秦桧已经向主考官陈之茂做过明示：秦埙是秦熺的儿子，你看他们名字的偏旁，火生土哦！谁都知道秦熺是我秦桧的儿子，木生火嘛！

考试结束后，陈之茂先阅了秦埙的卷子，这位祖父、父亲都是进士的官三代所作文章自然不会差。再一份一份看下去，审到陆游的卷子，这位官三代的祖父同样是进士、父亲则是全国首屈一指的大藏书家，所作文章明显高出秦埙一筹。陈之茂读得赞不绝口，不愿昧着良心将陆游列在秦埙之下。经过激烈的思想斗争，他最终将陆游判为第一，秦埙判为第二——秦相爷的面子总还是要给的。但秦桧对此结果并不满意，他牢牢地记住了陆游这个将自己孙子挤下来的小子，而且注意到这个不知天高地厚的愣头青喜欢妄议"恢复中原"，那是他最讨厌的话题。

绍兴二十四年的礼部省试才是真正的大考，主考官御史中丞魏师逊和礼部侍郎汤思退都是秦桧的亲信。结果，秦埙不出意外地被列为第一名，被特别关照的陆游也不出意外地落榜了。

接下来就是由皇帝亲自主持的殿试，御笔钦点进士们的最终排名。因为大多数情况下，皇帝会尊重省试主考官的排名意见，而且高宗一直对秦桧宠信有加，所以人们都认为秦埙的状元之位是板上钉钉的了，殿试只是走个过场而已。但高宗一读秦埙的文章，感觉观点都是秦桧的老生常谈，早已听得耳朵起茧、味同嚼蜡，不禁摇了摇头。转眼看到一份很厚的答卷，随手抽出来一看，是四川简阳人张孝祥的洋洋万言，文章立意既高，书法又好。高宗大爱之下，当即钦点张孝祥为状元，还将秦埙降为第三。这真是天心难测！

实际上，让秦家出个探花郎，也算是照顾秦桧颜面了，但政治嗅觉过于敏感的秦桧心情一落千丈，次年便病死了。至此，这个大奸臣走完了他荣华富贵却遗臭万年的人生。

与张孝祥同榜中进士的，还有大名鼎鼎的虞允文、范成大、杨万里。南宋这一榜之星光璀璨，直追北宋仁宗嘉祐二年的进士榜，但在这闪耀群星之间，本来应该还有那颗最耀眼的巨星——陆游。

张孝祥，字安国，别号于湖居士，比陆游小七岁，是写出"还君明珠双泪垂"的唐朝著名诗人张籍的七世孙。他善诗文，尤工于词，连宋高宗都赞他"词翰俱美"。他的作品文风宏伟豪放，杨万里评价其为"当其得意，诗酒淋漓，醉墨纵横，思飘月外"，代表作是《六州歌头》：

> 长淮望断，关塞莽然平。
>
> 征尘暗，霜风劲，悄边声，黯销凝。
>
> 追想当年事，殆天数，非人力。洙泗上，弦歌地，亦膻腥。
>
> 隔水毡乡，落日牛羊下，区脱纵横。
>
> 看名王宵猎，骑火一川明。笳鼓悲鸣，遣人惊。
>
> 念腰间箭，匣中剑，空埃蠹，竟何成！

时易失，心徒壮，岁将零，渺神京。

干羽方怀远，静烽燧，且休兵。

冠盖使，纷驰骛，若为情。

闻道中原遗老，常南望、翠葆霓旌。

使行人到此，忠愤气填膺，有泪如倾。

这首词是张孝祥在建康的一次宴会上即席所作，当时席上的主战派大将张浚读到"闻道中原遗老……有泪如倾"之句，哽咽不能言，连酒也喝不下去了，只能投筷起身，离席而去。张浚有感于张孝祥的忠义之心，后来向宋孝宗推荐他为负责起草诏令的中书舍人。

张孝祥的文学偶像是苏轼，每次写好诗文，必询问他的门人："我这篇和东坡先生相比如何？"对于他的门人而言，回答这种问题，肯定是一种智商、情商两方面的考验。

| 钗头凤 |

绍兴二十五年三月五日，百姓们纷纷出游，庆祝大禹的生日。相传大禹出生于北川（今四川省绵阳市），率领天下人治理洪水成功后，在江南登山，召开大会，论功行赏，有德之人赐爵，有功之人分封，因此命名此山为会稽山（会计功勋之山）。完成这最后一项工作后，大禹便病逝了，就葬在会稽山上。秦始皇灭尽越国残余后，将此地设为会稽郡，隋、唐、宋三朝名为越州，宋高宗时升为绍兴府。

去年在省试中被秦桧排挤下榜而一直郁郁寡欢的陆游，信步走到沈园散心，不想遇到了也出门游春的赵士程、唐婉夫妇。唐婉知道赵士程是豁达大度之人，在和他打招呼之后，差人送了一套好酒果品给陆游，以问候致意。陆游看着盘中黄纸封着的官酒、前妻亲手所做的状似佛手的点心"红酥手"，前尘往事浮上心头，不禁怅然长叹，将酒一饮而尽，就着酒意，在沈园墙上题了一首《钗头凤》：

红酥手，黄滕酒，满城春色宫墙柳。

东风恶，欢情薄。一怀愁绪，几年离索。

错，错，错！

春如旧，人空瘦，泪痕红浥鲛绡透。

桃花落，闲池阁。山盟犹在，锦书难托。

莫，莫，莫！

大部分人将"红酥手"解释成唐婉的纤纤玉手，既不太合乎常理，也没有出处。在前人的笔记小说中，有的写"唐以语赵，遣致酒肴"，有的写"遣遣黄封酒果馔，通殷勤"，我还没有看到说两人有当面交谈的版本。从"遣"字来看，唐婉应该是派人送东西给陆游，而非本人亲送，所以陆游不会近距离看见前妻的手。

据南海边的居民口口相传，海中有一种人首鱼尾的鲛人（看来东西方文化都有对"美人鱼"的想象）。鲛人的眼泪如果流到蚌壳里，就会变成晶莹的珍珠，"鲛人泣泪皆成珠"是很悲伤凄婉的意象。沧海之上，一轮明月高照，蚌壳向月张开，让月光滋养其内鲛人泪水所化成的珍珠。珍珠吸收了月亮的光华，变得越发莹润光泽，这便是李商隐的名句"沧海月明珠有泪"。

鲛人所织的绡被称为"鲛绡"，可以做成衣服，特点是"入水不濡"。"泪痕红浥鲛绡透"，就是眼泪流得将本来不沾水的鲛绡都浸透了。陆母自以为对儿子拥有所有权，粗暴干涉儿子的婚姻；对陆游来说，屈从母亲，算是时代的局限，是一种无可奈何的悲哀。

过了几日，满腹心事的唐婉带着侍女又来沈园，走到陆游题词的墙壁前，含泪注视良久，然后提笔在旁边也题了一首《钗头凤》：

世情薄，人情恶，雨送黄昏花易落。

晓风干，泪痕残。欲笺心事，独语斜阑。

难，难，难！

人成各，今非昨，病魂常似秋千索。

角声寒，夜阑珊。怕人寻问，咽泪装欢。

瞒，瞒，瞒！

唐婉回到家后便一病不起，这年秋天，郁郁而终。以上我综合了宋人所写的《西塘集耆旧续闻》《后村诗话》《齐东野语》中关于陆游唐婉婚姻悲剧的描写，尽可能合乎情理地描摹完整这段凄美的爱情故事。

北伐告败

绍兴二十八年，三十三岁的陆游出任福州宁德县主簿，自此开始了漫长而坎坷的仕途。不久后，他被调入都城，成为有机会与皇帝近距离接触的京官。绍兴三十二年，宋孝宗即位，对自己当皇太子时的老师史浩信任重用。史浩是南宋名相，为政稳健，非常睿智地帮助孝宗处理好了与高宗之间的复杂关系，是孝宗能够登基并稳坐帝位的首功之臣。他一上台，就力促孝宗为岳飞恢复名誉，召回一大批被秦桧贬斥的主战派官员，并且推荐陆游担任枢密院编修官，赐进士出身。枢密院是宋朝的军事中枢机构，而未考中进士却"赐进士出身"则是读书人的殊荣。

次年，孝宗改元"隆兴"，孝宗受两年前采石矶大捷的激励，起用主战派老将张浚，意图北伐。史浩看出南宋多年来在高宗的投降政策下武备不修，绍兴三十一年之胜在很大程度上是基于金国内乱，所以认为不可操之过急。陆游也上书，建议先整饬吏治与军纪，在固守江淮的基础上，再慢慢筹划恢复中原，切勿轻率出兵。这个调子不符合孝宗的志向，不久，陆游就被贬为镇江府通判，离开了京师。

史浩和陆游的观点，都是基于当时宋金双方的实力对比。后人总结，高宗朝有中兴之将，而无中兴之君；孝宗朝有中兴之君，而无中兴之将。比如当时的主战派将领张浚，虽有中兴之志，却无中兴之才，可谓志大才疏。而对手则是赵翼所论"金代九君，世宗最贤"的完颜雍，他不兴兵戈、轻赋重农、与民休息、勤政节俭、选贤治吏，缔造了"大定之治"，被称为"小尧舜"。

兵凶战危，面对这样强大的敌人，必须周密部署，不可心存侥幸，所以史浩劝张浚道："明公（对有名位者的尊称）以大仇未复，决意用兵，此实忠义之心。然不量力而图之，是徒慕名尔。"主张先立于不败之地，再寻求可胜之机。

张浚皱眉道："老夫年事已高，等不及你们那种徐徐图之的方法！"这句话让我想起春秋时伍子胥鞭尸楚平王后的名言："吾日暮途远，故倒行而逆施之。"

史浩继续劝说道："当年晋朝平定东吴，是羊祜为之打下的基础。虽然他先期病逝，并未参与伐吴之役，但世人依旧归首功于他。明公同样可以先为北伐打好基础，使后人靠此而成，您依旧居功至伟，何必非要在条件不具备的情况下冒进呢？"张浚默然不答。

史浩又恳切劝孝宗道："张浚急于用兵，一旦失败，只怕陛下您终身无望恢复中原了！"然而孝宗初生牛犊不怕虎，还是授权张浚北伐。

张浚派兵出击，初战告捷，进据符离。然而领军大将之间不肯相互配合，宋军继而违令逃遁溃散，大败亏输。符离之战后，南宋无力再战，不得不再度与金国议和。金世宗同样无心恋战，两国签订"隆兴和议"，宋金之间从尊卑有别的"君臣关系"，改为带点亲情遮羞布的"叔侄关系"；屈辱的"岁贡"，改为看似中性一点的"岁币"，金额也打了一个八折。

隆兴北伐的失败，导致宋朝元气大伤，孝宗本人信心大损，从此不再提"恢复中原"，史浩的预见成真。金世宗也无意兴兵戈。此后，两国维持了四十余年的和平。

名与汉江流

隆兴二年春，陆游在镇江任上结识了张浚，为他献计献策，张浚赞他"志在恢复"。这一年秋高气爽之时，陆游陪同镇江知府方滋登上长江边北固山甘露寺内的多景楼，眺望江北风物，叹息不已，写下《水调歌头·多景楼》：

> 江左占形胜，最数古徐州。
>
> 连山如画，佳处缥缈著危楼。
>
> 鼓角临风悲壮，烽火连空明灭，往事忆孙刘。
>
> 千里曜戈甲，万灶宿貔貅。
>
> 露沾草，风落木，岁方秋。
>
> 使君宏放，谈笑洗尽古今愁。
>
> 不见襄阳登览，磨灭游人无数，遗恨黯难收。
>
> 叔子独千载，名与汉江流。

大家对甘露寺耳熟能详，多是因为知道三国时孙权曾在此用妹子招亲刘备，赔了夫人又折兵。当年刘备在此登临览胜，见北固山水天开阔，不禁赞叹："此乃天下第一江山也！"所以后人到此都会"往事忆孙刘"。后来梁武帝萧衍到此，即兴写下"天下第一江山"六个大字，并刻于山崖。

叔子，是羊祜的字，就是史浩用来举例劝说张浚的那位晋朝名将。襄阳城外有百姓为他立了堕泪碑，熟悉《神雕侠侣》的读者应该不陌生。羊祜的姐姐羊徽瑜是司马师的妻子，也就是司马懿的儿媳妇、"司马昭之心路人皆知"那家伙的嫂子、晋朝开国皇帝司马炎的婶婶。

羊祜的外公是汉末才子蔡邕。当年，蔡邕在曹娥碑的背面题了"黄绢幼妇外孙齑臼"八个字，无人能知其意，多年后，杨修早于曹操三十里解开这个中国第一字谜（故事经过，详见《唐诗为镜照汗青》）。蔡邕的女儿蔡文姬在丈夫死后，被匈奴掳去，嫁给左贤王，其作品有《悲愤诗》和《胡笳十八拍》。后来曹操想起蔡邕这个流落匈奴的女儿，爱惜他们父女的才华，派人用重金将蔡文姬赎回，并安排嫁给董祀，这便是"文姬归汉"。从强汉到盛唐，中原只有以女子远嫁匈奴和亲的纪录，能从塞外荒漠救回弱女子的，唯有曹操一位，凭此一点，可见他的英雄气概。又过了很多年，那位匈奴左贤王的幼子刘渊建立了五胡十六国乱世中的第一个政权——前汉，刘渊的儿子刘聪灭亡了司马炎开创、羊祜为之打下统一根基的西晋皇朝。

陆游在北固山古迹缅怀孙权、刘备、羊祜的功绩，也是在激励自己和其他南宋官员去建立名传千秋的功业。张孝祥读后击节赞叹，立刻派人刻在崖石上。

第二十五章

塞上长城空自许　细雨骑驴入剑门

直言无忌的陆游，先后因为指责孝宗宠臣和"结交谏官、鼓唱是非、力说张浚用兵"的罪名被贬职。

|赋闲山阴|

乾道元年，陆游生平第一次被免官。刚届不惑之年的他，回到山阴闲居，于罢官的第二年写下了梅花词中的绝品《卜算子·咏梅》：

> 驿外断桥边，寂寞开无主。
> 已是黄昏独自愁，更著风和雨。
>
> 无意苦争春，一任群芳妒。
> 零落成泥碾作尘，只有香如故。

陆游在词中自比人迹罕至之处的野梅，虽然环境凄凉，也不愿与同侪争竞，有着傲雪凌霜的骨气。更重要的是，没有任何势力能改变野梅的初衷。这是陆游孤高性情和一生际遇的写照。

乾道三年，在风景秀丽的老家已经修养得心平气和的陆游，创作出了七律名篇《游山西村》：

> 莫笑农家腊酒浑，丰年留客足鸡豚。
> 山重水复疑无路，柳暗花明又一村。
> 箫鼓追随春社近，衣冠简朴古风存。
> 从今若许闲乘月，拄杖无时夜叩门。

绍兴黄酒自古有名，即使是农家腊月里自酿的浑酒，也别有风味。"丰"

与"足"两字，体现出江南水乡的物质充沛和陆游此时的闲适心情。"箫鼓追随春社近"，让我们想起近千年后，鲁迅先生还在看着写着同样的绍兴社戏。如果不是读书人往往志在"了却君王天下事，赢得身前生后名"，在这样的田园生活中终老，也是不错的人生。"山重水复疑无路，柳暗花明又一村"，本来是浅白的游记文字，却因为恰好能够贴切表达深刻的生活哲理，今天已成为脍炙人口的名句。

| 壮志蹉跎 |

乾道五年，陆游应朝廷征召，第二次出仕，担任夔州（今重庆市奉节县）通判。这一年，张孝祥在芜湖的一艘小船上设宴，为同年进士好友虞允文送行。席间两人谈起中原沦丧未复、朝中主和派论调甚嚣尘上，不禁切齿痛恨。张孝祥当时正在病中，那天又多喝了几杯，借酒浇愁，结果当晚就病发去世，时年仅三十七岁。消息传到夔州，失去一位同道好友的陆游含泪仰天长叹。

乾道七年，枢密使、四川宣抚使王炎驻军于抗金前线的南郑（今陕西省汉中市），准备北伐，特地将陆游召为幕僚，委托他制定计划。这与陆游的人生理想一拍即合，他立刻到定军山、大散关等要塞实地勘察，为王炎拟定平戎之策。定军山是当年黄忠阵斩夏侯渊之地，还是诸葛武侯安葬之所；大散关则是陈仓古道的出口咽喉，关中四关的东面雄关。两地均为军事重地。不料当年年底，朝廷就否决了王炎上报的计划，调他回京，幕府也随即被解散。

乾道八年，四十七岁的陆游被朝廷安排了一个成都府路安抚司参议的闲官。从汉中赴川上任的途中，骑驴缓缓经过剑门时，陆游在雨中回首遥望自己心之所系的边境雄关，叹口气，吟出一首《剑门道中遇微雨》：

> 衣上征尘杂酒痕，远游无处不销魂。
> 此身合是诗人未？细雨骑驴入剑门。

"细雨骑驴入剑门"是很多人喜欢的名句，描绘的意境非常美。但作者此时的心境却并不美，而是郁闷难平。一进剑门关，前方是得天独厚的天府之国，而陆游一心想要在那里建功立业的边关，则在背后越来越远。他本来觉得此身应该是一名军人，现在看来，难道仅仅是一个诗人么？天气烟雨蒙蒙，心情也烟雨蒙蒙，壮志难酬，意在言外。

这一年，已在朝廷担任枢密使的虞允文主动要求回到曾经任职的四川镇抚，以图光复中原。他到任的次年，举荐陆游担任嘉州（今四川省乐山市）通判。可惜虞允文履职一年多后，便因积劳成疾，于淳熙元年病逝。其后陆游又调到蜀州（今四川省崇州市）任通判。看着镜中的自己已经两鬓微霜，而恢复中原的志向依旧飘在半空之中，年届半百的陆游用一首七言古体诗《长歌行》抒发了胸中的郁结：

> 人生不作安期生，醉入东海骑长鲸。
> 犹当出作李西平，手枭逆贼清旧京。
> 金印煌煌未入手，白发种种来无情。
> 成都古寺卧秋晚，落日偏傍僧窗明。
> 岂其马上破贼手，哦诗长作寒螀鸣？
> 兴来买尽市桥酒，大车磊落堆长瓶。
> 哀丝豪竹助剧饮，如锯野受黄河倾。
> 平时一滴不入口，意气顿使千人惊。
> 国仇未报壮士老，匣中宝剑夜有声。
> 何当凯旋宴将士？三更雪压飞狐城！

安期生据说是一位修道成仙之人，梦想长生不老的秦始皇、汉武帝和尝试过修道的李白都以此人为偶像。陆游先承认人生的最高理想是白日升仙，当然，这是白日做梦。那么即使成为不了安期生那样的神仙，退一步也应该成为李晟那样的名将。

唐德宗时，朱泚在"泾原之变"后造反称帝，《正气歌》中"或为击贼笏"的段秀实就是死于这场叛乱。李晟在极端不利的情况下孤军苦战，最终收复长安，"清旧京"，迎还德宗，而朱泚败逃被杀。李晟因功封西平郡王，所以人称"李西平"。李晟的长子李愿，位至正一品的检校司空，杜牧用一首诗，从他手中讨得了歌女紫云。李晟的八子李愬，在宪宗朝平定淮西之战中，雪夜入蔡州，生擒吴元济，创造了中国历史上奇袭战的典范。韩愈为颂扬此役的胜利，写了《平淮西碑》，唐宪宗将这文章的一块石刻赏赐给平叛功臣之一的韩弘，韩弘大喜过望，馈赠了韩愈五百匹绢（上述故事详见《唐诗为镜照汗青》）。全诗的诗眼在"国仇未报壮士老，匣中宝剑夜有声"这一名句上，隔着千载时空，陆游那充满了不甘与愤懑的内心呐喊，依然能久久激荡人心。

千古遗恨

淳熙二年，跻身绍兴二十四年进士群星榜的范成大，以敷文阁待制出任四川制置使，他举荐陆游为参议。两人虽然是上下级关系，但年龄相仿、文才相当、政见相近，很快通过诗酒唱和成为莫逆之交。范成大见陆游对苏轼的诗歌很有研究，慨然建议：“足下当写一本东坡诗注，解明其意，以留给后来之人。”陆游摇头：“非不为也，是不能也。”过了几天，范成大忍不住又提此事，陆游便举了几个例子来解释原因。比如苏轼的《董卓》诗曰：

> 公业平时劝用儒，诸公何事起相图？
> 只言天下无健者，岂信车中有布乎！

东汉末年的大臣郑泰，字公业，在董卓专权时常劝其任用那些对国家有忠义之心的儒士，但这帮儒士一天到晚总图谋干掉董卓这个专横残暴的权臣。董卓想废汉少帝时，袁绍反对道：“汉家天下四百多年，恩泽深厚，兆民感戴已久。如今皇帝虽然年幼，世人也没听说他有什么大的缺点。明公想废嫡立庶，只怕众人不会赞同您的意见。”董卓大怒：“竖子！天下事，岂不取决于我？！今日我想做这件事，谁敢不从？！你以为俺董卓的刀不锋利吗？！”袁绍昂首道：“天下健者，岂唯董公？”这是三国历史中最令人热血澎湃的豪言壮语之一。袁绍随即手握佩刀，横揖而出，星夜奔回老家冀州，起兵反董去了。后来，王允用美人计引诱吕布反水，在董卓完全没有想到的时候将他杀于车下。“岂信车中有布乎”明指吕布背叛董卓，暗指当时朝中宰相曾布（曾巩之弟、新党领袖之一）的人品让人无法恭维。陆游说此例“指当时用事者，则犹近而易见”，注解起来没有什么困难，但另外一个例子则不然。

苏轼的好友兼姻亲黄寔，字师是，乃是新党领袖章惇的外甥。皇帝想提拔他到朝廷中枢任职，同为新党领袖的曾布却暗中阻挠。黄寔被派为两浙提点刑狱之职时，东坡作《送黄师是赴两浙宪》，内有一联“白首沉下吏，绿衣有公言”，后句颇为难解。原来苏轼的侍妾王朝云曾叹惜黄师是年纪一大把了，还仕途不顺，朝廷升迁不公。侍妾常穿绿衣，地位不高，按理不应议论黄寔，但“有公言”表示朝云是为黄寔抱不平。

如果不得自于与东坡熟识的故老相传，是很难知道作者本意的。陆游认为，除非对于东坡的诗作都能够了解到这个程度，为之作注才能没有遗憾。范成大听了，也只能叹惜一声："若必要如此，那确实是太难了！"此事就此搁置。如今"陆游不注东坡诗"则成了千古遗憾。人有时候对自己要求太高，也未必是好事。

| 今号放翁 |

满腹雄心壮志却不得施展的陆游，经常借酒浇愁，心心念念"恢复中原"。主和派虽然一直看他很不顺眼，但"恢复中原"毕竟是朝廷公开的宣传口号，总不能因为陆游把它当真了，就以这个为由来收拾他，主和派便攻击他在生活作风上有问题，说他"终日燕饮颓放"。

淳熙三年，陆游因被弹劾"颓放"而第二次遭免职。鉴于自己此时已经年过半百，他干脆自号"放翁"，并在一首与范成大的和诗《和范待制秋兴》里自嘲：

> 策策桐飘已半空，啼螀渐觉近房栊。
> 一生不作牛衣泣，万事从渠马耳风。
> 名姓已甘黄纸外，光阴全付绿尊中。
> 门前剥啄谁相觅，贺我今年号放翁。

赋闲在家的陆放翁，在成都浣花溪边开辟了一个小菜园，以维持生计。当年唐朝女诗人薛涛便是在这条小溪边，用溪水和木芙蓉树皮制作"浣花笺"，所以制成的粉色信笺又名"薛涛笺"。菜园的不远处，便是大名鼎鼎的杜甫草堂。住在成都的骚人墨客，都不免像杜甫一样，去武侯祠缅怀诸葛亮，陆游更是从武侯一生矢志北伐中原的坚持不懈中汲取精神力量。这一年，他在《病起书怀》中写道：

> 病骨支离纱帽宽，孤臣万里客江干。
> 位卑未敢忘忧国，事定犹须待阖棺。
> 天地神灵扶庙社，京华父老望和銮。
> 出师一表通今古，夜半挑灯更细看。

颔联的大致意思是：虽然我现在仍然地位低微，但不敢忘记国家兴亡、匹夫有责；虽然我现在已然两鬓斑白，但也许将来还能做出一番事业，人死之后才会盖棺定论，不能太早放弃杀敌报国的理想。"位卑未敢忘忧国"，从此成为后世忧国忧民的寒素之士用以自勉的警句。

| 空许长城 |

淳熙四年春，范成大卧病，请求离任，奉召还京。陆游送至眉州（今四川省眉山市），在赠别诗《送范舍人还朝》中说自己"平生嗜酒不为味，聊欲醉中遗万事。酒醒客散独凄然，枕上屡挥忧国泪"，并建议"公归上前勉书策，先取关中次河北"，殷殷恳请"因公并寄千万意，早为神州清虏尘"。送别归来后，一颗拳拳爱国之心跳动不停的放翁，又写下了名篇《关山月》：

> 和戎诏下十五年，将军不战空临边。
> 朱门沉沉按歌舞，厩马肥死弓断弦。
> 戍楼刁斗催落月，三十从军今白发。
> 笛里谁知壮士心，沙头空照征人骨。
> 中原干戈古亦闻，岂有逆胡传子孙？
> 遗民忍死望恢复，几处今宵垂泪痕！

宋金之间达成"隆兴和议"，本以为是权宜之计，没想到近十五年过去了，还是无声无息，中原的沦丧貌似要成为大家习惯的新常态了。庭院深深、死气沉沉的达官贵人府上轻歌曼舞，将军率兵驻守边关，白白浪费钱粮，而不去收复故土。战马在厩中被养得肥胖而死，强弓在库里被藏到腐朽断弦。虽然中原大地在战火干戈中沦丧自古有之，但哪有被异族占据后还能将这份耻辱与苟且传子传孙的呢？强盗抢下来的地盘一旦传给子孙——不管这个"子孙"是金人，还是生活在沦丧之地的宋人——再想恢复，就是难上加难了。如果你不明白这句诗的深层含义，别急，往下读，你自然就会明白的。

陆游作为历史学家，不可能不知道西晋灭亡后，中原陆沉战乱上百年，"逆胡传子孙"传得欢着呢，他这样写，只是为了增强诗歌的气势而已，结果是我们能强烈地感受到作者的悲愤如熊熊烈火般喷涌而出，艺术感染力极强。

此诗一出，大家纷纷传诵，很快流入临安深宫。宋孝宗本就志在恢复，一读之下，大为欣赏，于淳熙五年召见了陆游，让他第三次出仕，任命其为福州提举常平茶盐公事，主管粮仓、茶盐、水利等相关事务，次年转为江西提举常平茶盐公事。

淳熙七年，江西暴雨成灾，大片田地、村庄被毁，饿殍遍野。陆游一面号令各郡开仓放粮，并亲自"榜舟发粟"，一面上奏朝廷告急，请求同意开仓放粮。给事中赵汝愚弹劾陆游的这种先斩后奏的行为是"擅权"，陆游愤然辞官，再度回到故乡山阴闲居，这一歇，就是五六年。

淳熙十三年春，已过花甲之年的陆游深感时不我待，在极度沉郁中，创作了又一篇名作《书愤》：

> 早岁那知世事艰，中原北望气如山。
>
> 楼船夜雪瓜洲渡，铁马秋风大散关。
>
> 塞上长城空自许，镜中衰鬓已先斑。
>
> 出师一表真名世，千载谁堪伯仲间！

放翁回想自己少年时初生牛犊不怕虎，可没料到在世上做点正事会如此艰难。当年常常北望中原，立志收复故土，豪气如山。这里将"北望中原"写成"中原北望"，是为了遵守格律，与上句的平仄对应，使得音韵合拍。陆游在镇江任职时，丞相张浚曾亲率备战的水兵，驾驶楼船，经过雪夜的瓜州渡口，令陆通判看得热血澎湃。后来陆游进入四川宣抚使王炎的军幕中，亲身来到宋金边界的大散关前线，不惧危险，满腔热情地实地调研、筹划北伐之策。南朝刘宋名将檀道济被执政的彭城王刘义康冤杀之前，悲愤地怒吼"自坏汝万里长城"，这是成语"自毁长城"的出处。陆游本以为能为国家镇守塞外边关的"长城"，并以此自许，可惜理想还没来得及起步，镜中的自己便已是两鬓斑白。在尾联中，他再次致敬一生的偶像诸葛亮，对比十年前写的"出师一表通今古，夜半挑灯更细看"，现在的放翁对武侯的崇敬之情更加深厚了。

第二十六章

小楼一夜听春雨　铁马冰河入梦来

和上次一样，陆游的佳作再度以光速传入临安，被同样老了将近十岁的宋孝宗读到，又再度想起这位比自己还大两岁、赋闲乡间的陆老头。孝宗深感继前朝苏轼之后，在自己一朝能出陆游这么一位大才子，也是光彩之事，不能就这么埋没了他，于是重新起用其为严州（今浙江省桐庐县、淳安县、建德市一带）知州，让他第四次出仕。

小楼听雨

放翁按例先入京，准备觐见皇帝，谢恩并辞行上任。他住在西湖边的客栈里等待宣召，无聊时踱步观看墙壁上各色诗人的留墨，读到林升著名的"山外青山楼外楼"时，嗟叹不已。一时技痒，也提笔在墙上题了一首《临安春雨初霁》：

> 世味年来薄似纱，谁令骑马客京华？
> 小楼一夜听春雨，深巷明朝卖杏花。
> 矮纸斜行闲作草，晴窗细乳戏分茶。
> 素衣莫起风尘叹，犹及清明可到家。

既然世情凉薄、索然无味，又是什么原因让我这连轿子都没有的六十老翁骑马颠颠地在京华之地客旅呢？年纪大了，又有心事，睡眠质量不高，在客栈小楼上听了一夜的春雨，一叶叶，一声声，空阶滴到明。第二天一大早还没睡醒，就听到窗外小巷里叫卖杏花的声音，让人感受到春天的气息。百无聊赖之时，随便写几行草书，或者喝杯功夫茶打发时间，这种生活真不是我想要的！洁白的衣服啊，就像我洁白的灵魂，你别怕被京师的风尘弄脏，说不定到了清明节时，咱们就一起又回到家乡了。看样子放翁越来越世事洞明，知道自己不适合官场，很有自知之明。从后来的情况看，他也很有先见之明。

孝宗没过多久就召见了陆游，在大殿上交待完工作之后，很期待地勉励他："朕是特意安排卿去严州的。那地方山青水美，卿在公事之余，可以多多游览赋咏。"陆游领旨谢恩而去，到了严州任上，"广行赈恤"，深得百姓爱戴。

淳熙十四年，太上皇赵构驾崩。宋孝宗对养父恪尽孝道，心想做臣子的要辞官三年为父守丧，那么做皇帝的也可以退位守丧嘛！加上自己已到了花甲之年，精力衰退，倦于治事，便开始让皇太子赵惇参与国政，准备仿效高宗当年的做法，为内禅做准备。第二年，陆游在严州任满，朝廷任他为军器少监（相当于总装备部副部长），回京任职。

| 吟风弄月 |

淳熙十六年正月，北方的金世宗完颜雍驾崩，皇太孙完颜璟即位（庙号章宗）。按照"隆兴和议"，南宋皇帝须在国书中对金国皇帝以"叔"尊称，赵昚原本要叫比自己大四岁的完颜雍为叔，还勉强说得过去，但如今六十二岁的他得叫二十一岁的完颜璟为叔，深感丢不起这个人，二月时便迅速禅位给皇太子，让四十二岁的赵惇（庙号光宗）去蒙羞，自己好歹和完颜璟混了个平辈。

赵惇在孝宗即位后，先被封为恭王，如今又以恭王身份登基，所以认为自己的封邑恭州是"双重喜庆"的福地，将它升了半级，改名为"重庆府"，这个名字一直沿用至今。而《大明一统名胜志》中记载了另一种说法："重庆者，以介乎顺、绍二庆之间也。"但事实是，宋理宗（南宋第五代皇帝）在登基之后，因为自己曾领果州（今四川省南充市）团练使而将果州升为顺庆府，曾领武泰军（今四川省彭水苗族土家族自治县）节度使而将武泰升为绍庆府。也就是说，在有了"重庆"这个地名三四十年后，才有了"顺庆"和"绍庆"这两个地名。明人犯的错误是以今度古，想当然耳。

为庆祝新皇登基，按照惯例，次年改元为"绍熙"，百官各升一级。陆游升任礼部郎中后，再次连上奏章，建议光宗广开言路、减轻赋税、惩贪抑豪、缮修兵备、搜拔人才，"力图大计"，恢复中原。主和派见他如此不合时宜，再次群起而攻之，朝廷最终以"嘲咏风月"为名，将陆游第四次罢官。主和派其实巴不得陆游只谈风月、不谈国事，但他居然借着"嘲咏风月"来嘲咏国事，真真是"不合时宜"，太没眼力见了！

年已六十五岁的放翁对此早有心理准备，再次回到家乡山阴闲居，将老宅命名为"风月轩"，以自己喜爱的绍兴东关古镇为题，写了首《东关》来吟风弄月：

> 天华寺西艇子横，白苹风细浪纹平。
>
> 移家只欲东关住，夜夜湖中看月生。

风平浪静，夜月静好，这首诗看起来倒是只谈风月。不过放翁实在忍不了多久，在绍熙二年的另一首《东关》中又开始抒发心事：

> 烟水苍茫西复东，扁舟又系柳阴中。
>
> 三更酒醒残灯在，卧听萧萧雨打蓬。

忍到绍熙三年的初秋，天气依然闷热，年纪大了、醒得早的陆游，披衣挂杖，走出小院，习惯性地向北眺望，心头愤郁难平，忍无可忍，便无须再忍，又写出了妄议国事的《秋夜将晓出篱门迎凉有感》：

> 三万里河东入海，五千仞岳上摩天。
>
> 遗民泪尽胡尘里，南望王师又一年！

汹涌的黄河奔腾入海，雄伟的华山高耸摩天。可惜如此锦绣的河山，就在自己刚出生时沦落于夷狄之手，到如今已经六十多载。父老乡亲翘首南望王师，泪水都快流干，心情也要绝望了。此诗对现实的深切关怀和对仗之工整，不输于杜子美全盛之时；而使用夸张的大数字展现山川之雄浑开阔的技巧，已臻化境，纵使李太白复生，也无以过之。

回首断肠

闲来无事的放翁，挂着拐杖信步而行，不经意间来到一处小园门前。抬头一看，正是三十七年前再遇唐婉的沈园。自从那次在此地偶遇唐婉，随即她又郁郁仙逝之后，沈园就成了陆游的伤心之地，再也不愿意踏足一步。而今天，不知是不是心底的潜意识，将他带到了这里。

放翁看见有一位老人家在路边卖酒，便询问他此园现在的主人是谁。原来从绍兴二十五年后，沈园已经三易其主。放翁一个人缓步踱进幽静无人的小园，走到当年题词的墙壁前，蓦然发现在自己所题的《钗头凤》边上，居然有人题了另外一首。他的心跳加速起来，颤抖着用袖子拂去上面厚厚的一层灰尘，虽然笔划已经残缺不全，但熟悉的字迹依然一望可知。陆游一遍一遍摩挲着爱人所写的"怕人寻问，咽泪装欢"，嘴唇颤抖，混浊的老泪不觉滚滚而下，悲从中来，不可断绝。

他在沈园一直呆呆地坐到红日西斜，方才慢慢走回家中，写下了一首七律《禹迹寺南有沈氏小园》：

> 枫叶初丹槲叶黄，河阳愁鬓怯新霜。
> 林亭感旧空回首，泉路凭谁说断肠。
> 坏壁醉题尘漠漠，断云幽梦事茫茫。
> 年来妄念消除尽，回向禅龛一炷香。

| 梦成轮台 |

这年的一个冬夜，狂风挟裹着暴雨，不停地砸落在屋顶上，密集的哒哒声逐渐化作千军万马奔驰而过的铁蹄轰鸣，伴着放翁逐渐进入梦乡。第二天早上醒来，他立刻起身，将梦境中的所见一气呵成为一首七绝，这便是最能反映陆游生平诗歌特点的《十一月四日风雨大作》：

> 风卷江湖雨暗村，四山声作海涛翻。
> 溪柴火软蛮毡暖，我与狸奴不出门。
> 僵卧孤村不自哀，尚思为国戍轮台。
> 夜阑卧听风吹雨，铁马冰河入梦来。

以陆游的名气和皇帝对他才学的赏识，如果发表言论时稍微克制一点，在繁华的京师混个清闲的高官养老，是毫无难度的。他因为志在恢复中原，才屡受排挤，屡遭罢官，闲居乡里，混到"僵卧孤村"的凄凉地步，居然还"不自哀"。遇到这样的狂风暴雨，一般人会为在这样的恶劣天气中能待在温暖的家中而感到庆幸，陆游却宁肯自己此刻正在铁马冰河的北疆为国家守边，现实中做不到，就只能在梦去实现了。天下兴亡，匹夫有责，如果此诗出自年轻人之手，给人的感觉会是慷慨激昂、热血沸腾；而放翁因为对国家尽责但一生坎坷，此时已年近七旬，客观上无力杀敌报国，却仍有"为国戍轮台"的心志，怎能不令人肃然起敬？

陆游写完这首七绝后，只觉意犹未尽，想起自己好久没有填词了，顺手再作了一阕《诉衷情》：

> 当年万里觅封侯，匹马戍梁州。
>
> 关河梦断何处？尘暗旧貂裘。
>
> 胡未灭，鬓先秋，泪空流。
>
> 此生谁料，心在天山，身老沧洲。

东汉班超班定远投笔从戎、万里封侯，是有志于从军报国的读书人的偶像。陆游当年在王炎帐下时，曾单人匹马，在古梁州的南郑一带勘察敌情，也参加过和金军的小规模遭遇战。"尘暗旧貂裘"说的是苏秦的典故，他游说秦王时，"书十上而不行，黑貂之裘敝，黄金百斤尽，资用乏绝，去秦而归"，比喻未得重用、施展抱负。句尾"沧洲"容易被误解为河北沧州，因为《水浒传》里八十万禁军教头林冲佩刀误入白虎节堂后，就是被脊杖二十、刺配沧州，然后"风雪山神庙"，最后被逼上梁山，这个桥段实在是脍炙人口，以至于沧州成了我们耳熟能详的地方。但此词中的"沧洲"指的是水滨之地，常为隐士所居之处，也就是指陆游所住的鉴湖之滨。

| 花中高坚 |

绍熙五年，六十七岁的太上皇赵昚驾崩。宋光宗赵惇多年来在著名妒妇李皇后的挑唆下，和父亲的关系处得很不好，而且此时出现了精神疾病的症状，居然不肯为父亲服丧。这种骇人听闻的不孝行为引得举国哗然，一向操心国事的太学生们集体游行请愿，众多官员上书辞职，一场政治危机迫在眉睫。

宗室大臣、知枢密院事赵汝愚与外戚大臣、知阁门事韩侂胄（北宋名臣韩琦的曾孙）在太皇太后（宋高宗的吴皇后、韩侂胄的姨母）的支持下，联手拥立光宗之子——嘉王赵扩为帝（庙号宁宗），以既成事实逼光宗"内禅"，退位去当太上皇，次年改元"庆元"。这样一来，南宋的前三位天子，即高宗、孝宗、光宗，是既当过皇帝，又当过皇帝他爹。

庙堂之上的风云变幻，与此时处于江湖之远的陆游没有什么关系。他闲居于田园，没事就去城里走走，每次都忍不住要登上为纪念大禹所建的禹迹寺，以便从这里眺望南面不远处的沈园。庆元五年，七十五岁的放翁写出了悼亡诗中的千古名篇《沈园二首》：

城上斜阳画角哀，沈园非复旧池台。
伤心桥下春波绿，曾是惊鸿照影来。

梦断香消四十年，沈园柳老不吹绵。
此身行作稽山土，犹吊遗踪一泫然。

诗以落日黄昏的苍茫景色起兴，读者仿佛能听到远处军营中传来的高亢凄厉的画角之声，更增悲凉之情。沈园还是那个沈园，但里面的亭台楼阁都不再是原来的建筑了，早已因为破旧而经过修葺翻新。池台尚且如此，人何以堪？唯有园中那座小桥和桥下静如镜面的春水，仍是从前的样子。当年我曾从这荡漾的水面中瞥见唐婉美丽的倩影，轻盈的体态好似曹植《洛神赋》中那位"翩若惊鸿，婉若游龙"的仙子。成语"惊鸿一瞥"，就源自曹植的这神来之句。而今物是人非事事休，余下的只有伤心而已。回首如梦往事，唐婉的香消玉殒居然已经过去了漫长的四十多年。沈园的柳树都老得不再有柳絮飘飞，正如我自己也衰残得快要入土、埋于会稽山了。思念是一种很玄的东西，总让我忍不住故地重游，在凭吊她的遗踪时泫然泪下。读着这两首诗，仿佛看见放翁孤零零的苍老身影，在斜阳下的沈园中独自踟蹰，隐藏了一生的满腹心事无人可以诉说。他有幸娶到心目中的完美女性，却既无法抗拒生离，又无法战胜死别。想想人生际遇和生老病死都如此令人无奈，而我们每个人都逃不过这种痛苦，怎能不使人黯然神伤？

放翁白天走得累了，晚上便与幼子陆子聿一起挑灯夜读，乐在其中。这一年，他还写了一首在他的作品中很少见的哲理诗《冬夜读书示子聿》：

古人学问无遗力，少壮工夫老始成。
纸上得来终觉浅，绝知此事要躬行。

嘉泰二年的初春，陆游为他最爱的花卉，一口气写下了组诗《梅花绝句》六首，其中有三首出现了传世名句：

闻道梅花坼晓风，雪堆遍满四山中。
何方可化身千亿？一树梅花一放翁。

幽谷那堪更北枝，年年自分着花迟。

223

高标逸韵君知否，正是层冰积雪时。

雪虐风号愈凛然，花中气节最高坚。

过时自会飘零去，耻向东君更乞怜。

　　每朵梅花都有它的妙处，放翁恨不得能幻化出千亿个自己，在世上的每一株梅树前，都有自己的分身去欣赏。陆游为什么这么爱梅花呢？因为它的气节。有些梅花生在朝北的枝头上、长在荒凉的幽谷中，生存环境恶劣，所以每年都毫无悬念地最晚开花。这就像陆游自己，在朝中没有过硬的后台，还喜欢不合时宜地议论"恢复中原"，自然也就毫无悬念地不得重用。然而正是在这样的环境中，才更显出自己如梅花那般的高标逸韵，耻于向司春之神东君去摇尾乞怜。

┃耄耋修史┃

　　就在这一年，朝廷诏令已被罢官近十三年的陆游入京，主持编修孝宗、光宗两朝实录，并免去上朝请安之礼。放翁曾经自嘲"平生诗句传天下，白首还家自灌园"，但这种生活肯定不是他那热望着为国建功的内心真正想要的，所以毫不犹豫地以七十七岁高龄第五次出仕。

　　此时，韩侂胄在击败政敌赵汝愚和朱熹后大权独揽，一心北伐中原，正欲拉拢四方名士，充实羽翼。他请杨万里为自己新修的南园作一篇记，并许诺可以让他进入权力中枢担任高官。但杨万里性格刚硬，看不起韩侂胄这个外戚，宁可丢官也不作记。韩侂胄碰壁之后，又改请陆游。放翁的政治理想与韩侂胄一拍即合，当然鼎力支持，欣然为其写了一篇《南园阅古泉记》。不得志的朱熹，在陆游出仕时酸溜溜地评论道："其能太高，迹太近（和当权者走得太近），恐为有力者所牵挽，不得全其晚节。"后来朱熹的地位逐步提高，元朝人编写的《宋史·陆游传》居然引用了他的这段话，并加上一句"盖有先见之明焉"来为放翁作盖棺定论，纯属是忽略放翁一生志向的颠倒黑白。

　　按照放翁此时的年龄，很明显，他已无力、也没必要靠着依附权贵来在官场上平步青云，对韩侂胄的赞赏，完全只是因为两人志愿相同。第二年四月，在国史编撰完成后，年近八旬的陆游即以宝章阁待制致仕，完成了他一生对国家的服务，回到家乡山阴。

第二十七章

亘古男儿一放翁　映日荷花别样红

在陆游致仕的这一年，韩侂胄起用了另一位主战派人士出任绍兴知府兼浙东安抚使，这位父母官立刻来陆家拜访，他就是大名鼎鼎的辛弃疾。

辛弃疾，字幼安，比陆游小十五岁。两人志趣相投，酒逢知己千杯少，常常促膝长谈，直到深夜。辛弃疾性情豪爽，惯于仗义疏财，见陆家房屋简陋，多次提出帮忙修缮，都被放翁婉拒。

嘉泰四年，韩侂胄打算为北伐做舆论准备，于是追封岳飞为"鄂王"。此为岳飞所获得的最高爵位，所以如今西湖岳庙中墓碑上就是"宋岳鄂王墓"五个字。辛弃疾奉召入朝，陆游作《送辛幼安殿撰造朝》赠别，内有"中原麟凤争自奋，残虏犬羊何足吓"之句，这是战略上貌视敌人；又有"古来立事戒轻发"之句，这是战术上重视敌人。总之，谆谆勉励辛弃疾为国效命，协助韩侂胄早日实现北伐大计。

| 轻启战事 |

开禧元年的一个冬夜，陆游梦回沈园，醒来后作了《十二月二日夜梦游沈氏园亭》两首：

> 路近城南已怕行，沈家园里更伤情。
> 香穿客袖梅花在，绿蘸寺桥春水生。
>
> 城南小陌又逢春，只见梅花不见人。
> 玉骨久成泉下土，墨痕犹锁壁间尘。

此时的放翁年过八十，腿脚不便，已经很久没去这个小园。但情之所在，即使走路到不了，也要依靠梦境来回忆从前那些漫步其中的片段，这就叫魂牵梦萦。第一句类似宋之问"近乡情更怯"的心理，于矛盾纠结之中，更显出思念的深入骨髓、不可抑制。有时候我会想，陆游会对当年屈服于母亲的命令、离开唐婉而感到悔恨吗？还是会因为那个时代的道德观所限，认为自己的孝顺并没有错，只是对现实感到无可奈何？

开禧二年，宋宁宗追夺了秦桧死时追赠的"申王"爵位，并将原来的美谥"忠献"改为恶谥"谬丑"，在制词中痛斥其罪："一日纵敌，遂贻数世之忧；百年为墟，谁任诸人之责？"这是官方第一次在正式文件中痛斥秦桧，表明终于接受了半个世纪以来民间早有的公论。在岳飞与秦桧的公案中，正义虽然迟到，却没有缺席。

在进行崇岳贬秦的舆论铺垫后，宁宗下诏，命韩侂胄主持北伐。然而，当时很多人都能看出来，宋廷虽然政治准备充分，军事准备却严重不足。武学生华岳上书反对在此刻主动挑起战事："万一国家首事倡谋，则将帅内睽，士卒外叛，肝脑万民，血刃千里。此天数之不利于先举也！将帅庸愚，军民怨怼，马政不讲，骑士不熟，豪杰不出，英雄不收，馈粮不丰，形便不固，山寨不修，堡垒不设，吾虽带甲百万，馈饷千里，而师出无功，不战自败。此人事之不利于先举也！"连主战派成员、兵部侍郎（国防部副部长）叶适都拒绝起草宣战诏书，认为轻率北伐"至险至危"，应当"备成而后动，守定而后战"，先加强江防。

已经被热血冲昏了头脑的爱国中年韩侂胄，一句逆耳忠言也听不进，只急着建功立业。他去请当时最有名的大才子——礼部侍郎兼直学士院李璧起草了《讨金檄文》，以鼓舞士气："天道好还，盖中国有必伸之理；人心助顺，虽匹夫无不报之仇……兵出有名，师直为壮……西北二百州之豪杰，怀旧而愿归；东南七十载之遗黎，久郁而思奋……言乎远，言乎迩，孰无忠义之心？为人子，为人臣，当念祖宗之愤！"

自从"符离之败"后，陆游等待朝廷再次出兵恢复中原，已经望眼欲穿地期盼了四十多年，一听到消息，自然欣喜若狂，立刻写了一首《老马行》，末四句为：

> 中原蝗旱胡运衰，王师北伐方传诏。
> 一闻战鼓意气生，犹能为国平燕赵！

在开禧北伐的初始阶段，先发制人的宋军出师顺利。但没过多久，除了名将毕再遇（岳飞部将毕进之子）一路之外，余军皆败。吴曦（高宗朝抗金大将吴璘之孙）居然在四川图谋割据为蜀王，里通金朝，按兵不动。东线无忧的金军遂兵分九路南下，前锋直抵长江，宋廷大为震恐。

在此危急关头，之前一直给韩侂胄北伐泼冷水的叶适，请求出任知建康府兼沿江制置使，亲身担任前线指挥官，以劣势兵力坚守城池，配以劫寨，屡屡重创气焰正盛的敌军，金兵不得不解围后撤，战局才得以稳定。叶适又在长江以北屯田筑堡，招聚流民，巩固住了江淮防线。时势的进展，证明了华岳和叶适的先见之明。

爱国和报国，都需要冷静的头脑和实干的精神，而不是靠动一动嘴皮子，或者敲几下键盘，喷几句"杀光金狗""收复菲律宾省""炸沉东京"的嘴炮。放眼今日之网络，如韩侂胄般志大才疏之流何其多，如叶适辈智慧实干之人何其少。纵然叶适、华岳复生，可能也会被一众所谓的爱国人士的口水淹死吧。

｜亘古男儿｜

金国在战争中占据上风后，要求南宋交出首谋。开禧三年，史浩之子史弥远在杨皇后支持下，暗杀了韩侂胄，派使者将其头颅送往金国，留下了南宋外交史上丑陋耻辱的一页。

第二年，即嘉定元年，南宋与金国订立"嘉定和议"，约定内容大致是：两国疆界不变；南宋交纳"犒师银"三百万两给金国；增加岁币和银帛；南宋皇帝对金国皇帝的称呼，由以前的"叔"改为"伯"，从"比亲爹小一点儿"升级为"比亲爹还大一点儿"，屈辱性比之前的"隆兴和议"更加强了。

"嘉定和议"签订后，史弥远从此擅权二十六年，成为导致南宋衰弱直至灭亡的权奸，史浩真真养了个有出息的儿子！

在家乡日盼夜盼捷报的陆游，等来的却是韩侂胄被杀、史弥远上台、"嘉定和议"签订、北伐彻底失败的一个接一个的坏消息，不禁仰天长叹，老泪纵横。他知道自己来日无多，再也不可能熬到下一次王师北进了。

很多时候，人是靠希望活着的。希望一旦破灭，健康就会迅速恶化。八十四岁的陆游本来还算身体硬朗、精神矍铄，但从嘉定元年开始便急剧衰老。这一年春天，他由儿孙搀扶着，最后一次游了沈园，走到熟悉的葫芦池畔，颤颤巍巍地口占一绝《沈园葫芦池诗》：

> 可怜情种尽相思，千古伤心对此池。
>
> 滴下钗头多少泪，沈家园里草犹悲。

回到家后，又拿起纸笔，缓缓写下一首《春游》：

> 沈家园里花如锦，半是当年识放翁。
>
> 也信美人终作土，不堪幽梦太匆匆。

越老越怀旧是人类的普遍感情。但陆游对唐婉的眷恋之深，如此的至死难忘，竟令人有喉头窒息之感。此时他应该感觉到，自己很快也将随唐婉而去了。嘉定二年秋，在世上再无眷恋也再无盼望的陆游染病不起。拖到入冬后，天气越来越冷，病情逐日加重。十二月二十九日（正是岳飞的忌日），回光返照的放翁硬撑着坐起身来，向家人要来纸笔，留下绝笔诗《示儿》：

> 死去元知万事空，但悲不见九州同！
>
> 王师北定中原日，家祭无忘告乃翁。

陆游写罢，将笔一搁，与世长辞，享年八十五岁。他在油尽灯枯前完成的最后一首诗，以其简单朴素的词语、浓烈深厚的情感，成为了他漫长生命中最脍炙人口的作品。爱国，是他平生诗歌创作中的第一主题，所以在我看来，这首遗恨无穷的《示儿》作为绝笔，是非常完美的。如果搞一个中国历史上"爱国诗人"的排名，无论从作品的数量、质量，还是从主题的聚焦度来说，放翁都能毫无疑义地高居第一。其他爱国诗人，往往只是作为旁观者，讴歌沙场报国的英雄将士，而陆游的最大特点是他不但付出了实际行动，有从军的亲身经历，而且终其一生强烈希望再次亲身加入到这个危险而伟大的事业中去，这个区别使得他的诗歌具有强大的感染力。梁启超先生有诗《读陆放翁集》，其中两首如下：

> 辜负胸中十万兵，百无聊赖以诗鸣。
>
> 谁怜爱国千行泪，说到胡尘意不平。
>
> （放翁集中胡尘等字，凡数十见，盖南渡之音也）
>
> 诗界千年靡靡风，兵魂消尽国魂空。

集中什九从军乐，亘古男儿一放翁！

（中国诗家无不言从军苦者，惟放翁则慕为国殇，至老不衰）

梁任公可算是放翁跨越千年的知音。陆游有名句"文章本天成，妙手偶得之"，看似是认为佳句非人力苦苦雕琢可得，但实际上他写诗非常勤奋，留存于世的有九千多首，折算起来，平均每三天就要作一首，论产量在诗人中排名第一——当然，前提是号称写诗四万多首的乾隆皇帝不参加评选，因为"一片一片又一片"之类的东西，基本不能算诗，即使硬要算的话，也没有任何价值，爱新觉罗·弘历的诗你连一首都背不出来便是明证。陆游的诗歌主题，总结起来也挺容易，不过三个词：爱国、爱梅、爱唐婉（其实陆游还爱猫，是一个"超级铲屎官"，为猫咪也写过不少诗）。

| 接天映日 |

那位拒绝为韩侂胄南园作记的杨万里，字廷秀，比陆游小两岁，绍兴二十四年进士榜群星之一。他在永州做零陵县丞时，正好张浚被贬官，在此地闲居，杜门谢客，拒绝交游。杨万里久慕张浚的大名，三次前往拜谒，都未能得见，于是专门写信恳求，并附上了自己的一首小诗《闲居初夏午睡起》：

梅子留酸软齿牙，芭蕉分绿与窗纱。

日长睡起无情思，闲看儿童捉柳花。

钱锺书先生评论此诗中的"留"字和"分"字都"精致而不费力"。张浚的诗词鉴赏水平很高，读后点头称赞："杨廷秀的胸襟通透！"方才同意见面。杨万里毕恭毕敬地拜见了这位主战派前辈，张浚则用《礼记·大学》中的"欲修其身者先正其心，欲正其心者先诚其意"勉励这位刚过而立之年的后辈。杨万里受教终身，将自己的书房命名为"诚斋"，所以世称其为"诚斋先生"。格物、致知、诚意、正心、修身、齐家、治国、平天下，这就是儒家所倡导的人生理想链条。

杨万里早年学习黄庭坚、陈师道的"江西诗派"，五十岁以后诗风转变，语言变得活泼自然、浅白流畅，自成一派，人称"诚斋体"。小学课本中有他两首这方面的代表作，均是清新鲜活，一首是《小池》：

泉眼无声惜细流，树阴照水爱晴柔。

小荷才露尖尖角，早有蜻蜓立上头。

另一首是《宿新市徐公店》：

篱落疏疏一径深，树头花落未成阴。

儿童急走追黄蝶，飞入菜花无处寻。

宋孝宗淳熙十五年，直阁秘书（负责为皇帝草拟文件）林子方被朝廷任命为福州知州，高高兴兴地准备去赴任。时任直阁少监（类似于皇帝的秘书长）、太子侍读的杨万里是林子方的顶头上司兼好友，在送别时赠了他一首《晓出净慈寺送林子方》：

毕竟西湖六月中，风光不与四时同。

接天莲叶无穷碧，映日荷花别样红。

此诗的"无穷碧"与"别样红"色彩对比鲜明，仿佛一幅大红大绿的美丽水彩画。"接天""映日"气势磅礴，居然将灵秀的荷花写出了壮美的气势。这首用字浅白而优美的景物诗，其实还藏有不为人知的暗喻。在古代诗歌中，"天""日"常常被用来指代天子。原来，杨万里的官职很接近权力中心，知道这次的外放对林子方的仕途弊大于利，所以在诗中婉转地提醒他：去小地方当一把手固然风光，但留在朝廷中枢、给皇帝当秘书，积累资源则更快，成绩更容易被认可，前途才是"别样红"啊。然而小林同志根本没有往其他方面想，只频频赞叹"好一首风景诗"，就兴冲冲翻身上马，赴任去也。虽然后来湮没于史书中，但他自始至终勤于公事，惜民财、宽民力，为官一任、造福一方，"吏畏民怀，为当世所称道"。

山过山阻

淳熙十六年，宋光宗即位。冬十二月，金国派遣"贺正旦使"来南宋贺岁，杨万里被朝廷诏令负责迎送和陪伴金国使节，来到了两国交界的淮河前线。此时，宋金之间关系微妙，金国在战场上占据优势，使者的来意兼有礼节、修好、间谍、示威等多重目的，往往盛气凌人。杨万里是坚定的主战派，朝廷安排他接这个活儿，大概是为了不让自己这一方显得卑躬屈膝、有辱国体，但杨万里本人在不得不和颜悦色地接待居高临下的金使时，肯定心情不佳。从都城一路北行，目睹满目疮痍、民不聊生的凄惨景象后，第一次来到边境线的杨万里，写下了《初入淮河》：

> 船离洪泽岸头沙，人到淮河意不佳。
>
> 何必桑乾方是远，中流以北即天涯。

"桑乾"即"桑干河"，是永定河的上游，原本是宋朝北境与契丹的边界。北宋哲宗元祐五年，苏辙出使契丹回国时，作《渡桑乾》一诗，其中"胡人送客不忍去，久安和好依中原，年年相送桑乾上"之句，记录了契丹人送他到边境桑乾河边仍然依依不舍的场面，我们从中可以一瞥"澶渊之盟"后宋辽两国百余年间兵革不兴、友好交流的图景。到了宋高宗时期，按照"绍兴和议"所定的宋金分界南移到了淮河，其北面的广大中原地区，包括桑乾河流域，全部被金国占据。所以杨万里诗中表达了强烈的愤懑：从前要到桑乾河才算边境，如今淮河河道中心线以北就是国家覆盖不到的"天涯"了！

绍熙三年，杨万里路经安徽松源，在群山之间穿行，忽然心中一动，联想到自己六十五年的艰难坎坷人生路，吟出一首《过松源晨炊漆公店》：

> 莫言下岭便无难，赚得行人空喜欢。
>
> 正入万山圈子里，一山放过一山拦。

这首哲理诗告诉我们，人生就是打怪通关，但与游戏不同的是，现实中遇到的困难永远也不会结束。虽然各种心灵鸡汤总勉励我们风雨过后就是彩虹，但事实是，风雨还会再来。生活既然不能改变，我们就不必去期盼结果，可以苦中作乐，享受一下过程。

陆杨之交

嘉泰二年，韩侂胄修好南园以后，首先邀请当时名望最高的诚斋先生为之作一篇记。但在杨万里看来，韩侂胄不过是一个借着双重外戚身份（他本人是宋高宗吴皇后的外甥，当权后，又把自己的侄孙女嫁给了宁宗当皇后）窃权的小人，文不能安邦，武不能定国，所以很瞧不起他，当即坚决拒绝："官可弃，记不可作也！"《宋史·杨万里传》评论诚斋的性格刚烈偏激，由此可见一斑。位高权重的韩侂胄面子被削成这样，虽然生气，但也没有打击报复，反而继续为杨万里加官晋爵，搞得诚斋也不好意思公开对韩相口诛笔伐了。

韩侂胄不会在一棵树上吊死，转头就去请了陆游，放翁则因为支持韩相的北伐理想而欣然从命。杨万里对陆游听从韩侂胄的召唤出仕、为之写《南园记》这些事当然有点意见，放翁对此也心知肚明。在陆游为次子陆子龙到吉州为官所作的送行诗《送子龙赴吉州掾》中，很细心地叮嘱他拜见杨万里时的注意事项：

> ……
>
> 又若杨诚斋，清介世莫比，
>
> 一闻俗人言，三日归洗耳。
>
> 汝但问起居，余事勿挂齿。
>
> ……

意思是：儿子你拜见杨叔叔时，只问候他身体即可，其他世俗事情，一句都别提，免得被看低了，自讨没趣。这说明放翁对杨万里很敬重，但没有那种志同道合的亲密感。嘉泰三年，陆游在《谢王子林判院惠诗编》中，给予了杨万里更高、感觉上却更疏远的推崇：

> 文章有定价，议论有至公，我不如诚斋，此评天下同。
>
> ……
>
> 人言诚斋诗，浩然与俱东，字字若长城，梯冲何由攻？
>
> 我望已畏之，谨避不欲逢。一日来叩门，锦囊出几空。
>
> 我欲与驰逐，未交力已穷。太息谓王子，诸人无此功。
>
> ……

在韩侂胄专权的十余年间，杨万里一直领着闲官的俸禄，幽居家乡不出。他认为韩侂胄在条件不成熟时就准备出兵北伐，完全是祸国殃民之举，忧愤之下，怏怏成疾。家人知道他担心国事，收到有关时政的邸报都不敢告知，怕他情绪激动、病情恶化。

开禧二年，有个亲族中的年轻人从外地回来，一不小心说出韩侂胄前几天调兵遣将、开始北伐的事，病重中的杨万里一听之下，失声恸哭，从床上硬撑起身体，要来纸笔写下此言："韩侂胄奸臣，专权无上，动兵残民，谋危社稷，吾头颅如许，报国无路，惟有孤愤！"又写了几个字告别妻儿，搁笔而逝。几个月后，南宋兵败，再签"嘉定和议"，果然是丧师辱国，不出杨万里所料，哀哉！

第二十八章

提携汉节同生死　几时真有六军来

前文提到那位劝陆游为东坡诗作注的范成大，字至能（《宋史》等误作"致能"，一字幼元），出生于苦难的靖康元年，比杨万里大一岁，比陆游小一岁，也是绍兴二十四年进士榜群星中的一位。他与范仲淹同为吴县（今江苏省苏州市）人，据说是范文正公的族孙，那么应该也是春秋时越国名臣范蠡的后裔。他母亲蔡氏夫人的祖父是书法家蔡襄，外祖父是名相文彦博。虽是名门之后，可惜范成大年少时便父母双亡，所以家境贫寒，上无片瓦，下无立锥之地，只能和他的著名族祖范仲淹一样寄居在寺院中读书，十年后应试，金榜题名，从而走上仕途。

｜宋代苏武｜

宋孝宗在"符离之败"后，与金国签订的"隆兴和议"，比起原来的"绍兴和议"，条件要稍微宽松些：卑躬屈膝的"岁贡"改称为听起来不那么屈辱的"岁币"，数量也打了个八折；金国与南宋不再以上下级的君臣相称，而改为"叔侄"相称。但不知是忘了还是其他原因，两国没有商定修改接受国书的礼仪，导致每次金国使节来送国书时，宋孝宗不得不依照从前的协议，起立迎接，行臣子之礼。作为当时世界上最富庶帝国的统治者，这无疑是奇耻大辱。

乾道六年，孝宗升范成大为负责记录皇帝言行的起居郎、资政殿大学士，让他担任"泛使"（办理临时事务的一般使节），去金国递交国书，在国书中要求对方归还位于河南的安葬着北宋历代帝王的陵寝之地，并口头提出要求——改变南宋皇帝起立接受金国国书的礼仪。

史书只记载了孝宗是这样做的，没解释他为什么这样做。我猜想可能是他实在不好意思在没什么特别由头的情况下，专门派人去对于两国正式和议上约定的礼节提出反悔，所以就搞了一个"归还陵寝之地"的孝道要求写在国书上，然后让范成大口头提出关于受书礼仪的更改，这样万一金国大发雷霆，自己还有个台阶下。

但在宋金外交中，一般只在贺正旦、贺生辰、贺新主登基、告丧等重大节庆或事件发生时才派遣使节。现在南宋在啥事没有的情况下，突然派一名泛使去提出土地要求，那在对方看来，就是赤裸裸的挑事啊。虽然你在国书中很客气地说，我方出于孝道的考虑，请求归还陵寝所在地，但对方当然看得出你是在要求土地。更可气的是，原来你醉翁之意不在酒，真正的目的是想修改事关两国尊卑关系的受书礼仪，还故意没写在国书上，你这到底是想干什么？！

本就处于强势一方的金国，出于维护尊严的考虑，对此势必会反应强烈，南宋的使者要么被一刀砍了，要么被一扣多少年别想回来，总之凶多吉少。宰相陈俊卿、吏部侍郎陈良祐都因反对遣使而被罢官。

临行之前，孝宗问范成大："朕以卿气宇不凡，亲自指定为使节。听说现在舆论纷扰，使团的人都不敢去，有这回事么？"范成大答道："我国这次的要求，在外交上属于挑衅，臣此去，不是被扣留，就是被杀头。但臣已安排好家事与后事，做了回不来的准备，所以没什么挂虑的。"

孝宗颇为内疚，温言道："朕不会毁约发兵，绝不至于害卿！至于卿被金国扣留虐待，像苏武一样饿了吃毛毡、渴了喝冰雪，倒是很可能发生的。"

范成大便向孝宗请求将更改受书礼节的要求写入国书之中，但孝宗摇头不许。范成大见皇帝心意已决，心想那就为圣上分忧吧，慨然上马而行。

满目萧然

金国派来接待范成大的"伴使"仰慕他的大名，见面之后，把自己的头巾都改成了与至能同款的。一行人迤逦北上，首先抵达汴梁。这座城市本是北宋旧都，在范成大出生后不久就沦陷，如今是金国的南京开封府。我们从北宋画家张择端的名作《清明上河图》可以感受到当年的汴京是何等兴盛，那是全世界最繁华的大都会，如今是何光景呢？请看范成大写下的纪实诗作《市街》：

梳行讹杂马行残，药市萧骚土市寒。

惆怅软红佳丽地，黄沙如雨扑征鞍。

北宋商业发达，各行各业都分别集中在汴京城内特定的街道里，被管理得井井有条。当时的商业究竟发达到何种地步呢？举两个例子，你就可窥见一二：第一，宋朝人爱好养宠物，特别是养猫，一千多年前的"铲屎官"就可以在街上为自己的"猫主子"买到猫粮；第二，市民们普遍不在家中做饭，而到饭店酒肆中打包现成的饭食，《清明上河图》中还出现了多位外卖小哥的身影。

但当年熙攘热闹的梳行、马行、药市、土市，如今在金国治下，既混杂无章，又破败萧条。昔日灯红酒绿的烟花楼台，如今却是黄沙如雨般扑向行人马队，说明城市周围的植被也遭到了破坏，引发了沙尘暴。这不仅是北宋的悲剧，也是人类文明史上的一场浩劫。

马队经过城内横跨汴水之上的天汉桥（又名州桥），桥南桥北分别是朱雀门和宣德门。这里靠近北宋皇宫，是皇帝出行时车驾必经的御道，而州桥街市是当时的网红商业街，苏轼等大咖都到此打过卡。宋朝算是中国历史上唯一一个不实行宵禁的朝代，灯火辉煌的夜市，让汴京这座当时世界上最美丽的城市成为了名副其实的不夜城，宋人笔记《铁围山从谈》甚至写道："天下苦蚊蚋，都城独马行街无蚊蚋，蚊蚋恶油，马行人物嘈杂，灯火照天，每至四更鼓罢，故永绝蚊蚋。"意思是，通宵燃烧的灯油，熏得连蚊子都不敢靠近马行街夜市，可见其繁华程度。各大夜市中，以州桥夜市最为闻名，所以这一带在当年是极为鼎盛兴旺的。对比当年的繁盛，目睹今日的凄零，范成大写下了《州桥》一诗，反映遗民的痛苦：

州桥南北是天街，父老年年等驾回。

忍泪失声询使者，几时真有六军来？

父老们年年在这天街上等着皇帝的銮驾回来，如今看到宋朝衣冠的使者，赶紧忍住眼泪，低声询问，什么时候才能真有朝廷的大军来啊？这个"真"字，显示出他们曾经听到过多次这类传言，但最后都失望了。为什么父老们之前误信那些传言呢？因为他们心里愿意相信。现在距离靖康之变已经过去四十年，还有老一辈的人盼望王师。范成大看着父老们期盼的眼神，也注意到他们身边那些长着汉人面孔却说着女真语言的年轻人漠然的目光，心中突然一动，想到了晚唐诗人司空图那首《河湟有感》：

一自萧关起战尘，河湟隔断异乡春。

汉儿尽作胡儿语，却向城头骂汉人。

萧关（位于今宁夏回族自治区固原市东南）是关中四关的北面雄关，盛唐诗人王维在《使至塞上》中写到"大漠孤烟直，长河落日圆。萧关逢候骑，都护在燕然"，那时大唐的疆域远在漠北，萧关护卫的是后方关中大本营。据《旧五代史》记载，安史之乱后，吐蕃趁着唐朝虚弱，攻占了富庶的河湟地区（今甘肃、青海两省的黄河以西），致使百万汉人陷于吐蕃的统治中。当时吐蕃还处于奴隶社会阶段，经济、文化等多方面都很落后，却在河湟地区强制推行吐蕃化政策，强迫沦陷区的汉人涂面纹身、改穿吐蕃服装、改说吐蕃语言。到了司空图路过河湟之地时，此地的汉人与故国的联系已隔断百余年，其后代与吐蕃人杂居，早已认定自己是吐蕃人，反将汉人当作敌人，用吐蕃语来辱骂自己的同胞。司空图目睹这番情景，痛心疾首。

范成大走在沦陷于金国统治的故土之上，当然也有同样的担心：再过几十年，这些曾经在宋朝治下生活过的老一代遗民尽皆作古，而新一代人都是在金国统治下出生与成长的，人心自然不再思念故国，甚至以故国为敌国。陆游、辛弃疾等人为什么急迫地力图恢复中原？那确是有"时不我待"的客观原因。现在，你理解陆游《关山月》中的"中原干戈古亦闻，岂有逆胡传子孙？遗民忍死望恢复，几处今宵垂泪痕"的深层含义了吧？

｜全节而归｜

范成大一路北行，抵达金国的中都大兴府（今北京市）。在会同馆中等待召见时，他写好一份书信，论述如何修改接受国书的礼仪，然后将其藏在身上。正式朝见金世宗时，范成大先递交请求归还河南陵寝之地的国书，并且来了一通慷慨激昂的陈词。

金国君臣正在聚精会神地听，范成大突然转变话题："贵我两国虽亲如叔侄，接受国书的礼仪却未般配，外臣这里另有书信上达。"一边说着，一边迅速掏出书信递上。

金国君臣被他的突然袭击吓了一大跳。宣徽使韩钢大怒："按照礼制，如果你有什么国书之外的请求，应当通过伴使转达。此处难道是献这种书信的地方吗？！从来没有使臣敢这么做！"

范成大沉稳答道："如果这封书信不能交给贵国，外臣回去也是死罪，那宁可死于此殿！"

金世宗厉声道："叫他拜完就走！"

韩钢上前用手中的朝笏力压范成大下拜，至能用力保持着躬身递上书信的姿势："此奏得达，当下殿百拜！"

愤怒的金国群臣一拥而上，用笏板击打范成大，想迫使他放弃，但至能纹丝不动。金世宗不得已宣诏："让他回驿馆，等着交给伴使吧。"范成大这才意气昂昂地下殿去了。

散朝以后，范成大回到会同馆，等待金国方面的消息。负责守卫的金国小吏对他很是钦佩，悄声透信道："听说朝廷上有很多大臣议论，要把您扣留下来呢！"至能想起临行前孝宗对自己所说的那番话，提笔写下了"使金七十二绝句"的最末一首《会同馆》：

> 万里孤臣致命秋，此身何止一沤浮。
> 提携汉节同生死，休问牝羊解乳不！

我肩负皇帝的使命，孤身一人来到万里之外的金廷，本来就没有打算活着回去，把性命看得轻于一个小水泡。当年汉朝苏武出使匈奴，在武力威逼下坚不投降，无可奈何的单于只能将他扣留在北海苦寒之地牧羊，说是等公羊产奶了再放他回国。如今我以苏武为榜样，与所持的节杖同生共死，你们都不必再讨论"公羊产奶"这种不科学的事情了。

等到金世宗派伴使来会同馆宣旨时，范成大继续下跪进献书信。这下搞得金国朝廷一片哗然，太子完颜允恭主张杀掉这个倔强的宋使，越王完颜允功则力阻之。韩钢告诉范成大："先生今早在殿上的举动，很是忠诚勤恳，我主在背后甚为赞叹，认为您堪为贵我两国臣子之表率。"

最终，范成大保全气节，全身而归，令金人也暗自钦佩。

金世宗复书宋廷：只同意归还宋钦宗的梓官，陵寝所在之地是想都不用想了。如果你们实在孝思深重，我们可以派三十万兵马，帮你们把祖坟迁到江南来。

此外，金世宗提到范成大"想更改受书的礼仪，要挟我方必须听从"。孝宗这才知道范成大在金国的忠义之举。

六年后，还没有死心的孝宗又派司谏汤邦彦出使金国，继续要求归还河南陵寝之地。这次金廷在进殿之前的道路两旁安插满了长刀出鞘的武士，汤邦彦被利刃的寒光吓得心胆俱裂，见到金世宗时只是唯唯诺诺，一句话也没敢提，归国后就因有辱使命而被流放岭南。

经此对比，范成大的忠心和胆识益发大放光芒，随后稳步升迁，直至拜相。从此以后，宋孝宗再也没有向金国提出过有关领土方面的要求。

| 苛税猛于虎 |

淳熙十年，五十六岁的范成大因病致仕，回到故乡苏州，在石湖畔安度晚年，所以自号"石湖居士"。他在此期间的名作是《四时田园杂兴》组诗，共六十首，其中颇有令人印象深刻之作，比如《夏日田园杂兴》之中的：

> 梅子金黄杏子肥，麦花雪白菜花稀。
> 日长篱落无人过，唯有蜻蜓蛱蝶飞。

每当我想到"悠长夏日"，脑海中浮现的就是这首诗后面两句描绘的图景，实在佩服范成大是如何抓住了夏天这样一个平凡而又共通的图景，并将其表现得拨动人心。《夏日田园杂兴》中还有一首，也被收入小学教材中：

> 昼出耘田夜绩麻，村庄儿女各当家。
> 童孙未解供耕织，也傍桑阴学种瓜。

小孩子还不会耕耘农田、搓麻织布，但是在父母辛勤劳动的耳濡目染之下，也在桑树荫下学着种瓜玩。脑中想象这幅充满了野趣与童趣的农家乐画面，仿佛能听到稚嫩的笑语，嗅到泥土的气息。我最早学到的一首表现田园之乐的名段，则来自范成大的《秋日田园杂兴》：

> 新筑场泥镜面平，家家打稻趁霜晴。
> 笑歌声里轻雷动，一夜连枷响到明。

这个"连枷"，并不是大家在关于古代战争的影视剧或游戏中看到的、作为双截棍前身的那种链式武器，而是一种由竹柄和敲杆组成的农具，被用来大面积地敲打成熟谷物以脱粒。村里每家人之所以能够劳碌一夜还能笑语欢歌，是因为丰收的喜悦。在生产力水平低下的古代，对于勤劳的农民来说，虽然尽了一年的辛苦与心血来耕耘，却仍然充满了各种靠天吃饭的风险，能旱涝保丰收，实属不易。在"笑歌声里"这首之前，范成大刚刚写道：

> 垂成穑事苦艰难，忌雨嫌风更怯寒。
>
> 笺诉天公休掠剩，半偿私债半输官。

即使今年侥幸风调雨顺，但谷贱伤农，劳作一年盼来好收成的农民，又会有"多收了三五斗"的痛苦。所以在"笑歌声里"之后紧接着的一首就是：

> 租船满载候开仓，粒粒如珠白似霜。
>
> 不惜两钟输一斛，尚赢糠核饱儿郎。

《朱子语类》记载了南宋朱熹的一句话："古者刻剥之法，本朝皆备。"意思是，宋代官府不但承继了以往各朝的苛捐杂税，还增加了许多敛民新法，百姓所承受的负担，"比之前代已为过厚重"。赵宋的官家们为了"天下太平"，所制之法造成了"冗兵、冗费、冗官"的问题，这些"治天下"的成本，势必会转嫁到百姓头上，横征暴敛在后世所津津乐道的"仁宗盛治"时期，就已愈演愈烈。南宋偏安一隅，在"祖宗正赋"之外，又搞出"经制钱""总制钱""月桩钱"等税外之税，苛税猛于虎，连宋孝宗都不得不承认"税赋太重"。

连皇帝本人都发出这样的感叹，南宋的税赋究竟有多重呢？我们仅以农业税为例：古代的"一钟"一直是六斛四斗，但"一斛"等于几斗是有过变化的。在范成大的时代，一斛是十斗。这样算起来，"两钟输一斛"，就是每收入 128 斗，要交税 10 斗，税率不到 8%。但是加上各级官吏层层加码的苛捐杂税的盘剥，结果就是"半输官"。接下来还要偿还过去一年内的各种借债，所剩也就无几了，只能留下些糠皮让孩子们吃饱，大人们可能还吃不饱。然而这种情况并非是最悲惨的，沉重的赋税导致杀婴现象在宋代相当普遍，范成大就曾说"处州丁钱太重，遂有不举子之风"。宋代诗人郑奎在他的《生生四谛》中记载道："民生子必纳添丁钱，岁额百万，民贫无以输官，故生子皆溺死。"

了解了上述时代背景，我们就能更深地体会到《四时田园杂兴》是多么难得的作品：既有农村景物风光的生动白描，又有农民辛劳艰苦的忠实记录，内容丰富而感情深沉，字里行间饱含了对普天下农民的真切同情，绝非士大夫那种恬淡悠闲、轻飘飘的田园牧歌，所以钱锺书先生在《宋诗选注》中对其评论为"算得中国古代田园诗的集大成"。

｜流光相皎｜

陆游、范成大、杨万里三人的年龄接近，依序相差只一岁，相互之间有着深厚的友谊。当年范成大从四川制置使离任返京时，陆游一路送了十几天，仍然不忍相别，一直从成都送到青神（今四川省眉山市青神县）。至能在《次韵陆务观慈姥岩酌别》中写到"送我弥旬未忍回，可怜萧索把离杯"，足见交情之重。

杨万里为人狂傲自负得有点一根筋，对陆游与韩侂胄的关系冷嘲热讽，搞得放翁心里对他又敬又怕。但杨万里也有佩服的人，就是范成大，他赞范成大的作品"大篇决流，短章敛芒；缛而不酿，缩而不僒。清新妩媚，奄有鲍谢；奔逸隽伟，穷追太白。求其支字之陈陈，一唱之呜呜，不可得世"，还在诗中说自己是"一生狂杀老犹狂，只炷先生一瓣香"，推崇之情溢于言表。

范成大致仕返乡后，杨万里曾到苏州看望。两人一同泛舟石湖，诗酒酬唱，其乐融融。临别之日，至能留下江南春景送别诗《横塘》：

> 南浦春来绿一川，石桥朱塔两依然。
> 年年送客横塘路，细雨垂杨系画船。

如果拿这首宋朝的送别诗与唐朝最著名的送别诗之一——高适的《别董大》那番"北风吹雁雪纷纷"的景色做个对比，就能非常鲜明地体现出唐宋的风格差异：一个大漠苍茫、雄浑刚健，情感是悲伤而不掩豪迈的；一个烟雨杨柳、气候宜人，情感是从留恋直至怅惘的。

对于人生难得的这几位知己，范成大很是珍惜。在他的《车遥遥篇》里，他就用星月之辉来形容与这群人中龙凤之间的深情厚谊：

> 车遥遥，马憧憧。
> 君游东山东复东，安得奋飞逐西风。
> 愿我如星君如月，夜夜流光相皎洁。
> 月暂晦，星常明。
> 留明待月复，三五共盈盈。

第二十九章 花开花落自有时 万紫千红总是春

绍熙四年，六十八岁的范成大病逝于家乡。陆游闻讯大恸，提笔一字字写下挽辞："孤拙知心少，平生仅数公。凋零遂无几，迟暮与谁同……"日有所思，夜有所梦，放翁梦到自己当年送别至能的情景，老泪横流，又起身写了一首《梦范参政》：

……

速死从公尚何憾，眼中宁复见此杰？

青灯耿耿山雨寒，援笔诗成心欲裂！

| 遗恨毫无 |

范成大临终前，嘱咐儿子范莘带着自己的诗文总集去见杨万里，请他为之作序。杨廷秀遵其遗愿，洋洋洒洒作了一篇《石湖先生大资参政范公文集序》，其中对范成大出使金廷那段气节高亢、堪称人生亮点的外交战进行了生动的描绘："初，公以文学材气受知寿皇（宋孝宗），自致大用。至仗汉节使强虏，即其庭伏穹庐不肯起，袖出私书切责之，君臣大惊。"

在序的末尾，杨万里再次同时秀出了极度自信和对范成大的极度钦佩："今四海之内，诗人不过三四，而公皆过之而无不及者。予于诗，岂敢以千里畏人者？而于公独敛衽焉。嘻，人琴今俱亡矣！"要知道，在这个时期，陆游、范成大、杨万里、尤袤、朱熹、叶绍翁、辛弃疾、姜夔等人同时在世，就算杨万里可能将辛弃疾和姜夔归为词人而不是诗人，那么至少可以说明，朱熹和叶绍翁在他眼中算不上诗人。

"以千里畏人"是一个典故，孟子当年晋见齐宣王时说："臣闻七十里为政于天下者，汤是也。未闻以千里畏人者也。"就是说，成汤以七十里小国都能成就商朝的王业，没听说千里大国还需要畏惧别人的。杨万里的意思是，在做诗这个方面，不才我就是千里大国，谁也不惧；但是独独面对范成大时，要整理衣襟，恭恭敬敬。这是一个骄傲的谦虚，或者说是一个谦虚的骄傲。

"人琴俱亡"则来自《世说新语》中的著名悼亡故事。王羲之生有七个儿子，其中老五王徽之（字子猷）与老七王献之（字子敬）之间的感情最为深厚。公元386年，也就是慕容复大名鼎鼎的祖先慕容垂称帝那一年，四十八岁的王徽之与小他六岁的王献之同时病入膏肓。子猷有几天没听到七弟的消息，便问左右："这些天，你们怎么没有提到子敬呢？他必是已经亡故了。"他心里明白，要么是王献之家人不敢来报丧，要么是自己家人不敢转告，怕自己病中受不了这个痛苦。王徽之随即令家人安排轿子，去王献之家奔丧，面容冷静平淡，也没有流下一滴泪水。到了王献之家，王徽之一言不发，径直走到灵床上一坐，取下子敬平时最爱的那把古琴弹起来，但是弦音不准，完全奏不成调。子猷将琴往地上一摔，长叹一声道："子敬，子敬，人琴俱亡！"这才哭出第一声，之后便一发不可收拾，直哭得天昏地暗、日月无光。过了一个多月，王徽之也病重离世。杨万里用此典故来表达看见范成大遗稿，不禁睹物思人，深悲于世上知音难再得之痛。

范成大和他的族祖范仲淹一样，在人品、口碑上几乎没有什么瑕疵。姜夔在诗中赞他"百年无此老"，那就是不但横扫当世，而且至少三代人中才能出这么一位。陆游则用一个无其他人能当得起的评价，为范成大做了盖棺定论："勋劳光竹帛，风采震羌胡……知公仙去日，遗恨一毫无。"一个人能够在去世的时候没有一丝遗恨，我们不妨试想，这是一种什么样的彪悍人生？

| 道学诗人 |

同时期还有一位与范成大同样彪悍的大佬，也同样是陆游和杨万里的好友，就是著名理学家朱熹。朱熹，字元晦，比范成大小四岁，其理学思想在后世地位很高，是元明清三代的官方哲学，在明清时期被推崇到极致。

朱熹四岁时，父亲指着太阳做启蒙教育："此日也。"当年你我的父亲也这么教来着，你我听话地点点头，表示明白，然后就没有然后了。但小朱熹要比我们多问一句："日，何所附？"看见悬在空中的太阳，就会思考它是附着在什么上面才能不掉下来。父亲心想孺子可教，给出了当时人的标准答案："附于天。"没想到小家伙紧接着又追问道："天，何所附？"这下问得父亲张口结舌。只要你遇事多问几层"是什么""为什么"，一般问个六七句，就可以成为哲学家。小朱熹在这方面展现了潜质，后来果然成为了一位推崇"格物致知"的哲学家。

钱锺书先生在《宋诗选注》里称朱熹的老师刘子翚是"诗人里的一位道学家"，而称朱熹"算得道学家中间的大诗人"。有些诗评引用这两句话，对钱老的话理解为"貌似朱熹写诗更强"。但如果联系上下文，就能看出钱老的意思其实正好相反：刘子翚本质上是诗人，不过身兼道学家；而朱熹本质上是道学家，不过是"在道学家里充个诗人"。所以钱老选了刘子翚的诗，却没有选朱熹的诗。宋朝的道学家多是诗人，比如被称为"理学开宗"的李觏，他是南唐烈祖李昇的后人、曾巩的老师，有名作《乡思》：

> 人言落日是天涯，望极天涯不见家。
> 已恨碧山相阻隔，碧山还被暮云遮。

这个层层推进的巧妙写法，和李商隐的"刘郎已恨蓬山远，更隔蓬山一万重"乃是源出一脉，艺术水准相当高。与周敦颐、张载、程颢、程颐并称"北宋五子"的邵雍，有一首朴实淡雅的《山村咏怀》：

> 一去二三里，烟村四五家。
> 亭台六七座，八九十枝花。

此诗因其从一到十的数字趣味性，被收录在小学一年级的课本中。朱熹则另辟蹊径，充分发挥理学家的优势，将诗歌中的一个门派发扬到了极致，比如下面这首大家耳熟能详的《观书有感》：

> 半亩方塘一鉴开，天光云影共徘徊。
> 问渠哪得清如许？为有源头活水来。

一片清澈而深邃的池塘，如同明镜般倒映出美丽的蓝天白云，连云朵的缓缓移动都用"徘徊"生动地表现出来。你问我怎么知道方塘深邃？因为水浅的话就映不出天光云影。此诗在景物诗中已属一流，但居然还不属于景物诗，因为真正想展现的并不是风景。看诗的题目就能知道，人家是在总结读书心得。方塘为什么这么清？因为从源头有活水不停地注入，而不是死水一潭，寓意人只有不断学习新的知识，才能保持心地清明透彻。这个"渠"字是第三人称"它"

的意思，是说这水塘很清澈，而不是突然另说还有条水渠很清澈。

朱熹所发扬的哲理诗，自成门派。朱夫子身兼哲学家和诗人的双重身份，写起哲理诗来，自然是登峰造极，超越了苏轼的"不识庐山真面目"和杨万里的"一山放过一山拦"，成为该派的掌门人。但仅凭一首代表作就想当一派掌门，还是镇不住台面的。就像丐帮帮主不能只会一样绝技，至少得同时掌握打狗棒法和降龙十八掌（郭靖黄蓉夫妻分头掌握的也算），所以朱熹又拿出了一首《春日》：

> 胜日寻芳泗水滨，无边光景一时新。
> 等闲识得东风面，万紫千红总是春。

此诗从字面上看，是在写自己的春游观感，但你应该能想到事情不会这么简单。泗水位于山东曲阜一带，那里在朱熹出生时（南宋建炎四年），早已被金国侵占，而他一生未曾有出使金国的记录，怎么可能在泗水之滨游春吟诗呢？有人猜想在朱熹生活的地方，另有一条名叫"泗水"的小河，但是并无过硬的证据支持这个说法。另有很多注释者认为，朱熹是用泗水指代与此地关系最深的孔子一门，因为当年孔子在泗水一带讲学，领着弟子在泗水之滨游春，死后葬在泗水之上。子还曾经在泗水川上曰过，"逝者如斯夫，不舍昼夜"。"东风"指圣人之道恩泽万物，"万紫千红"则描绘了此道培育出的丰硕成果——孔门弟子三千、贤人七十二。所以这居然是一首热情讴歌圣人之道的哲理诗，是不是出乎你的意料？

┃杀伐决断┃

与传统认识不同的是，朱熹推崇的圣人之道并非"温良恭俭让"，而是颇有孔子诛少正卯的"杀伐决断"。

宋光宗绍熙五年时，湖南瑶民揭竿而起，朱熹被任命为潭州（今湖南省长沙市）知州去镇抚当地。一天，他突然接到一封来自京师的密信，原来是好友、知枢密院事赵汝愚第一时间告诉他发生了惊天动地的大事："已立嘉王为今上，当首以经筵召公。"意即光宗已将皇位禅让给儿子嘉王（宁宗），当今天子马上就要召您入京担任御前讲席，随后定当重用。

朱熹当然明白这对自己意味着什么，心头一阵大喜。但他马上想起一件重要的事情，便将密信藏入袖中，对身边的人绝口不提这个喜讯，径直到监狱中点出十八名囚犯，立即斩首。死刑刚执行完毕，新皇登基、大赦天下的诏令就送到了知州衙门——人都死了，一切都晚了。

朱熹这么做，可能是觉得那些囚犯"罪有应得"，如果令其获赦出狱，难保不会再"危害社会"。他的用意，或许正是胡林翼安慰曾国藩的那句"用霹雳手段，显菩萨心肠"，但在我们现代人看来，朱熹的做法都不算是"杀伐决断"了，而是"心狠手辣"。据后世统计，宋朝享国近 319 年，农民起义竟多达 439 次。如果不是被苛捐杂税逼上绝路，谁会放着安稳日子不过而去造反呢？！

这次杀戮，并不是朱熹唯一一次"心狠手辣"，更著名的，是他摧残女词人严蕊的故事。

| 飞章交奏 |

严蕊原名周幼芳，出身寒微，沦为台州官妓后改艺名为严蕊。她自小习得歌舞丝竹、琴棋书画，长大后又熟知史书、长于写词、能言会道，色艺冠绝一时，芳名传遍四方，有不远千里而登门欲得一见者。

按照宋朝的制度，官员如果有酒席招待，可以召下属官妓来歌舞陪酒，但不许私侍寝席，违者严处。所以虽然台州知州唐仲友十分欣赏严蕊，也不敢越雷池半步，只是每到良辰佳节或者宴请宾客时，必召她来侍酒。

某个桃花盛开的春日，唐仲友设宴邀请了许多名人雅士赋诗作画，严蕊也在席间陪侍。唐大人有意让严蕊在众人面前一展才华，便指着一树红白双色的桃花，令她以此为题，填词一首。严蕊略略思索，挥笔而成一阕《如梦令》：

> 道是梨花不是，道是杏花不是。
>
> 白白与红红，别是东风情味。
>
> 曾记，曾记，人在武陵微醉。

这一树繁花，白色的像梨花，但似是而非；红色的像杏花，但也似是而非，那到底是什么花儿呢？北宋理学家邵雍曾有"疑是蕊宫双姐妹，一时携手嫁东风"之句，咏双色桃花，严蕊遂先借"东风"一词暗示答案。末句再用武陵桃花源的典故，将境界推高一层。席上众人见此词构思精巧、用典切题，无不赞叹。唐仲友大喜，当众赏了严蕊绢帛两匹。

席间有一位名士陈亮，与唐仲友是同乡，见唐大人今日兴致很高，赶紧低声相求一事。原来他与一位官妓相好，想请唐大人为她脱了乐籍，这样自己才能将她娶走。唐仲友像很多人一样，喝酒的时候什么事都好说，当场就一拍胸脯答应了。

第二天，那位官妓便来求见，想办脱籍之事。唐仲友已然酒醒，想起自己不大看得起朱熹的理学，而陈亮又是朱熹的好友，与自己素来不和。这家伙昨天居然趁我酒喝高了来相求，而我居然答应了他，真是后悔不迭。

唐仲友看着低头立于下面的女子，冷冷问道："你想脱籍，跟从陈官人而去吗？"女子点头答道："若唐知州能成全，来世必结草衔环，以报您的大恩。"唐仲友冷笑一声："那你得做好忍饥受冻的准备喽。"女子心里一惊："陈官人平素挥金如土，我想他定是家财万贯，方才愿意脱籍跟他。唐知州此言的意思，难道他就是个空架子，来哄我的？"唐仲友没回答，只冷笑了两声。

女子这下也不求脱籍之事了，告退回家。她刚到家，陈亮就兴冲冲地跑来问事情是否办妥。女子闪烁其词，不予答复，也不像平时那样婉转奉承陈亮，反而旁敲侧击地对他进行起资产状况调查。陈亮既窘且愤，拂袖而去。出了门一琢磨，女子的态度之所以大转变，定是被唐仲友挑唆的，不由得越想越气，一番盘算后，便急忙去见朱熹。

正巧那一年浙东饥荒，朱熹因之前在江西救灾有方，被宰相王淮荐为提举浙东常平茶盐公事，巡按各州县，职级在唐仲友之上。陈亮见了老友朱熹，寒暄已毕，便故意说道："我刚从台州来，那边饥荒甚重。"朱熹从鼻孔里哼了一声，问道："台州的唐知州最近有什么高论？"陈亮正等着这句话呢，马上答道："唐知州说您连字都没识得几个，怎么能当浙东提举？"

朱熹听后大怒，立即启程直奔台州，由头是要"巡查冤狱"，在路上便飞章弹劾"知台州唐仲友催督税租，急于星火，民不聊生"。朱熹星夜兼程来到台州，唐仲友被搞得措手不及，出迎稍慢。朱熹认为他轻慢自己，益加愠怒，第二天即命手下去城内打听唐仲友的政声，不要听成绩，只要听劣迹！功夫不负有心人，果然有人来报："听闻唐知州对官妓严蕊甚是喜爱。"朱熹大喜，连上几道奏章弹劾唐仲友，罪名之一便是违规与官妓有染。唐仲友闻讯，也上奏辩解反击，两人"飞章交奏"，政治斗争牵扯上桃色新闻，一时间好不热闹。

铁骨铮铮

朱唐二人公说公有理，婆说婆有理，朱熹发现如果没有铁证，扳不倒唐仲友，就想在官妓一事上打开缺口，于是发签拿人，将严蕊抓来拷问。按朱大人的为官经验，对严蕊这样一个弱女子使用恐吓加刑讯的手段，想要什么口供，都是立等可取。不料将严蕊在狱中审了一个月，无论如何拷打，她也不肯招认与唐仲友有染。朱熹审得自己都累了，还不愿放弃，便把严蕊从台州移送到绍兴府异地关押，交给当地官员继续审问。

绍兴知府秉承上官意旨，对严蕊每隔几天就是一顿杖打逼问，又是一个月的牢狱下来，她被折磨得体无完肤，但依然咬紧牙关，不提唐仲友一字。狱卒对这个女子的硬骨头很是惊奇，便换了诱供的方法："按这个罪名，不过就是杖责，况且你已经受过杖了，又不会再打你一遍，为什么不早点招认了呢？"严蕊勉力答道："我身为贱妓，纵然真与太守有染，按律亦不至死罪，确实该早点承认。然而是非黑白不可颠倒，岂能污蔑栽赃士大夫？我宁死也不会诬告他人！"身体虽然虚弱，字字掷地有声。狱卒没能完成任务，大怒而又无可奈何，只能再痛打她一顿以发泄失望。严蕊身受酷刑长达两月，虽已命悬一线，但声誉鹊起。此事传出后，引得朝野一片议论，连宋孝宗都听说了。

一日，宰相王淮入内奏事，孝宗便问："朱熹弹劾唐仲友一事，卿怎么看？"王淮笑道："唐仲友推崇东坡先生的人品学问，而朱熹则是伊川先生（程颐）的再传弟子。伊川看东坡不顺眼，朱熹自然也看唐仲友不顺眼。依臣看来，此事不过是两个秀才争闲气罢了。"孝宗心想，王淮是朱熹的举荐者，也是唐仲友的同乡，与两人亲疏相当，所言当为公允，接着又问："那该如何处置？"王淮建议："可将两人都平调离开台州，隔得远远的，互不相属就是了。"孝宗点头准奏。

随后，岳飞之子岳霖出任浙东提点刑狱，一到任，即将严蕊从大牢中带出来过堂，见她已奄奄一息，不由得心生怜悯："本官久闻你是才女，可作词一阕以自陈。"严蕊不假思索，口占一阕《卜算子》：

> 不是爱风尘，似被前缘误。
>
> 花落花开自有时，总赖东君主。
>
> 去也终须去，住也如何住？

> 若得山花插满头，莫问奴归处。

我从事世人眼中的贱业，并不是因为喜爱穿金戴银的风尘生活，也不知道自己沦落的真正原因，大概只能用冥冥不可知的"前世因缘"来解释吧。正如花开花落的时节全靠司春之神东君做主一样，我这种低微之人的命运也不得自主，而是依赖您这样的掌权者。若能像普通女子一样，用朴素的山花插满头，我宁愿消失于山野之中，不必问我的归宿了。

此词既有对身世的自伤，也盼望岳大人能成为护花的东君。岳霖本就知悉严蕊的冤情，已经打定主意要洗刷她的冤屈，现在又见她在危在旦夕之际，面对能够操控自己命运的长官也不低声下气，而是不卑不亢、委婉含蓄地请求，心中更是佩服她的风骨，当即宣判，将严蕊无罪释放，并且脱籍从良。传说严蕊后来给一个赵宋宗室做了妾室，算是好女子有好报。

| 宋妇诗词 |

朱熹在上述故事中名声大损，加深了我们心目中"程朱理学不近人情"的印象。朱熹曾说"本朝妇人能文，只有李易安与魏夫人"，就是不提差点死在他手里的严蕊。

魏夫人乃北宋宰相曾布的夫人魏玩，代表作之一是下面这阕《定风波》：

> 不是无心惜落花，落花无意恋春华。
> 昨日盈盈枝上笑，谁道，今朝吹去落谁家？
>
> 把酒临风千种恨，难问，梦回云散见天涯。
> 妙舞清歌谁是主，回顾，高城不见夕阳斜。

此词的意境与杜秋娘《金缕衣》的"有花堪折直须折，莫待无花空折枝"颇为相似，这种悲花伤春的格调似乎是女性作者的专长。

除了严蕊，朱熹明显还遗漏了另一位才女，正如陈廷焯所言："宋妇人能诗词者不少。易安为冠，次则朱淑真，次则魏夫人也。"这位排名在李易安之后、魏夫人之前的朱淑真，最著名的作品就是这阕《生查子·元夕》：

> 去年元夜时，花市灯如昼。
> 月上柳梢头，人约黄昏后。

今年元夜时，月与灯依旧。

不见去年人，泪湿春衫袖。

全词描述的故事，与崔护《题都城南庄》的"人面桃花"可谓异曲同工，具有很高的艺术价值。"月上柳梢头，人约黄昏后"因为比兴而充满了《诗经》质地的美感，是被引用最频繁的约会名句之一。有趣的是，这首作品既被收录在朱淑真的词集中，又被收录在欧阳修的文集中，所以真实作者到底是谁成了热闹的争议话题。

在信奉"存天理、灭人欲"的理学思想的腐儒眼中，女子就应该大门不出、二门不迈，婚姻大事只等着父母之命、媒妁之言就好，怎么能与人在元夜花市中约会呢？如果表扬朱淑真这首词，岂不是有诲淫诲盗之嫌？所以明代的杨慎在其《词品》中批评道："朱淑真《元夕·生查子》云云，词则佳矣，岂良人家妇女所宜邪？又其《元夜》诗云：

火树银花触目红，揭天鼓吹闹春风。

新欢入手愁忙里，旧事惊心忆梦中。

但愿暂成人缱绻，不妨常任月朦胧。

赏灯那得工夫醉，未必明年此会同。

与其词相合，则其行可知矣。"

杨慎对朱淑真是此词作者毫无疑问，而且用她另一首内容相同、风格相近、明显写于前一年的诗来证明朱淑真一贯就是这种不端庄的女人，并表示鄙薄。清代的王士祯为了维护才女的声誉，走了另一条路线，在其《池北偶谈》中论道："今世所传女郎朱淑真'去年元夜时，灯市花如昼'，见《欧阳文忠公集》一百三十一卷，不知何以讹为朱氏之作。世遂因此词，疑淑真失妇德，纪载不可不慎也。"古代由于交流不畅，一首词诞生后，在被传抄时被记入不同作者名下的例子不少。王士祯从"妇德"的角度考虑而定此词非朱淑真所作，做法过于草率。鉴于杨慎的论据更有说服力，我个人倾向于《生查子·元夕》的作者就是朱淑真。而且朱淑真风格直率的词作可不止《生查子·元夕》这一首，比如《清平乐·夏日游湖》：

恼烟撩露，留我须臾住。

携手藕花湖上路，一霎黄梅细雨。

娇痴不怕人猜，和衣睡倒人怀。

最是分携时候，归来懒傍妆台。

朱淑真此词，记述了她夏日里与情郎携手游湖，恰遇黄梅时节细雨，在避雨处亲昵地躺入对方怀中的旖旎时光。相比李清照的"笑语檀郎，今夜纱橱枕簟凉"，朱淑真更加大胆，因为当时她还未出阁。生活在那个结婚对象自己不能做主、婚姻质量基本靠撞大运的年代，朱淑真的运气明显不如李清照，她嫁了一个志趣不合之人，夫妻感情极差，从她的《愁怀》一诗中就可以看出满溢的哀怨：

鸥鹭鸳鸯作一池，须知羽翼不相宜。

东君不与花为主，何似休生连理枝？

"羽翼不相宜"的意思，就是没有共同语言，不是一类人。有一年中秋之夜，孤寂的朱淑真听到窗外凄婉的笛声，不禁悲从中来，写下七绝《中秋闻笛》：

谁家横笛弄轻清，唤起离人枕上情。

自是断肠听不得，非干吹出断肠声。

不是听到的乐声令人断肠，而是听音之人本身已经断肠，这是一个深刻的音乐鉴赏体验。因为在爱情和婚姻中受尽挫折，朱淑真的诗词中常有这样的断肠之句。在无爱的婚姻中长期郁郁寡欢，朱淑真早早地香消玉殒了。可能她的父母将女儿的英年早逝咎为朱淑真想得太多、太文艺，悲怒之下，将她生前的诗稿统统付之一炬——当然，也可能是想让女儿呕心沥血写出的诗稿陪伴她于黄泉之下。只有残存的一小部分诗稿被魏仲恭（与范成大有交）收集到，整理成册，取名为《断肠集》。

第三十章

西风不见季鹰归　红巾翠袖英雄泪

让我们回到朱熹这条线。相对于女人写的诗，他似乎更欣赏和尚写的诗。当时的诗僧志南有首《绝句》：

> 古木阴中系短篷，杖藜扶我过桥东。
>
> 沾衣欲湿杏花雨，吹面不寒杨柳风。

朱熹在此诗卷上题跋："清丽有余，格力闲暇，无蔬笋气。予深爱之。"

| 寒俭蔬笋 |

"蔬笋气"这个说法源于苏轼。他曾说自己"吾上可以陪玉皇大帝，下可以陪卑田院乞儿，眼前见天下无一个不是好人"，也曾说自己"上可品玉盘珍馐，下可尝馒头豆粥，口中吃世间无一个不好吃"，于"对人"上能欣赏每个人的可爱，于"对吃"上亦能品味每口食物的精妙。东坡之所以能旷达至此，和他多舛的命途不无关系。被皇帝赞为"有宰相之才"时，有他的年少得志、春风得意；接连遭贬时，仍能接受现实、乐在其中。这样一个无论在何种境遇下都能享受生活的"无可救药的乐天派"，肯定是不大喜欢诗歌"寒俭有僧态"的，可能东坡觉得和尚们写诗往往炼字周密，但内容偏狭、境界清苦、格调不高，给人的感觉，就好像饭食中只有蔬笋这类寒俭食物一般。他评论道通和尚"语带烟霞从古少，气含蔬笋到公无"，就是极高的赞扬了。

东坡所说的"蔬笋"，只是一种象征性说法，并不是说他自己不喜欢清淡的蔬食，毕竟人家吃口笋，就写出了"雪沫乳花浮午盏，蓼茸蒿笋试春盘。人间有味是清欢"的千古名句，似乎任何平淡无奇的食物，到了他的口中笔下，都能变得惊才绝艳。

朱熹虽然师从二程，与东坡不是一路人，但在这一点上，似乎在效法东坡，"无蔬笋气"算是给予志南和尚的最高评价。后来元好问对此很不以为然："诗僧之诗，所以自别于诗人者，正以蔬笋气在耳。"如果没有了这股能反映寺庙真实生活状态的蔬笋气，那和尚们的作品还有什么特点呢？

| 朱辛初识 |

宋孝宗淳熙八年，朱熹在江西任知南康军时，遇上了严重的旱灾，粮食欠收，有为富不仁的商家趁机囤积居奇、谋取暴利，而饥不可耐的灾民们则开始抢粮，当地处于大动荡的边缘。

朱熹带着手下，忧心忡忡地在治下地区巡视，心里盘算着该如何稳定局势和人心，忽见十字路口处，一群百姓围在刚刚张贴出的官府告示旁七嘴八舌，走近细看，告示上只写着八个大字："闭粜者配，强籴者斩。"旁边一个保正（古代农村的保正，大体相当于现在的乡长）向围观群众解释道："这是新任知隆兴（今江西省南昌市）府兼江西安抚使的安民告示，就两条意思：敢囤积粮食不卖的商家，发配边远军州；敢入户强买或者抢粮的人，直接砍头。大家放心吧，很快就不会缺粮了。"众人听后，一边议论，一边慢慢散去，惶惶不安的人心逐渐平定下来。朱熹暗赞道："一般的榜文，啰啰嗦嗦写两大张纸，也起不到如此立竿见影之效，这便见得此人有才！"

朱熹暗赞的这个人，就是名垂青史的辛弃疾。发布告示后，辛弃疾随后召集官吏与百姓，让他们推举出能干可靠之人。辛知府命被推举出的这些人带着官府内的全部资财去外地买粮，要求月底之前必须运回。到了月底，满载的运粮船果然如期而至，运来的粮食在城下被公开出售，粮价顿时平抑下来，灾民们得以安然渡荒。

信州（今江西省上饶市）太守谢源明派人来求米，幕僚们都认为隆兴府自顾尚且不暇，怎有余力帮助他地，唯有辛弃疾道："信州百姓也是大宋的子民啊！"当即将十分之三的粮船拨给信州。孝宗闻知，擢升辛弃疾一级，以示嘉奖。朱熹在这次救灾中见识了辛弃疾的才干气度，很是钦佩。

过了一阵子，朱大人接到报告，辖区水域内截获一艘客船，挂着"江西安抚使"的牌子，不肯配合例行检查，强行开舱一搜，发现舱内装满了牛皮。朱熹一看这船手续不全，下令全部没收入官。没过几天，辛弃疾就寄了信函过来，说那船牛皮是部队购买的军用物资。朱熹想了想，便将扣下的货物放还了。两人之间真正开始打上交道，就是通过这么一次不尴不尬的事件。

少年立志

辛弃疾，原字坦夫，后改字幼安，中年后别号稼轩，比朱熹小十岁，是中国历史上最后一位可用"伟大"一词形容的词人。他家世居济南，是李清照的同乡，与李清照并称"济南二安"；又有"词中之龙"之称，与苏轼合称"苏辛"。

靖康之变、金兵攻占山东时，辛弃疾的祖父辛赞因为照顾族人而未能逃离，不得已做了金国的官，最后官至知开封府。身在金营心在宋的辛赞常常带领儿孙攀上泰山，"登高望远，指画山河"，对他们进行爱国主义教育，期望孩子们有一天能报家国之仇。

小幼安在泰山上曾题名"六十一上人"，就是"辛"的离合字。辛赞看出辛弃疾年纪虽轻，志气却高，便着意培养他的兵法与骑射。在幼安十五岁和十八岁时，祖父两次让他借着赶考的机会，进入金国中都燕京，仔细观察山川形势，为将来光复中原筹谋。在这样的家教下，辛弃疾成长为胸怀大志、文武双全的青年，时刻准备着驱逐女真侵略者、恢复大好河山。

我们观察宋朝几位大词人的童年：苏轼是被母亲熏陶出来的，李清照是被父亲熏陶出来的，辛弃疾是被祖父熏陶出来的——可见家庭教育对人的一生的影响实在是太大了。

飞驰追印

绍兴三十一年，金国皇帝完颜亮南侵，于采石矶军败身死，完颜雍在辽阳拥兵称帝，金国在中原的统治区陷入一片混乱，各地抗金义军风起云涌。

辛弃疾感到等待已久的机会终于出现了，就和同窗党怀英谋划趁乱投奔南宋朝廷。党怀英故土难离，宁愿留在金国。两人久议不下，便商定用占卜的方法来个决断。结果，党怀英卜出一个"坎"卦，自己解释成"呆着别动"，所以继续留在金国当公务员，后来做到翰林学士。辛弃疾卜出一个"离"卦，自己解释成"离为上策"，所以决意南归。占卜这玩意儿，基本上就是古人为自己想做的事情找一个理由。不管幼安卜出一个什么卦，按他的心志，都会选择归宋。所以《左传》有名言曰："卜以决疑，不疑何卜？"

辛弃疾运用自己的能力和声望，迅速召集到一支两千人的部队，投奔当时声势浩大的义军领袖耿京，并被任命为掌书记。有位武僧义端也是一个军事发烧友，与幼安气味相投、有旧交，此时已经组织起了一千多人的队伍。辛弃疾为了义军的团结壮大，亲自去游说义端，劝得他带着人马来归属耿京节制。没想到有天夜里，义端居然潜入耿京大帐，偷了帅印后，消失得无影无踪。耿京大怒，斥幼安勾结间谍，要以军法杀他。辛弃疾恳求道："请给我三日期限，若不能追上此贼、夺回帅印，再杀我也不迟！"耿京点头同意。

幼安心中盘算，义端既然偷了帅印，肯定会直奔金国主帅大营去报告义军的军情机密以邀功，于是牵出两匹骏马，沿着其必经之路急追下去。眼看鞍下马累了，就换骑另一匹。这样马歇人不歇地疾驰一日一夜，果然追上义端。义端一见武艺高强、体壮如牛的辛弃疾如神兵天降般出现在自己面前，吓得立刻跪地求饶，放弃了抵抗。幼安毫不迟疑地斩首取印，再飞奔归报大营，果然在三日限期之内解决了此事。

| 趁夜袭营 |

经此一事，耿京更加欣赏辛弃疾。幼安便劝他下定决心，南向投宋。绍兴三十二年，耿京派总提领贾瑞、掌书记辛弃疾为使，奉表赶至建康府，愿率手下二十五万义军归宋。正在此地巡视的宋高宗大喜，亲自接见使团，任命耿京为天平军节度使，节制附近的各路义军，并派大臣带着赐给义军将领们的官诰、节钺，同贾、辛等人一起回去。

然而当辛弃疾等人刚回到山东，就听到一个晴天霹雳般的噩耗。原来就在他们离开的这段日子里，已经在中都站稳脚跟的金世宗针对义军颁布了大赦诏书，只要下山，都算良民，既往不咎。这招对组织纪律性比较差的农民起义军来说非常有效，很多思家心切的起义军将士纷纷放下武器，回乡过太平日子去了。大将张安国贪图重赏，袭杀了耿京，到金营投降，被封为济州知州。义军群龙无首，顿时土崩瓦解。

面对这样恶劣的局势，一般人能做的，只有尽快逃回江南、脱离险境，但辛弃疾不是一般人，他立刻召集手下亲信商议："我们奉帅命归宋，主帅却不幸遇到这种肘腋之变。若不追讨叛徒，就这么灰溜溜地南渡逃命，有何颜面对主帅的在天之灵？又有何颜面对天子复命？"当下带了几十名精兵，趁着夜色，悄悄赶至驻扎着数万人马的金军大营。

金人因为耿京义军风流云散，自以为时局已定，全营上下正饮酒庆功，毫无警惕，主将与张安国喝得酩酊大醉。辛弃疾率部下突入大帐，三下五除二将醉醺醺的张安国绑了，抓上马背就走。这下金营炸了锅，金将抓起武器，率兵上马来追。幼安亲自殿后，见金国骑兵追得近了，扭腰转身，连射三箭，正中最前面三骑追兵的心窝，全部掉下马去。后面的金兵见状，惊出一身冷汗，急忙勒马减速。就这么一迟疑间，辛弃疾率领的特种小分队已经消失在沉沉夜色中。

幼安振臂呼召那些不愿回乡臣服于金国的义军将士，又汇集了数千精骑，率领他们日夜兼程，一路杀出金国占领区，南渡长江，到达建康府，并将张安国献俘于宋廷。高宗下旨把这个叛徒游街示众后斩首，以告慰耿京的亡灵。这件新闻极大地鼓舞了南宋的人心，连性格懦弱的人都为之击案而起，高宗本人也一日三赞叹。辛弃疾以其超人的勇敢果断和军事才能声名大噪，被任命为江阴佥判，当时年方二十三岁。

| 英雄泪 |

这一年，宋高宗禅位，孝宗登基，提拔主战派掌控了朝廷。辛弃疾立刻拜访时任江淮宣抚使的老帅张浚，根据对金国情况的了解，献上了"分兵杀虏"之计。金军最大的问题在于调动十分缓慢，宋朝应该利用这一点，先从关陕等四路发起佯攻，逼迫金国调淮河一线的精锐去应付。等淮河防线出现松动时，宋朝用精兵发动突袭，在金军还来不及回防时，就能收复抗金义军基础扎实的山东，如此一来，西向可以威胁中原，北向甚至可以威胁到燕京。

第二年，即隆兴元年，张浚被孝宗任命为枢密使，制定的北伐计划里果然是先取山东。但一贯轻敌冒进的张浚完全忽略了辛弃疾方案中最重要的"先佯攻以分散敌人兵力"这一点，而是直接让主力渡过淮河，与金兵硬碰硬，结果，没有受到其他战场牵制的金兵源源不断地增援而来，宋军最终遭受"符离之败"。

雄心勃勃的宋孝宗挨了这当头一棒，只好与金国签订"隆兴和议"。一时间，南宋士气降至冰点，无人再敢谈论恢复中原。辛弃疾此时写下军事论文《美芹十论》献给皇帝，首先指出失败情绪的不必要："臣窃谓恢复自有定谋，非符离小胜负之可惩，而朝廷公卿过虑、不言兵之可惜也。古人言不以小挫而沮吾大计，正以此耳。"然后以洋洋万言，从三个层次分析金国的内部矛盾和弱点，从七个方面建议宋朝应当做的准备："今日虏人实有弊之可乘，而朝廷上策惟预备乃为无患。故罄竭精恳，不自忖量，撰成御戎十论，名曰美芹。其三言虏人之弊，其七言朝廷之所当行。先审其势，次察其情，复观其衅，则敌人之虚实吾既详之矣；然后以其七说次第而用之，虏故在吾目中。"

然而新败之下，朝廷内外畏敌情绪弥漫，辛弃疾的主张无人响应。乾道四年，幼安升任建康府通判。在催发无数文人墨客才思的秦淮河边，他写下了《水龙吟·登建康赏心亭》：

> 楚天千里清秋，水随天去秋无际。
> 遥岑远目，献愁供恨，玉簪螺髻。
> 落日楼头，断鸿声里，江南游子。
> 把吴钩看了，栏杆拍遍，无人会，登临意。
>
> 休说鲈鱼堪脍，尽西风、季鹰归未？
> 求田问舍，怕应羞见，刘郎才气。
> 可惜流年，忧愁风雨，树犹如此！
> 倩何人唤取，红巾翠袖，揾英雄泪？

黄昏时分，登楼眺望北方故土，玉簪螺髻般的远山越美丽，就越容易勾起人的惆怅。听着失群孤雁的哀鸣，更激发游子的思乡之情。然而收复中原遥遥无期，我徒然把腰间宝剑抽出来看了又看，把栏杆拍了又拍，欲诉一腔悲愤，却无人能懂。此词上半阕借景抒情，下半阕连用了三个典故。

第一个典故，即西晋人张翰（字季鹰）的"莼菜鲈鱼之思"，本书前文和《唐诗为镜照汗青》都对其有过详述。辛弃疾纵然想效仿张翰，家乡却沦陷在敌人手中，又怎么回得去呢？

第二个典故，即三国时名士许汜与刘备在荆州牧刘表处品评天下豪杰。许汜摇头晃脑地说道："陈元龙（陈登）湖海之士，骄狂之气至今未除。"刘备对陈登很熟悉，却不发表意见，先问刘表："许君所论，对还是错？"刘表犹犹豫豫："想说他错吧，许君是个好人，谅来不会说假话；想说他对吧，陈元龙可是名重天下。"说了等于没说。刘备转头问许汜："您说陈元龙骄狂，有什么依据？"许汜回答："当年我逃难经过下邳时，拜访陈元龙，他毫无待客之礼，半天不和我说话，自己上了大床高卧，倒让我这个客人坐在下床。"刘备点头道："方今天下大乱，连天子都自身难保。先生素有国士之名，只盼您能忧国忘家，有救世之心。然而先生只对房地产投资感兴趣，到处求田问舍、打听房价，言谈毫无新意，这是元龙所鄙视的，他还能和您聊什么呢，就聊下邳内环的房价几年能翻番吗？假如当时换成是我，会睡到百尺高楼上，而让您睡地板，哪会只有区区上下床的区别呢？"刘表哈哈大笑，许汜大惭而退。辛弃疾现在无聊无事，只能像许汜一样求田问舍，想起刘备的壮志凌云，自己都感到羞愧呐！

第三个典故，即东晋权臣桓温的慨叹。当时桓温主持北伐，经过金城，看见自己早年在此地担任琅琊内史时所种的一批柳树，如今都已腰围三尺、冠盖成荫，不由得抚摸着它们的枝条，泫然流泪道："木犹如此，人何以堪！"对常人而言，光阴的流逝尚且容易触发感慨；对那些渴望建功立业的人而言，年华的虚度更是不可忍受之痛。辛弃疾叹息自己南渡以来，数年间一事无成，既然无人能领会他的登临之意，就只能暂时住在红巾翠袖的温柔乡中打发时光了。

| 慨然九议 |

幼安实在出名太早，其实到此时，他也才刚过而立之年，正当年富力强之时，前面的道路还很长，温柔乡尚非英雄冢。

乾道六年，虞允文拜相当政，主战派再次占据上风。对《美芹十论》印象深刻的宋孝宗在延和殿召见辛弃疾，这是一个获得皇帝信任的大好机会。结果"弃疾因论南北形势及三国、晋、汉人才，持论劲直，不为迎合"，意思是：并非皇帝想听什么他就说什么，而是尽说些皇帝不想听的。看来辛弃疾虽然在北伐的战略方针上和孝宗保持了一致，但在具体做法上有不小的出入。

《宋史·辛弃疾传》中没有提到"不为迎合"的具体内容，但通过幼安写给虞允文的一篇著名军事论文《九议》，我们大致可以猜到，他对南宋的作战水平和外交水平颇不以为然，其言大意如下。

如今朝廷的弊端，在于主和者一辈子都不敢谈军事，而主战者恨不得明天就打到汴京去，这就是为什么主和、主战都有败无胜的原因。孔子曰："欲速则不达，见小利则大事不成。"当年越王勾践图谋报吴国之仇，筹备了二十多年才动手，一举成功；燕昭王图谋报齐国之仇，对大臣们说："请给寡人五年时间。"大臣们回答："愿给大王十年时间。"这些道理从"符离之败"就能清楚地看出来。

接着幼安又以"归还陵寝之地"一事举例，说明外交与作战之道，其言大意如下。

上策就是使金国骄狂。我们先献上重礼，用谦卑的措辞假意告知："鄙国皇帝请上国归还陵寝之地的目的，并非在意土地，无非是不想让百姓和后世议论他是个不孝子孙罢了。如果上国不同意，那鄙国就有个说法向百姓和后世交代了，不影响两国照样世代友好下去。"金国听我们这么说，军事应对肯定会变得松缓，这就中了我们的骄兵之计。此时，我军突然出动，传檄天下，向金国公开挑衅："前阵子我们已经请求过陵寝之地，如今兵马已到贵国境内，希望贵国同意。如果不从，那么以后也不会再有岁币这么稳定轻松的收入了，尽管发兵来战吧！"金国措手不及，肯定十万火急地招兵买马，我们却深沟高垒、按兵不动，准备打旷日持久之战。金国境内民族矛盾复杂，战争费用高，则赋税必然横暴；法令严峻，则盗贼必然蜂起，我军就可乘隙而图之——这就是以逸待劳之计。彼缓则我急，彼急则我缓，此乃兵法的必胜之道。换言之，你们上次派范至能去义正辞严地索要陵寝之地，真是心里怎么想的，嘴上就怎么说的，结果让人家提高警惕，用"三十万兵马护送陵寝南来"的说法一恐吓，你们又都闭嘴安静了。唉，两国开战，是兵凶战危的事情，只能兵不厌诈、无所不用其极，哪能像你们那么中规中矩？！

如果你觉得辛弃疾只有万军之中取敌将首级的匹夫之勇，那么可以读读《美芹十论》和《九议》，相信立刻就能看出幼安对敌我国情的深刻了解，对政治、经济、军事、外交、民生的通盘考虑，其资讯之广、思索之深、谋划之细，令人由衷赞叹，他在你心目中的形象瞬间就会丰满起来。

南宋朝廷因为刚刚与金国讲和，还是想把近期工作重点放在经济建设上，但也通过幼安那些建议书看出了他的才干，面圣后的当年便调其入京，担任司农寺主簿。

第三十一章

众里寻他千百度　天涯芳草无归路

在朝廷中枢锻炼了两年后，辛弃疾于乾道八年被任命为滁州知州，开始独当一面。当他抵达滁州时，着实对自己接手的这个烂摊子吃了一惊。

| 幼安之警 |

战火余生后的滁州，民生凋敝、百废待兴："时滁人方苦于饥，商旅不行，市物翔贵，民之居茅竹相比，每大风作，惴惴然不自安。"幼安免了民间欠官府的债五百八十多万钱，把来往行商的税负减去十分之七；借钱给百姓，让他们将茅草房屋改造为陶瓦的，以避免火灾；招募流散人员回归乡里，以增加劳动力；训练民兵作战，同时开垦荒地。

自助者天助之，这一年，风调雨顺，喜获丰收；商旅云集，财税倍增。辛弃疾再用官府余钱搞基础建设，增加就业机会，修了奠枕楼，供百姓登临休息。在其治下，滁州人民安居乐业，市面欣欣向荣，幼安的施政才干一展无余。

辛弃疾一边治理好手上这一亩三分地，同时不忘放眼观察国际形势。这一年，他上书朝廷，发出了一个匪夷所思的预言："仇虏（金国）六十年必亡，虏亡而中国之忧方大。"六十二年后的宋理宗绍定七年，蒙宋联军攻破蔡州，金哀宗完颜守绪自缢身死，金国灭亡。但也就从此刻开始，南宋开始直面横扫欧亚大陆的蒙古，连一点喘息时间都没有，双方当年就撕破盟约开战。

面对蒙古的巨大压力，宋末名臣谢枋得在景定年间担任江东转运司贡举考试官时所拟的策问试题为："犹记乾道壬辰，辛幼安告君相：'仇虏六十年必亡，虏亡而中国之忧方大。'绍定验矣，惜乎斯人之不用于乱世也！诸君亦有义气如幼安者，百尺楼上，岂可不分半席乎？"这里的"百尺楼上分半席"，正是从"求田问舍"的典故中化来的，意即考生中若有人如辛弃疾般的志气，便能从刘备高卧的百尺楼上分到半席之地。辛弃疾这个神一般的预言当年无人理会，到了国家将亡之时，方才被感叹有先见之明。

众里寻他

乾道九年，辛弃疾罹患大病，不得不离任，返回京口（今江苏省镇江市）的居所疗养。淳熙元年，病后初愈的幼安被授予江东安抚司参议官，结识了建康留守叶衡。没过多久，入朝拜相的叶衡对皇帝盛赞辛弃疾"慷慨有大略"，孝宗再次召见他后，幼安被调入京师，担任仓部郎官，负责国家的粮食管理。虽然这是一个关系到国计民生的重要岗位，却并非如幼安期望的那样，与军政相关，英雄仍然无用武之地。这一年，辛弃疾最著名的词作《青玉案·元夕》问世：

> 东风夜放花千树，更吹落，星如雨。
>
> 宝马雕车香满路。
>
> 凤箫声动，玉壶光转，一夜鱼龙舞。
>
> 蛾儿雪柳黄金缕，笑语盈盈暗香去。
>
> 众里寻他千百度。
>
> 蓦然回首，那人却在，灯火阑珊处。

从字面来看，此词描绘的是京城元宵灯节热闹的夜晚，作者寻觅心上人，忙了半天不见倩影，一回头发现，她正独自站在灯火阑珊处。这个创意在爱情诗歌界已是第一流。王国维先生还将它作为"顿悟"的代表，列为成大事业、大学问者必须经过的第三层境界，也是最高一层境界。但了解辛弃疾的人都能感受到，孤芳自赏的其实不是美人，而是难觅知音的作者自己。这是借着爱情描写来抒发政治理想的传统诗歌写作套路。梁启超先生论此词"自怜幽独，伤心人别有怀抱"，的确是至评。

杀降不祥

淳熙二年，湘、鄂、赣等地的茶商、茶农因不堪重税而发起暴动，在领袖赖文政的率领下，进入江西。地方政府上万官兵征讨两个月，屡战屡败，各级军官被杀几十人，孝宗大为震怒。此时，有人慧眼识珠，看到了在灯火阑珊处

寻伊人回首阑珊处

等待机会的辛弃疾，此人正是宰相叶衡。经他举荐，三十六岁的幼安被任命为江西提点刑狱，节制诸军，进讨赖文政。

这是辛弃疾归宋后第一次负责军事行动。他到任后发现，南宋正规军的战斗力一塌糊涂，对付人数只有自己十分之一却熟悉地形的茶商军，简直一筹莫展、无处下手，于是以重金在当地民兵和地主武装中招募了一支同样熟悉地形的精锐小部队。果然，兵贵精而不贵多，茶商军在辛弃疾的进攻下，活动范围被压缩得越来越小。辛提刑又派人前往招降，声称茶贩们只要放下武器，便既往不咎。赖文政见突围无望，只得率领残兵八百余人投降，却被辛弃疾处死。

平乱之后，幼安因功加封秘阁修撰。然而自古以来，杀降不祥：白起杀降，则死非其罪，自刎于杜邮；项羽杀降，则霸王别姬，自刎于乌江；李广杀降，则一生难封，自刎于刀笔吏前。辛弃疾虽然没有走上自刎的绝路，但终身郁郁不得志，此事更成为他生平抹不去的污点。

｜走马更位｜

淳熙三年，辛弃疾巡查辖下区域，途经万安县造口时，想起高宗建炎三年，隆祐太后一行被金兵追杀至此处，幸得当地民兵协助，官军力阻敌人，太后坐在肩舆（就是四川的"滑竿"）上，抬舆的农夫们一路飞奔，太后才侥幸逃出生天。隆祐太后是宋哲宗的孟皇后，曾经两度被废、两度复位、两度在国事危急时垂帘听政，经历跌宕起伏，颇为传奇。她深受高宗感戴，在民众中也声望极高。她以堂堂太后之尊，而遭此窘迫困厄，怎不令人扼腕？幼安即以此事起兴，留下一首《菩萨蛮·书江西造口壁》：

> 郁孤台下清江水，中间多少行人泪。
> 西北望长安，可怜无数山。
> 青山遮不住，毕竟东流去。
> 江晚正愁余，山深闻鹧鸪。

从上游百里之外的郁孤台下一直流到造口的江水，其中有当年隆祐太后逃难之际的惊惶泪水，有南渡军民回眺故国时的思乡泪水，也有辛弃疾自己壮志难伸的悲愤泪水，总之是流不尽的伤心泪。西北遥望，不见长安，可恨重重青山阻隔，这明显是用高山指代敌人。第三句的含义有点费解，我猜意思大概是青山遮得住长安，却隔不断流水东去；敌人占得了领土，却斩不断人心归宋。江边夜色初上，一怀愁绪的幼安又听见了深山中的鹧鸪声声。鹧鸪在诗歌中是思乡的代表，比如郑谷的"游子乍闻征袖湿，佳人才唱翠眉低"。而且它是南方特有的鸟类，辛弃疾一听此声，更被提醒了自己乃是北方游子，不知何时才能回到光复的家乡，愁怀无人能解。全词句句都在写景，又句句都在通过比兴来抒情。陈廷焯评论道："血泪淋漓，古今让其独步。"

读到这里，我们已经可以看出辛弃疾做事雷厉风行，只在乎达成目标，不在乎手段，也不在乎得罪人。在一个庞大的官僚体系中，尤其是在外部暂时和平、不急着用人之时，幼安这种为人处世风格，必受人排挤。所以随后几年，他从江西提点刑狱迁为湖北安抚使，又转为江西安抚使，再被召进京担任大理少卿，再出任湖北转运副使，岗位变换之快，让人目不暇接，几乎每个位置都没来得及坐热，就被支走了。

| 忠魂化云 |

幼安在湖北任上，与张浚之子张栻成为同僚。当时有一位士子，姓刘，名过，字改之，很想结识辛弃疾，但去拜访时，吃了闭门羹。刘过刘改之这个名字，让我们想起郭大侠为义弟的遗腹子起名为杨过，字改之，原来就是借鉴这位前贤，名字的出处则是《易经》中的"见善则迁，有过则改"。

张栻为刘过出了个主意："某日辛公在家请我宴饮，先生可趁此登门。如果门卫挡驾，你只要喧嚷一番，就必能进去。"到了那天，刘过果然按此方法闹将起来。辛弃疾听得外面吵闹，叫来门卫询问："何人喧哗？"门卫答道："有个人自称名叫刘过，要见官人您。我们已经告知官人今日不见外客，他还硬要闯进来。"幼安大怒，正要发作，张栻在旁言道："刘过号为天下奇男子，长于赋诗，不妨一见。"

辛弃疾听张栻如此说，便命请刘过入内。改之见到两位大人，长揖施礼。幼安皱了皱眉："你能赋诗么？"改之答："能。"幼安环顾左右，仆人刚好端上一份羊腰羹，便伸手一指："以此羊为题。"改之道："天气甚寒，请辛公赐一杯酒。"然后接过酒来，仰头一饮而尽，昂然道："请辛公指定当用何韵？"幼安见有酒流到改之胸前的衣襟上，微微一笑："以'流'字为韵。"改之略一思索，即吟道：

拔毫已付管城子，烂首曾封关内侯。

263

死后不知身外物，也随樽酒伴风流。

韩愈曾戏为毛笔作《毛颖传》，言其封地在管城，后人便称毛笔为"管城子"，此羊已经拔毛做笔。更始（两汉之际绿林军建立的政权）皇帝刘玄当年滥授官爵，什么烂人都能当高官，所以长安有"灶下养，中郎将；烂羊胃，骑都尉；烂羊头，关内侯"的民谣，后世遂用"烂羊之谣"嘲讽官吏污滥。辛弃疾作词善于用典，刘过此诗头两句用典正是投其所好。"死后不知身外物，也随樽酒伴风流"更具名士风范。幼安听后大喜，立刻邀改之入席，共尝此羹，饮酒欢宴既罢，又赠他一笔厚礼，两人从此订交。

宴席结束后，张杭邀请刘过来到自己的官署，又摆下酒来，一声长叹之后开口相求："先父魏公（张浚封魏国公），一生公忠体国，是国家的功臣栋梁，却命运不济（指"符离之败"），临终之时嘱咐：'我曾为国家执政，未能恢复中原，死后也没有面目葬入祖坟，将我葬在衡山祝融峰下足矣。'然而那么多人赠送的挽辞，竟没有一篇能体现先父心中深意。今日想求先生一篇大作，言他人所未能言，以慰先父在天之灵。"刘过点头，沉吟片刻赋得一首七绝《吊张浚》：

> 背水未成韩信阵，明星已陨武侯军。
> 平生一段不平气，化作祝融峰上云。

改之将张浚比作诸葛武侯，出师未捷身先死，胸中一段不平之气，使得忠魂不散，化为祝融峰上空的白云。作为儿子的张杭听了，深感刘过替先父一吐郁结，为之堕泪，泣不成声。

慷慨解囊

后来，辛弃疾将刘过招为幕僚。改之豪爽好施，"平生以义气撼当世"，搞得常常入不敷出。有一天，接到家乡来信，信中言道母亲病重，刘过赶紧打点行装，准备赶回去，才发现自己身无余财、囊橐萧然。傍晚，幼安携改之微服登上武昌南楼散心，正好碰上一个都吏带了歌伎在饮酒作乐，一看居然上来两个平头百姓搅了自己的雅兴，立刻命左右驱赶，两人大笑而去。

做事高效的辛大人，当夜便给该都吏派了一份号称十万火急的公务，这家伙烂醉如泥，自然无法赶来，第二天一早，幼安便作势要按律抄没家产、流放这个人。都吏请了几十个人来说情都不行，他不明白辛大人为何如此小题大做，急得没头苍蝇一般。有聪明人给他讲了原委，都吏终于明白过来，立刻托人转告幼安，愿意拿出五千缗（每缗一千钱）为改之的母亲献礼。幼安仰天摇头道："不够，翻个倍差不多。"都吏一咬牙，赶紧如数送到。

辛弃疾自己出钱买了一艘船，命人将那一万缗搬上去，连船带钱一起送给改之，叮嘱道："你马上赶回老家，这钱给令堂救急之用，可不要像往日那样大手大脚乱花钱了。"刘过感激不尽，扬帆而去。二十年后，改之重过南楼，以一首《唐多令》思念故人：

> 芦叶满汀洲，寒沙带浅流。二十年重过南楼。
> 柳下系船犹未稳，能几日，又中秋。
>
> 黄鹤断矶头，故人今在否？旧江山浑是新愁。
> 欲买桂花同载酒，终不似，少年游。

| 蛾眉遭妒 |

淳熙六年，已届不惑的辛弃疾又调为湖南转运副使，同僚王正之为他摆酒送别。幼安写下一阕《摸鱼儿》（淳熙己亥，自湖北漕移湖南，同官王正之置酒小山亭，为赋）：

> 更能消、几番风雨，匆匆春又归去。
> 惜春长怕花开早，何况落红无数。
> 春且住，见说道、天涯芳草无归路。
> 怨春不语。算只有殷勤，画檐蛛网，尽日惹飞絮。
>
> 长门事，准拟佳期又误。蛾眉曾有人妒。
> 千金纵买相如赋，脉脉此情谁诉？
> 君莫舞，君不见、玉环飞燕皆尘土。
> 闲愁最苦。休去倚危栏，斜阳正在、烟柳断肠处。

汉武帝刘彻只有几岁时，他姑姑馆陶大长公主刘嫖（汉景帝的同母姐姐）把他抱在怀中逗着玩："你小子想娶媳妇吗？"指着身边的侍女一个个问过去："你看这个姐姐好不好？"刘彻都摇头说不要。刘嫖又指着自己的女儿问："那阿娇给你做媳妇好不好？"刘彻拍手笑道："如果能娶漂亮的阿娇姐姐当媳妇，

265

我会造一座金屋给她住。"刘嫖大喜，于是苦求景帝，终于让刘彻和阿娇成婚，这就是"金屋藏娇"的典故。可见从古代起，丈母娘就一直对女婿能否在婚前提供一套房产很在意。不过，刘嫖这个丈母娘可不会白要房子，她动用自己的影响力，废掉太子刘荣，帮助刘彻成为太子。景帝驾崩，刘彻登基，阿娇成了陈皇后，让我们见识了什么是双赢的政治婚姻。可惜人无千日好，花无百日红，武帝遇到卫子夫后，触发了他漫长见异思迁史上的第一次心动，不过这可能是我们后人所喜闻乐见的，因为卫子夫的弟弟卫青和外甥霍去病实在是中国历史上最强的外戚组合。阿娇当了十一年皇后，因涉嫌巫蛊被废，移居长门宫。废后历来是非常麻烦的事情，巫蛊则是最高效的理由，屡试不爽。幽居失宠的陈皇后听说成都才子司马相如的文章天下第一，便派人奉上黄金百斤，作为司马相如与卓文君这对夫妻的酒资，换来相如一篇洋洋洒洒的《长门赋》送呈武帝，希望能用文字打动他，然而终归是无效，所以"千金纵买相如赋"，还是"脉脉此情谁诉"。之所以再得幸无望，因为"蛾眉曾有人妒"，辛弃疾知道自己壮志难酬，也是因为官场上同僚的嫉妒。

是年，湖南农民暴动，被安抚使王佐调兵镇压下去。辛弃疾任职的转运副使负责财政赋税，兼有按察之权，这次是旁观者清了。他明查暗访，对民间疾苦了如指掌，事后上了一篇《论盗贼札子》给孝宗，其中说道：那些种田的百姓，被郡一级的官员用横征暴敛苦害，被县一级的官员用强买强卖苦害，被基层小吏用敲诈勒索来苦害，被地主豪强用土地兼并来苦害，最后被强盗用烧杀掳掠来苦害。他们求告无门，最后不去当盗贼，还能做什么呢？这就是官逼民反啊！"民者，国之根本，而贪浊之吏迫使为盗！今年剿除，明年扫荡，譬之木焉，日刻月削，不损则折。欲望陛下深思致盗之由，讲求弭盗之术，无恃其有平盗之兵也"。"臣孤危一身久矣，荷陛下保全，事有可为，杀身不顾。况陛下付臣以按察之权，责臣以澄清之任，封部之内，吏有贪浊，职所当问"。"但臣生平则刚拙自信，年来不为众人所容，顾恐言未脱口而祸不旋踵，使他日任陛下远方耳目之寄者，指臣为戒，不敢按吏，以养成盗贼之祸，为可虑耳"。

洋洋洒洒，尽是肺腑之言，忠君爱民的拳拳之心溢于笔端。孝宗阅后，深为感动，于是先让平乱有功的王佐升职入京，然后将辛弃疾迁为知潭州兼湖南安抚使，以接替王佐的职务，并在其札子上批答"行其所知，无惮豪强之吏"，命他去治理地方，一展身手；最后，让宰相将辛弃疾的札子和自己的批答下发给各路的安抚使和转运使，以示表彰，以树立楷模。大家可以想象一下那些同僚读了札子之后的惭愧和嫉恨，也就明白"蛾眉"为何"曾有人妒"了。

| 付诸东流 |

有了皇帝支持的辛弃疾，完全不在乎其他人的妒忌，立刻施展他的才干，治理湖南。淳熙七年春，部分地区旱灾，幼安动用十万石官府储备粮，招募民工兴修水利，既加强了基础设施建设，又帮助当地百姓渡过了饥荒。这个"以工代赈"的思路，和七百多年后的美国"罗斯福新政"不谋而合。

同时，辛弃疾弹劾不称职的官员，扼制地主豪强的武装，使得治下大为稳定。他看出湖南地接两广，民风剽悍，一有风吹草动就容易发生暴乱，自己作为安抚使，需要一支有战斗力的部队，于是申请建立"飞虎军"，并得到了孝宗的批准，但是军费需要自筹。幼安的执行力极强，很快就招募到人马，巧妙筹钱。比如建设营寨需要大量石料，他就宣布有些罪可以用缴纳石料来抵罪，结果当地石矿立刻人头攒动，叮叮当当，热火朝天，运送石料的车子在石矿与营地之间络绎不绝。当时秋雨连绵，手下汇报无法烧瓦，辛弃疾问："需要多少？"手下答："二十万片。"辛大人轻轻点头："不必担心。"说罢便差人去所有的政府官衙、寺庙神祠、商铺民居，每家屋顶取两片瓦，没几天就凑齐了。

枢密院中有人不乐见其成，多次阻挠，并向皇帝打小报告说，辛弃疾借建造营寨之名中饱私囊。孝宗派人送御前金字牌至湖南，命令停止工程。幼安恭恭敬敬地收下金牌，却偷偷藏起来，不告诉下属，反而命令监办者在一个月内必须完工，否则以军法严办。等营寨如期落成后，辛弃疾将工程始末报告、收支账本和营寨实物图上呈朝廷，孝宗阅后便释然无虑。

这件事对国家而言是大功一件，"军成，雄镇一方，为江上诸军之冠"，但我们可以看出，辛弃疾的做事风格肯定给不喜欢他的人留下了许多小辫子。结果是他刚刚指挥这支倾注了满腔心血才建成的军队没几个月，就在年底又被调去担任知隆兴府兼江西安抚使。

第三十二章　男儿到死心如铁　别有人间行路难

辛弃疾的官从来都做不长，这已经成为了一条定律，还没到年底，他就被监察御史王蔺弹劾在湖南安抚使任上"用钱如泥沙，杀人如草芥"，但这次不是调任或贬职，而是严厉的罢官归田。

在仕途上屡屡受挫的幼安，估计在被调离湖南时，就有了退隐之心，迹象是他到江西后不久的淳熙八年春，即在上饶（今江西省上饶市）带湖边开始兴建农庄，"高处建舍，低处辟田"，打算定居于此，这正是他之前在《水龙吟》中很不屑的"求田问舍"。

被罢官时，正好带湖农庄落成，四十二岁的幼安回到上饶，无可奈何地对家人说"人生在勤，当以力田为先"，遂为庄园起名为"稼轩"，并自号"稼轩居士"，开始了他中年以后的长期闲居。

|天凉好个秋|

从这首《西江月·夜行黄沙道中》来看，稼轩貌似挺享受恬淡的农家居士生活：

> 明月别枝惊鹊，清风半夜鸣蝉。
>
> 稻花香里说丰年，听取蛙声一片。
>
> 七八个星天外，两三点雨山前。
>
> 旧时茅店社林边，路转溪桥忽见。

还有一首类似的农家乐《清平乐·村居》：

> 茅檐低小，溪上青青草。

村野居吴音相媚好

> 醉里吴音相媚好，白发谁家翁媪？
>
> 大儿锄豆溪东，中儿正织鸡笼。
> 最喜小儿无赖，溪头卧剥莲蓬。

只要对辛弃疾有一定了解，就不会相信他面对现状，真的如此淡定。能够如实反映他内心世界的，应该是《丑奴儿·书博山道中壁》：

> 少年不识愁滋味，
> 爱上层楼，爱上层楼，为赋新词强说愁。
>
> 而今识尽愁滋味，
> 欲说还休，欲说还休，却道天凉好个秋。

辛弃疾年轻时"爱上层楼"，登临建康赏心亭所作的《水龙吟》里写到"遥岑远目，献愁供恨，玉簪螺髻"，十五年后，回望过去的自己，却是"少年不识愁滋味，为赋新词强说愁"。幼安之前的词作中常有"江晚正愁余""闲愁最苦"等各种愁，此后的名篇中就不大见得到这个"愁"字了。因为一个成熟的中年人会发现，真正深刻的愁绪是难以言传的，能够言说的，只有天气这样的大众话题。鲁迅先生所说的有些人交谈时的万应灵药"今天天气哈哈哈"，原来发明者是辛稼轩。

阳关三叠

淳熙九年，因为那船牛皮和辛弃疾不打不相识的朱熹路经上饶，特地登门拜访稼轩居士。一位是饱读诗书的大儒，一位是文武双全的才子，两人一见之下，居然谈得甚为投契。朱熹说自己还有一位好友陈亮，字同甫（就是给唐仲友上眼药的那位），也是当世豪杰，必能与幼安你气味相投。稼轩哈哈大笑，说陈同甫和我已经很熟了。

原来几年前的一天，辛弃疾登临眺望，只见远远一骑飞驰而来。到了一座小桥前，青衣骑士策马上桥，不料胯下马儿却突然顿住，不肯上行。骑士三次扬鞭催马，那马却三次向后倒退。那人大怒，嗖地一声拔出剑来，扬手一挥，就将马头斩落，然后纵身一跃，跳到平地上，伸手一推，马身轰然倒地。只见他将长剑插回鞘中，三步并作两步跨过小桥，健步如飞地朝辛弃疾这边走来。

目睹这"一言不合就杀马"的一幕，幼安吃了一惊，立刻派仆人去询问来者何人，仆人刚要开门出去，来者已到门前。原来此人便是陈亮，因闻得辛弃疾大名，特来拜访。同甫比幼安小三岁，两人都善写词，都是一身好武艺，政治立场上又都是主战派，连刚烈的性情都很相近，自然是一见如故，结为知交。

既然辛弃疾、朱熹、陈亮三人之间已是互相点赞的好友，便相约下次建个群，一起嗨。朱熹告辞之日，稼轩作了一阕《鹧鸪天·送人》：

> 唱彻《阳关》泪未干，功名馀事且加餐。
> 浮天水送无穷树，带雨云埋一半山。
> 今古恨，几千般，只应离合是悲欢？
> 江头未是风波恶，别有人间行路难！

一曲送行的《阳关三叠》，"劝君更尽一杯酒，西出阳关无故人"唱完，惜别的泪水还没有拭干。建立功名这种事情都不重要，多吃点饭、养好身体才是正经。从汉代《古诗十九首》第一首《行行重行行》的末尾一句"弃捐勿复道，努力加餐饭"开始，我们的先辈就明白一个道理：活着确实不是为了吃饭，但只有吃货才能更好地活着。"风波恶"出自李白的诗句"横江欲渡风波恶，一水牵愁万里长"，很明显，这句深得辛弃疾和金庸先生的喜爱。江头的浪急风高纵然险恶，但还比不过人间的行路艰难，正如白居易《太行路》诗所言，"行路难，不在山，不在水，只在人情反覆间"，"人生莫作妇人身，百年苦乐由他人"，"不独人间夫与妻，近代君臣亦如此"。经过南宋官场十几年的打磨，幼安对此已经有了切身体会，皇帝昨天还对他信任褒奖，今天就能听信谗言、猜忌疏远。

| 两度入狱 |

日日赋闲在家，热烈期盼朱熹、陈亮结伴前来的辛弃疾没有等到故人来访，而在淳熙十一年收到同甫第二次入狱的噩耗。事情的原委是这样的。

陈亮少年早慧，饱读史书与兵书，十八岁时就写了《酌古论》三篇，对韩信、马援、李靖等古代名将的军事活动进行点评。当地父母官、婺州知州周葵阅后，大为赏识，赞誉为"他日国士"。周葵当宰相后，将年方二十岁的陈亮聘为幕僚，各种国家大事都与其谈论，还将其引荐给各路官员、俊杰。

就这样，同甫的眼界、见识上升到了新高度。

随后，他两次参加科举均落第，但仍以布衣的身份连续上书，批评自秦桧以来朝廷苟安东南的国策，以及儒生们在此危急存亡之秋拱手端坐、空谈《大学》《中庸》之类的"性命之学"的浮夸风气，言辞恳切，震动了孝宗，以至于皇帝想将他的上疏榜贴在朝堂之上，警醒大臣，并想给没有功名的陈亮一个官职。陈亮却笑道："我上疏，是想为社稷开数百年之基业，哪里是想用它来换取一官半职呢？"桀骜不驯、藐视权贵的同甫遂渡江归乡，每日与好友诗酒唱酬。

有一次，同甫醉酒时玩起了角色扮演游戏，他扮演丞相，为扮演皇帝的朋友祝寿，结果被想害他的人跑到刑部去告密。刑部侍郎何澹正是从前在进士考试中黜落陈亮的考官，同甫因为不服气，素来对他言辞不恭，何澹一直怀恨在心，告密者正是看准了这一点。何澹抓住机会，上纲上线，大理寺将陈亮抓去，一顿刑讯逼供，拷打得体无完肤，诬陷他图谋不轨。孝宗知道陈亮入狱后，暗中派人调查，将原委查得清清楚楚。在刑部上呈案卷给皇帝奏请批准死刑时，孝宗用御笔一抹，将卷宗掷于地上，冷冷道："秀才醉后妄言，何罪之有？！"何澹被吓出一身冷汗，只好将同甫开释。

淳熙十一年，陈家僮仆杀人，而死者又偏偏曾经侮辱过陈亮的父亲，死者家属怀疑此事为陈亮主使而告官。因为情节严重，陈亮再次被关进了大理寺。辛弃疾听说后，动用关系，大力营救。宰相王淮心知孝宗的态度，审理后得出结论——此案与陈亮无关。同甫终得无罪释放。

英雄再聚

王淮是位爱才的宰相，他在淳熙十四年，也就是辛弃疾被王蔺弹劾免职闲居的第六年，打算向孝宗建议重新起用幼安，却遭到另一位宰相周必大的反对。

周必大也是一个言事不避权贵、敢于诤言直表的名臣。作为政治家，他处事有谋、治政勤奋，是一位颇富才干的贤相；作为文学家，他"九流七略，靡不究通"，诗词歌赋"皆奥博词雄"，为南宋文坛盟主，与陆游、范成大、杨万里等都有很深的交情；作为书法家，其字"浑厚刚劲，自成一体"。

这样一个刚正不阿之人，他不大可能因为私人恩怨而忌惮幼安之才，很可能是因为处事做法上与幼安有异，才反对起复的。比如，他因杀降一事，对皇帝评价辛弃疾这个人"轻锐"，也就是说他浮躁、冒进；而在建飞虎军一事上，他又说"辛卿又竭一路民力为此举，欲自为功，且有利心焉"，也就是说，他认为辛弃疾之所以耗损湖南这一路的民力去创建飞虎军，是想居功自傲、谋取私利。

连德高望重的贤相文宗都这样看待幼安，更何况那些嫉贤妒能的小人呢，自然是极尽抹黑构陷之能事了。同时，我们可以看到，辛弃疾不得不承担当年杀降的后果。

王淮无可奈何，但还是向皇帝建言道：一旦国家有危难，像辛弃疾这样的帅才，必能派上用场。于是，孝宗给稼轩安排了一个主管武夷山冲佑观的闲职。宋朝崇奉道教，作为宗教活动中心的宫观，其主管一般只领薪水、不管实事。这种虚职主要用来养着那些快到退休年龄的官员，以及被弹劾排挤的官员。一旦国家有事，这些官员很快就能复出，陆游、朱熹、叶适都曾经主管冲佑观。尽管依旧是赋闲在家，但幼安好歹恢复了官员的身份。

淳熙十五年的冬天，陈亮从家乡永康出发，顶风冒雪，跋涉六百多里路到了上饶，来赴与辛弃疾、朱熹定下的三人之约。当时四十九岁的稼轩正在病中，四十六岁的陈亮带着一股朝气闯了进来，每日与稼轩饮酒高歌、谈论时事，满腔热血地分析宋金之间的形势，说得兴起时，同甫还拔剑起舞。被他这么一闹腾，幼安的病在不知不觉中就好了。

两人在鹅湖盘桓了几日后，一起南下到靠近福建的紫溪去等朱熹。此地离朱熹居住的崇安只有一百多里，但他最终却爽约未来。按照朱老夫子事后写给陈亮的信中的解释，他是突然变得只想在山里读书隐居，不想出来讨论政事。

此时朝中当红的是周必大和王蔺，后者当年弹劾辛弃疾罢职，前者去年阻挠辛弃疾起复，都是幼安的政治对手，但他们却与朱熹关系很好，人称"道学"一党。朱熹可能是担心和稼轩走得太近，会引起两位大佬的误会吧。至于朱熹是不是真的甘于淡泊、无心仕途，从他一年之后即出任知潭州就可揣摩出来。

朱熹的爽约，对辛弃疾和陈亮的兴致影响不大，他俩都是军事地理的行家，讨论的都是行军打仗的具体策略，不是朱熹那种"王霸义利""性命之学"之类的虚言。

|壮士泪 心如铁|

两人欢聚十天后，陈亮告辞而归。同甫刚走第二天，寂寞的幼安想想觉得不对：人生在世，知己难得，咱俩都是闲居、不用考勤打卡之人，你回乡又没有什么正事要做，不如再和我混几天呢！想罢，驾起车马，抄小道去追，不料天降大雪，未能追上，只得失望地做了一阕《贺新郎》寄给同甫。陈亮到家后收到来信，和了一首《贺新郎》寄回。稼轩读后又和了一首，这就是著名的《贺新郎·同甫见和再用前韵》：

> 老大那堪说？似而今，元龙臭味，孟公瓜葛。
>
> 我病君来高歌饮，惊散楼头飞雪。笑富贵千钧如发。
>
> 硬语盘空谁来听？记当时只有西窗月。
>
> 重进酒，换鸣瑟。
>
> 事无两样人心别。问渠侬：神州毕竟，几番离合？
>
> 汗血盐车无人顾，千里空收骏骨。正目断关河路绝。
>
> 我最怜君中宵舞，道男儿到死心如铁。
>
> 看试手，补天裂！

首句发出英雄坐老的慨叹，这是大多数辛词的基调。接着连用两位与陈亮同姓名人的典故。第一位是前文中提到的陈元龙，他看不起求田问舍的许汜，期待志同道合的好友。第二位是西汉陈遵（字孟公），他豪饮好客，总是等到宾客满堂后命仆人锁上大门，并将来宾的车辖（车轴两端固定用的键销）统统拔下来投入井中，这样客人即使有急事，也无法中途离开，辛弃疾对陈亮的热情便是如此。

辛、陈两人刚直狂放，"硬语盘空"，一腔热血、一身本事，却无用武之地。当年伯乐在太行山脚下看到一匹千里马，被愚蠢的主人用来拉盐车，忍不住抱着它流泪；如今你我这样的汗血宝马拉着盐车，也没人看上一眼。燕昭王心忧燕国偏远弱小，一心想招揽人才，但大家都怀疑他是叶公好龙，并非真的求贤若渴。老臣郭隗给燕王讲了一个段子：古代有位国君喜欢千里马，愿意用千金之价去购买，上天入地找了三年，连一根马鬃毛也没买到。有位近臣求得这个差事，出去三个月，找到一匹千里马，却刚刚病死，就出五百金将马头买了回来。国君大怒道："我要的是活马，不是死马骨头！"近臣回答："等天下人都知道您连死马都愿意出五百金，还用担心买不到活千里马吗？"果然，一年之内，就有三匹千里马被人主动献上。昭王听懂了段子的含意，造了黄金台来把郭隗这行将就木的老家伙当马骨头供起来。那些感觉自己比郭隗强太多的年轻能人们自然兴趣大涨，没多久就形成了"士争凑燕"的可喜局面，其中包括来自魏国的军事家乐毅。原本落后的燕国一下子人才济济，迅速强盛起来。乐毅率领被人轻视的燕国军队，把强大的世仇齐国打得奄奄一息，只剩下两座城池，齐国遭此重创，几乎灭亡。而如今的执政官们，不过是空谈爱惜人才，我们这两匹宝马被晾在边上，一天天老去。纵然如此，同甫你依然有夜半拔剑起舞的豪情，有"男儿到死心如铁"的坚韧，有"看试手，补天裂"的自信，真是令我叹赏！

一年之后，陈亮用此韵又和了一阕《贺新郎·怀辛幼安用前韵》：

> 话杀浑闲说。不成教，齐民也解，为伊为葛？
>
> 樽酒相逢成二老，却忆去年风雪。新著了几茎华发。
>
> 百世寻人犹接踵，叹只今两地三人月！
>
> 写旧恨，向谁瑟？
>
> 男儿何用伤离别？况古来，几番际会，风从云合。
>
> 千里情亲长晤对，妙体本心次骨。卧百尺高楼斗绝。
>
> 天下适安耕且老，看买犁卖剑平家铁。
>
> 壮士泪，肺肝裂！

去年咱俩聊了那么多话都是白说，伊尹、诸葛亮之辈所创造的大事业，只有在位者才可能实施，难道是我等平民百姓或赋闲官员能做到的吗？《战国策》中说"千里而一士，是比肩而立；百世而一圣，若随踵而至也"，人生遇一知音同样如此难得，可叹如今却分隔两地，各自像李白一样孤零零"举杯邀明月，对影成三人"。还好男儿豪情不必伤离别，只要情谊深厚，纵使相隔千里，也如终日相对一般，能够细致入微地体察对方的本心。如今天下苟安，大家都打算耕田终老，把刀剑卖了，去买犁锄之类的寻常百姓家使用的农器，看不到潜藏的内忧外患，怎能不使为国事忧心的有识壮士焦急流泪、肺肝俱裂？

辛弃疾收到此词，终于没有再用《贺新郎》来继续和下去，而是换了一个词牌，这便是千古名篇《破阵子·为陈同甫赋壮词以寄之》：

> 醉里挑灯看剑，梦回吹角连营。

醉看剑梦回点兵场

八百里分麾下炙，五十弦翻塞外声。沙场秋点兵。

马作的卢飞快，弓如霹雳弦惊。

了却君王天下事，赢得生前身后名。可怜白发生！

大醉之后仍要挑灯看剑，叹惜这宝剑如同主人一样，英雄无用武之地；当年吹角连营、激情燃烧的岁月，如今只能梦回，梦醒后还在平静如水的乡村。此词一方面体现了幼安对疆场报国之梦的执着，另一方面也折射出理想与现实之间的距离。东晋大臣王恺（就是和石崇斗富的那位）是晋武帝司马炎的舅舅，有一头爱牛名为"八百里驳"；辛弃疾带兵之时，连这等好牛也毫不心疼地牵出来宰了，搞一顿烧烤，以飨将士、以养军心。秋高马肥，军乐雄壮，沙场点兵，意气昂扬。刘备当年在荆州被人追杀，逃跑时陷于襄阳城西檀溪中，他在情急之下大呼了一声，胯下的的卢马一跃三丈，跳上溪岸，甩掉了追兵；而幼安的战马也是如的卢一般的神骏。弓弦响时，如霹雳般震耳。本想凭借这一身本领，为君王完成恢复中原的大业，为自己赢得生前身后的荣耀名声，可惜壮志还未来得及伸展，就已经两鬓斑白了。前九句大气磅礴、逸兴横飞，被最末一句五个字全部打翻在地，岂不哀哉！梁启超先生评论此词道："无限感慨！哀同甫，亦自哀也。"辛弃疾和陈亮的关系之所以这么好，同病相怜也是原因之一。

｜福兮祸兮｜

绍熙元年，宋光宗赵惇刚刚接了老爸的班，走上皇帝岗位没多久，倒霉的陈亮就第三次入狱了。这次是参加同乡宴会时，有人在肉里放了过多的胡椒末，一位赴宴者暴饮暴食，到家就暴死了，临死前怀疑是同座的陈亮下毒。看来同甫在家乡的人缘实在是不怎么样。总之，他第三次因为重大嫌疑，被抓进大理寺，又遭受了一番严刑拷打。因为赏识陈亮的孝宗已经退居二线，几乎所有人都认为他此次在劫难逃，没想到大理寺少卿郑汝谐看了陈亮的辩词后，惊叹为"天下奇才"，在光宗面前力言陈亮无罪。被关押年余之后，同甫终得释放。

大难不死，必有后福。绍熙四年，年已半百的陈亮第四次参加科考，碰上了极其诡异的考题。原来，此时的光宗已经罹患精神疾病，长时间不去重华宫给太上皇孝宗请安，父子关系十分紧张。对于这个问题，朝野舆论几乎一边倒，大臣们纷纷上书请求皇帝按时朝拜太上皇，以尽孝道。愤怒中年宋光宗便将当年殿试的考题定为"皇帝该不该去朝拜重华宫"。其他考生一看，这还能有什么疑义么？挽起袖子，就从"父慈子孝"的道学角度长篇大论地证明一个字——该！而陈亮却独辟蹊径地写道：作为天子，本职工作是要将天下治理好；对于皇帝而言，只要能收复失地、告慰祖宗就行，至于是否按期朝拜已经退休的太上皇这种面子活儿，根本就不重要嘛！唐太宗不就将自己的亲生父亲逼得退位了吗，这也不妨碍他成为一个好皇帝啊！这倒不是同甫曲意逢迎，他一贯就是这种务实思想，不走儒家的传统套路。

皇帝每年去朝拜太上皇不过区区四次，不大可能妨碍到他好好治理天下，但光宗的偏执狂考题，偏偏遇到了陈亮的偏执狂答卷，二者就擦出了火花。大悦之下，光宗钦点陈亮为今科状元。我不是说陈亮的才学不配夺魁，但他中状元的这个路径很不寻常，完全是极小概率事件，这种另类的成功，别人可无法复制。兴奋至极的同甫回乡报喜，顺便料理家事，准备赴任建康签判，却因一场急病（可能是脑溢血）而骤然离世。这真是福兮祸兮，命运无常。

辛弃疾闻讯，哀恸不已，在《祭陈同甫文》中写道："今同甫发策大廷，天子亲宣之第一，是不忧其不用。以同甫之才与志，天下之事孰不可为？所不能自为者，天夺之年！闽浙相望，音问未绝，子胡一病，速与我诀！"他漫步在曾经与陈亮同游的鹅湖之畔，想到斯人已逝，从此后，世间再无能与自己"长歌相答，极论世事"的知音，悲不自胜，大病了一场。痊愈后，他写下一阕《鹧鸪天》：

> 枕簟溪堂冷欲秋，断云依水晚来收。
>
> 红莲相倚浑如醉，白鸟无言定自愁。
>
> 书咄咄，且休休，一丘一壑也风流。
>
> 不知筋力衰多少，但觉新来懒上楼。

东晋的殷浩名气很大，但率兵北伐，一败涂地，罢职闲居后，每天用手指在空中书写"咄咄怪事"四字，既抒发了郁闷之情，又节省纸墨，很是环保。晚唐司空图在中条山建了一个休休亭，表达自己一心致仕的意愿。稼轩觉得，与其像殷浩那样咄咄书空、发泄怨气，还不如像司空图那样，在美好的山林丘壑中淡然隐居。但随着朝廷政局的变化，绍熙三年至绍熙五年之间，年过半百的辛弃疾又先后被任命为福建提点刑狱和福建安抚使。

第三十三章

男儿到死心如铁　别有人间行路难

福建面朝大海，但不只有春暖花开，更有海盗为患；另外，人多地少，年成不好时，就得辛苦跑到两广去高价买粮。和之前的为官风格一样，幼安上任后，就殚精竭虑地干实事。

｜谁共醉明月｜

首先是与民休息，一年之后，积攒了五十万缗的财政收入，建了一个"备安库"，作为维护地方稳定的专项资金。辛弃疾一方面趁着连年丰收，在秋季米价便宜时，用这笔钱购入两万石储备粮，荒年时便可有备无患；另一方面，计划打造一万副铠甲，招募青壮，补齐部队的编制，严加训练，以防海盗。

和之前的为官遭遇一样，辛大人施政刚刚取得一点绩效，就会被御史弹劾"备安库"的资金管理有问题而遭免职。宋明两朝的言官常常自命清高，自己没干什么正事，倒是把别人干的正事耽误了不少。

稼轩又在家赋闲了两年。宋宁宗庆元二年，他辛苦营建的带湖农庄，被一点余烬引起的火灾焚烧殆尽，只好举家移居瓢泉，真是屋漏偏逢连夜雨。在赠给堂弟辛茂嘉的《贺新郎·别茂嘉十二弟》中，他显露出了苍凉的心态：

> 绿树听鹈鴂，更那堪、鹧鸪声住，杜鹃声切。
> 啼到春归无寻处，苦恨芳菲都歇。算未抵人间离别。
> 马上琵琶关塞黑，更长门翠辇辞金阙。
> 看燕燕，送归妾。
>
> 将军百战身名裂。向河梁、回头万里，故人长绝。
> 易水萧萧西风冷，满座衣冠似雪。正壮士悲歌未彻。

啼鸟还知如许恨，料不啼清泪长啼血。

谁共我，醉明月。

在辛弃疾之前的词人，作品里用典都不多，一首词里嵌一两个典故，起到点缀作用就可以了，连一个典故都不用的也很常见。但稼轩几乎无典不成词，而且一用就是一长串。比如这首，先用三种叫声悲凉的鸟儿起兴：阮籍的《咏怀》里有"鸣雁飞南征，鶗鴂发哀音"之句；鹧鸪叫声好似"行不得也，哥哥"，而且白居易说它"啼到晓，唯能愁北人，南人惯闻如不闻"；杜鹃声声则好似"不如归去"。虽然这些鸟儿都一副很惨的样子，然而和人间的离别比起来，又算得了什么呢？

接下来罗列古代著名的离别典故：王昭君出塞辞家国，在苍茫夜色之中，越走便离中原越远，想到此生再也无望重返故土，琵琶声哀能落雁；陈皇后失宠，被翠辇送去长门宫幽居，回首金阙，心知再难见到端坐其中的结发丈夫刘彻；李陵"五千貂锦丧胡尘"而降匈奴，后来送别北海牧羊十九年的苏武归汉时，"携手上河梁"，"长当从此别"，想到自己百死血战，却在故国已然身败名裂；荆轲刺秦，饯行时，满座送别他的人心知他此去必死，都穿一身白衣，好似提前举行丧仪一般。鸟儿啊，如果你能理解人间的离别，恐怕就不再啼泪，而是啼血。

词都快写完了，还没提到被送别的主人公辛茂嘉一个字，实在不好意思，最后急匆匆来了句"你走以后，还有谁能与我在明月下共醉呢"，这位十二弟完全成了打酱油的。

《人间词话》里评论："稼轩《贺新郎》词送茂嘉十二弟，章法绝妙，且语语有境界，此能品而几于神者。然非有意为之，故后人不能学也。"王国维先生的意思，说白了就是：稼轩这种搞法，那叫"厚积薄发"；要是别人也学着这么搞，那叫"堆砌典故"。

出神入化

嘉泰三年，韩侂胄开始为北伐做前期准备，起用主战派人士，六十三岁的辛弃疾被任命为知绍兴府兼浙东安抚使，第二年转为更靠近前线的知镇江府。

开禧元年的一个春日，稼轩在北固山上的北固亭宴请同僚，席间令歌姬演唱自己的词作以助酒兴，先来了一首几年前的旧作《贺新郎》：

> 甚矣吾衰矣。怅平生、交游零落，只今馀几。
>
> 白发空垂三千丈，一笑人间万事。问何物、能令公喜？
>
> 我见青山多妩媚，料青山见我应如是。
>
> 情与貌，略相似。
>
> 一尊搔首东窗里。想渊明《停云》诗就，此时风味。
>
> 江左沉酣求名者，岂识浊醪妙理。回首叫、云飞风起。
>
> 不恨古人吾不见，恨古人不见吾狂耳。
>
> 知我者，二三子。

《论语》记载，子曾经曰过："甚矣，吾衰也！久矣，吾不复梦见周公。"看来夫子人老以后，睡眠就不太好了。子又曾经曰过："二三子以我为隐乎？"意即：你们几个臭小子，以为老师我有什么东西藏着掖着么？词中另有两句，出自李白《秋浦歌》中的"白发三千丈"和汉高祖刘邦《大风歌》中的"大风起兮云飞扬"，可算入门级题目。《世说新语》记载，郗超、王恂深得大司马桓温的信任，"能令公喜、能令公怒"。南朝齐的张融擅长草书，齐高帝萧道成对他说："卿的书法很有骨力，可惜没有二王（王羲之、王献之）的笔法。"张融答道："陛下不应可惜臣没有二王的笔法，而应可惜二王没有臣的笔法。"瞧瞧这股子傲娇，我们就能理解他那句更著名的狂言了："不恨我不见古人，所恨古人不见我。"

一般情况下，典故是为诗词画龙点睛用的，如果我们不知道该典故的来历，就很难正确理解作者想要表达的含义。但辛弃疾在这首词中的用典却另辟蹊径，直接使用原字的意思，即使不知道这里藏了一个典故的人，读起来也感觉通畅顺遂，毫无晦涩感；而了解典故出处的人，更能会心一笑。稼轩仿佛是一个"行走的藏书阁"，脑海中充满了古书，所以写词时在需要的地方可以信手拈来古人之言，并不着痕迹地融合在词中，达到"无一字无来历"的境界。这不但要求博闻强记，更要求对文字的使用能力出神入化。古往今来用这种方式写诗歌的，似乎只有辛弃疾一人。

| 后生易字 |

一曲既罢，幼安拍腿大笑，高声吟道："我见青山多妩媚，料青山见我应如是……不恨古人吾不见，恨古人不见吾狂耳！"言罢，他四顾座上宾客，问道："诸公以为拙作如何？"众人皆交口赞誉。辛大人兴致更高，举杯一饮而尽，再命歌姬："将余近日新填的那阕《永遇乐》唱来！"只听得丝竹又响，稼轩击掌，打起节拍，歌姬高声唱出了千古名篇《永遇乐·京口北固亭怀古》：

> 千古江山，英雄无觅，孙仲谋处。
>
> 舞榭歌台，风流总被雨打风吹去。
>
> 斜阳草树，寻常巷陌，人道寄奴曾住。
>
> 想当年，金戈铁马，气吞万里如虎！
>
> 元嘉草草，封狼居胥，赢得仓皇北顾。
>
> 四十三年，望中犹记，烽火扬州路。
>
> 可堪回首，佛狸祠下，一片神鸦社鼓。
>
> 凭谁问，廉颇老矣，尚能饭否？

等到女子收了歌声，众人还沉浸其中，未能回过神来。辛弃疾又问："各位以为这阕如何？"满座又是众口一词："辛公此词已臻化境！"这次幼安不肯轻易放过了："此乃余新作，尚未及炼字，必有瑕疵！"从身边挨个问过来，一定要大家来挑毛病。说实话，这真是有点强人所难，普天下有几人能给稼轩的词指出缺点呢？但一味谦逊是过不了关的，被点名问到的宾客只好硬着头皮，指出一两个字不是很妥帖，辛弃疾又不接话，显然对此意见不以为然，继续轻摇羽扇，左顾右盼，盘算下一个要点到谁。他目光扫过之处，众人不是抬头看白云，就是低头啃鸡腿，避之唯恐不及。

幼安轻叹一声，正想化解尴尬，换个话题，末席上一位年轻人突然开口："待制（辛弃疾当时加宝谟阁待制之衔）的词句，已超出了古人、今人的旧范畴，我这个幼稚无知的晚辈怎敢妄加议论？但是，如果待制想仿效范文正公，'以千金求《严子陵祠堂记》一字之易'的佳话，晚辈或许尚有话可说。"

前文曾经提到，范仲淹在睦州任职时，兴建了严子陵祠堂，并为其写了一篇记，准备刻于石上，末尾四句为："云山苍苍，江水泱泱，先生之德，山高水长。"希文对此记很是满意，又想精益求精，便学习吕不韦，宣称若有人能改动其中的一个字，愿以千金为谢。想赚这笔钱的人很多，但仔细读完后，都觉得文章字斟句酌，写得已是滴水不漏。最后，范仲淹将稿子拿给忘年交李觏看。

李觏，字泰伯，就是写出"人言落日是天涯，望极天涯不见家"的那位"理学开宗"，他有个学生，就是"唐宋八大家"之一的曾巩。李觏读了一遍，赞叹不已，又朗声连读了两遍，站起身来说道："范公此文一出，必将传扬于世。在下愚妄，建议改动一个字，以成其尽善尽美。"

范仲淹吃了一惊，忙抓住他的手问道："哪个字？改哪个字？"泰伯回答："云山、江水一句，其词其意都很广大。用'德'字来承接其后，好像有点狭隘局促了，换成'风'字如何？"希文一想，不住地点头，几乎要给比自己小二十岁的李觏下拜。

这就是我们今天看到的文章结尾："云山苍苍，江水泱泱；先生之风，山高水长。"那些不能领会"风"字比"德"字在涵义和气势上更胜在何处的人，去学文科专业，大概是没什么前途的。

北固亭上，众人听得有人自比一字千金的李泰伯，心中都吃了一惊，赶紧转头看是哪个黄口小儿这么不知天高地厚——原来是担任承务郎监镇江府户部大军仓的岳珂，此人的父亲是放严蕊生路的岳霖，祖父就是名垂青史的岳武穆。

辛弃疾大喜，起身来到岳珂座位旁，与他促膝而坐："公子有何高见，快快请讲！"岳珂当即侃侃而谈："前篇《贺新郎》豪视一世，唯独两条警句'我见青山多妩媚，料青山见我应如是'与'不恨古人吾不见，恨古人不见吾狂耳'在句法上稍有雷同之处。新作《永遇乐》感觉用典略多了些。"稼轩大喜，亲自为岳珂斟满一杯酒："公子所指出的，正是我的老毛病。"

随后，稼轩不断修缮这两首词，每天改动几十次，改了数月，都没有定稿。这个故事记载在岳珂的随笔《桯史》中，不难看出，作者有自吹自擂之嫌。岳珂在嘉兴金陀坊编写的《金陀粹编》，为祖父岳飞鸣冤，其文风也同样被人质疑有点夸张。

|仓皇北顾|

事实上，辛弃疾在这首词中的用典件件紧扣主题，虽多而不乱。

东吴开国皇帝孙权当年为了抗曹，将治所从远离前线的吴郡前移到镇江，听了乔国老唱的一段"龙凤呈祥"后，又在北固山上的甘露寺招亲刘备，奠定三国鼎立之势。生于镇江的南朝宋开国皇帝刘裕小字寄奴，北伐攻灭游牧民族政权南燕和后秦，收复沦陷多年的长安和洛阳。然而在历史长河的雨打风吹中，这样"金戈铁马、气吞万里如虎"的英雄也无处寻觅了。

西汉霍去病率铁骑大破匈奴，在狼居胥山举行了祭天封礼。经此一战，匈奴丧胆远遁，"漠南无王庭"。从此，"封狼居胥"代表了汉人战胜北方游牧民族的赫赫武功。

刘裕之子、皇二代宋文帝刘义隆，听大将王玄谟陈说北伐策略，以为那是轻松愉快的事情，被忽悠得"有封狼居胥意"，于元嘉二十七年，以其为先锋，在没有准备充分的情况下，便草率发动北伐。然而幻想与现实之间的差距太大，北魏太武帝拓跋焘大败宋军，并兵分五路大举南下，直抵扬州，饮马长江，吓得刘义隆在建康仓皇登上幕府山北望，想看看敌人前锋已到何处。

北方敌人的嚣张不是一次两次，在辛弃疾此词诞生的四十三年前，金主完颜亮也率兵打到了扬州，那场破坏力巨大的战争，幼安是亲身经历过的，至今记忆犹新。"佛（bì）狸"是一种狐狸，拓跋嗣给儿子拓跋焘取这个小名，类似汉人给儿子起个小名叫"阿狗"。当年拓跋焘在长江北岸瓜步山建了一个行宫，以威慑南朝，到如今，早已演变成了祭神的庙堂"佛狸祠"，老百姓只知道什么神祇都得拜拜，以寻求保佑。祭祀时，喧闹鼓声夹杂着偷吃祭品的乌鸦的聒噪声，让人百感交集——这个建筑，被北方游牧民族作为打到南方来耀武扬威的标志，这份羞辱，原本不堪回首！

在词的下半阕中，明显可以看出稼轩用"元嘉北伐"失利之事，对韩侂胄即将开始的北伐是否谋定而后动满怀忧虑。

| 壮心不已 |

虽然知道北伐艰难，但辛弃疾仍然用了一个廉颇的典故来表达毛遂自荐之意。战国后期，秦国对山东六国的威胁日益严重，吞并六国之势愈发明显。赵王手中无大将可用，便派了一个使者去探望客居魏国的廉颇，想看看年老的他是否还能够领兵打仗。赵王的宠臣郭开和廉颇有过节，生怕廉颇回国会对自己不利，便重贿使者，让他说坏话。

为了展现自己老当益壮、仍能战场杀敌，廉颇当着使者的面，一顿饭吃了一斗米、十斤肉（战国时的度量衡与今天的不同），又穿起厚重的盔甲，骑马跑了一圈。但使者回去后却这样禀报赵王："廉将军虽老，但饭量尚好，吃个老母猪，不抬头。但与臣吃这一顿饭的功夫，如厕了三趟。"韦小宝的撒谎秘籍，与这使者同出一脉——假话、真话掺着说，更容易令人相信。赵王一听，心想：两军阵前，哪有时间给你跑厕所啊？！唉，老不堪用了！就这样，老将挂帅的事儿被搅黄了。

郭开后来收受秦国的贿赂，又在赵王面前用谗言害死了李牧。战国四大名将，赵国的廉颇、李牧占了一半名额，却毁于郭开一人之手。赵王信用这样的小人，国家不亡何待？！

稼轩时年已经六十五岁，仍然壮心不已，高调吸引注意：朝廷中是否会有人像关心"廉颇老矣，尚能饭否"那样，考虑用老夫我领兵北伐呢？

| 年少英雄 |

别人词中用典，可能给我们"有它不多、没它不少"的修饰感，但这阕《永遇乐》则让我们感觉每个典故都像是一件锦绣织品上不可缺少的花纹，用典之多、用典之贴切，在两宋词中是最突出的。所以杨慎在《词品》中评论道："辛词当以京口北固亭怀古《永遇乐》为第一。"岳珂讥其用典多，不过是年轻人的自以为是罢了。

北固山形势险峻、雄视长江，文人墨客登临之下，很容易凭高北顾、抚今追昔。四十年前，陆游就在此写下了《水调歌头·多景楼》。稼轩非常喜欢北固亭，在这里留下了另一篇名作《南乡子·登京口北固亭有怀》：

> 何处望神州？满眼风光北固楼。
>
> 千古兴亡多少事？悠悠。不尽长江滚滚流。
>
> 年少万兜鍪，坐断东南战未休。
>
> 天下英雄谁敌手？曹刘。生子当如孙仲谋。

在青梅煮酒论英雄的环节中，曹丞相对寄人篱下的落魄刘皇叔说，"天下英雄，唯使君与操耳"，连小霸王孙策都被贬为"藉父之名，非英雄也"。其实，孙策才是一手打下江东六郡、八十一州的基业开创者，他未能登上曹操、刘备那个等级的原因不在于"藉父之名"，而在于性格轻率浮躁，正如曹操的头牌谋士郭嘉所预言的那样："孙伯符刚刚并有江东之地，一路所杀的，都是那些能够效死力的英雄豪杰。他应该加强安保工作，防止刺客报仇。然而他轻率无防备，即使统率百万之众，也与独行中原没什么两样。如果遇到刺客突然伏击，他不过是一人之敌罢了。依我看来，孙伯符必将死于无名小卒之手。"果然，过了没多久，孙策在打猎时，飞马甩掉了亲兵护卫，孤身遇上之前所杀的吴郡太守许贡的三位门客，面颊中箭，伤重而亡。郭嘉在此事中的表现不像是一位谋士，倒像是一位妖异的算命先生。

孙权十八岁便继承父兄基业，"年少万兜鍪"，成为保有江东的一方诸侯；二十六岁时，力排投降派的众议，在赤壁大破刚刚拿下荆州、气势冲天的曹军。五年后，元气恢复的曹操又率四十万大军南下，孙权以七万精兵在濡须口抗击一个多月，曹丞相在两军阵前看见孙权麾下军队严明整肃，不禁脱口叹道："生子当如孙仲谋！刘景升（刘表）儿子若豚犬耳。"曹操与孙坚、刘表是同一代人，刘表的儿子刘琮望风归降自己，而孙权却成为自己无法战胜的强敌，两相对比之下，真真是判若云泥。

其实曹操这句话有点谦虚，因为他自己的儿子们也是人中龙凤：曹丕和孙权一样，是开国皇帝；曹植才高八斗，是后世文人普遍推崇的偶像。这哥俩继承了父亲的文学天赋，"三曹"成为建安文学的代表人物。而曹冲则有奥数天赋，会用巧妙的方法称大象。

虽然孙权的功业比起几乎算白手起家的曹操、刘备来，要稍微逊色一些，但稼轩用"天下英雄谁敌手，曹刘"来衬托他的高大形象，无疑是在给同样"坐断东南"的宋宁宗树立榜样。孙权最进取的战绩，就是收拾了三国第一名将——武圣关羽。关二爷当时正立于人生的巅峰：刚刚以三分之一个荆州的实力，把曹姓第一名将曹仁打得缩在樊城龟不出头；水淹七军，活捉了来救樊城的曹魏外姓"五子良将"之首于禁；斩杀了西凉猛将庞德，逼得曹操打算从许昌迁都，以避其锐。史书用"威震华夏"一词来形容此时的关云长。孙权攻杀关羽，就是为了抢下荆州这块兵家必争之地。孙仲谋作为割据政权的首脑，尚且一心进取、扩大版图，我大宋作为中华正朔，难道好意思就这么偏安江南、不图恢复？陛下您与历史人物比较一下，觉得自己是像年少英雄的孙权呢，还是像庸庸懦懦的刘琮呢？这些话，辛弃疾没有明说，也不能明说，但通过他对孙权的推崇，就能读出如上的潜台词，这正是诗歌的艺术性所在。

第三十四章

二十四桥波心荡　小红低唱我吹箫

虽然稼轩是名垂青史的伟大词人，但作词无疑只是他的业余爱好而已。他到任镇江后，一直在脚踏实地地做情报工作，希望对金军的实力有一个清醒客观的认识，而非朝廷执政者那种盲目乐观。

治军四策

幼安提出了四点建议。

第一，招兵要择。那些经过"符离之败"、一触即溃的老兵，都被金兵吓怕了，患有"恐金症"，只能"列屯江上、以壮国威"，用于摇旗呐喊、虚张声势；真正用于北伐作战的士兵，必须从边境地区那些从小骑射习武、已经习惯与金兵厮杀的壮士中招募，辛弃疾甚至已经为他们提前缝制好了一万领红色战衣。

第二，兵屯要分。新部队和老部队分开驻扎，避免新兵被老兵油子们传染各种恶习，"不幸有警则彼此相持莫肯先进，一有微功则彼此交夺反戈自戕，岂暇向敌哉"。

第三，军势要张。"淮之东西分为二屯，每屯必得二万人乃能成军。淮东则于山阳，淮西则于安丰。择依山或阻水之地而为之屯，令其老幼悉归其中，使无反顾之虑，然后新其将帅，严其教阅，使势合而气震，固将有不战而自屈者"，军事部署互相呼应支援，威慑牵制金兵。

第四，谍候要明。重视情报斥候工作，知己知彼，方能百战百胜。辛弃疾曾对时任建康府教授的好友程泌说："情报人员是军队的耳目，战争的胜负与国家的安危都系于他们。现在朝廷每年只给负责这些工作的人区区几两银子、几匹粗布，就想让人家冒着生命危险，深入敌后去刺探敌国的情报，哪有这样做事的道理？！"说着，从怀中取出一张一尺见方的锦缎地图，只见上面密密麻麻地将金国的军力分布、驻防地点、将领姓名、后勤仓库等重要信息标注得一清二楚："为了制成这张图，我已经花费四千缗了。我每派出一个间谍，都会另外再派一个，用他们汇报的情况相互比对，使之无法欺瞒。北方之地，本来也是我少年时经行的，他们也不敢对我信口开河。金人目前依然兵强马壮，北伐之事当谨慎谋划，岂可掉以轻心？"

然而，韩侂胄自以为胜券在握，并不重视幼安的意见。开禧元年六月，宋宁宗"诏内外诸军，密为行军之计"。即将开战的同时，辛弃疾就从坐镇前线的知镇江府，调任驻守后方的知隆兴府，还没到任，就又被谏官弹劾免职，直接打回了江西老家。

条条应验

从前是朝廷无意北伐，稼轩在苦苦等待机会，纵然年过花甲，心中依然尚存一线为国建功的希望；如今北伐在即，自己热心准备了多年，到头来却只能做一个远望的观众，他的伤心失望，不问可知。

闲居时，有一位热心功名事业的客人来访，一番谈论后，看破世情的稼轩写下了《鹧鸪天》（有客慨然谈功名，因追念少年时事，戏作）：

> 壮岁旌旗拥万夫，锦襜突骑渡江初。
>
> 燕兵夜娖银胡䩮，汉箭朝飞金仆姑。
>
> 追往事，叹今吾，春风不染白髭须。
>
> 却将万字平戎策，换得东家种树书。

老夫年轻时，曾统领雄兵上万，战阵之前，旌旗猎猎招展。在率领身着织锦战袍的精锐骑兵部队杀出金国统治区、渡江南归之时，金兵半夜三更提心吊胆地枕着银色箭袋睡觉，生怕被偷袭，我们却偏偏出其不意，在凌晨用箭雨发动突击。那激情燃烧的岁月，如今回忆起来，真是令人热血沸腾！然而好汉不提当年勇，看看老夫如今的样子，只能感叹岁月是把杀猪刀。春风能绿江南岸，却不能将白须染黑。最是人间留不住，朱颜辞镜花辞树。殚精竭虑写成的万字平戎之策《美芹十论》《九议》等，现在看来毫无价值。罢罢罢！还不如拿去向东边的邻居换点植树手册，安心务农，了此残生。此词可算是准确总结了稼轩的一生际遇——有心杀敌，无门报国。

开禧二年，自我感觉良好的宋宁宗和韩侂胄贸然发动北伐，但宋兵正如辛弃疾所担忧的那样，再次一触即溃。金国乘胜，兵分九路南侵，直抵长江北岸，江南大震。幼安《永遇乐》中描绘的"元嘉草草，封狼居胥，赢得仓皇北顾"果然重演。

十多年后，程珌在给宋宁宗的上疏中如此总结"开禧北伐"的惨痛结果："一出涂地，不可收拾。百年来供养训练的军队，一日而溃；百年来打造的器械，一日而散；百年来公家、私人的储藏，一日而空；百年来中原百姓盼望王师的人心，一日而失！推寻其原由，没有一条不是辛幼安在战前两年已经预言的。"

然后，程珌又举出失败原因："此盖犯招兵不择之忌也""此盖犯兵屯不分之忌也""此盖犯军势不张之忌也""此又犯谍候不明之忌也"，条条皆稼轩所言。读史至此处，焉能不掩卷长叹！

到了兵败如山倒的时候，朝廷终于想起那位事事提前言中的老将。开禧三年初，幼安被任命为兵部侍郎，但他辞而不就。秋八月，如热锅上的蚂蚁一般的韩侂胄为辛弃疾安排了枢密院都承旨的职位，派使者到江西请他重新出山。这是南宋最高军事机关里的重要职务，看起来韩侂胄真要重用幼安了。然而，辛弃疾对枢密院的来使摇头辞道："韩公岂是真能使用稼轩以立功名之人？稼轩又岂是肯依附韩公、只为求取富贵之人？"也有说法称，任命的诏令到铅山时，辛弃疾就已病重卧床，只得上奏请辞。

此时，目睹国事江河日下的稼轩确实已经病入膏肓，卧床不起。九月初十日，他在回光返照中勉强从床上撑起身来，戟指大呼："杀贼！杀贼！"声音未了，双目圆睁而逝，享年六十八岁。这正是"男儿到死心如铁"！然而谁又给你机会去"看试手，补天裂"？没有给稼轩机会的韩侂胄一个多月后被史弥远暗杀，首级献至金国，"嘉定和议"遂成。

|后世慨叹|

六十年后，谢枋得拜访辛弃疾故居，作《祭辛稼轩先生墓记》，感叹幼安之忠、之能，"使公生于艺祖（赵匡胤）、太宗时，必旬日取宰相"。结果不幸生在南宋，"入仕五十年，在朝不过老从官，在外不过江南一连帅"。他围绕辛弃疾生平多次被言官弹劾"贪酷"，指出事实上"嘉定名臣无一人议公者"；而"诬公以片言只字而文致其罪"的，"非腐儒则词臣也"，使得"忠义第一人，生不得行其志，没无一人明其心"，"此朝廷一大过，天地间一大冤"，直至"公没，西北忠义始绝望，大仇必不复，大耻必不雪，国势远在东晋下"。

清人陈廷焯则说："稼轩有吞吐八荒之概而机会不来，正则为郭（子仪）、李（光弼），为岳（飞）、韩（世忠），变则为桓温之流亚。"这等人物出现在国家危急之秋，本是生逢其时，若朝廷善用之，必能建立盖世功业，却被南宋官场蹉跎终老，虚负凌云万丈才，一生襟抱未曾开。

哀哉稼轩！

惜哉稼轩！

痛哉稼轩！

|扬州慢|

在辛弃疾手中，词这种体裁被发扬光大到了顶峰，几乎无事不可入词。文字风格也变化多端，既有"八百里分麾下炙，五十弦翻塞外声"这种严整的对仗，也有"甚矣吾衰矣"这种语出典籍的虚词，还有"天下英雄谁敌手？曹刘"这种自问自答，已经达到了"从心所欲不逾矩"的境界。另外，他善写语意连贯的长句，以文入词，同时节拍鲜明、韵律铿锵，保持了很强的音乐感。这些特点，被人称为"稼轩体"，其后的南宋词坛都深受其影响。

当时另一位著名词人姜夔，字尧章，号白石道人，被论为"白石脱胎稼轩，变雄健为清刚，变驰骤为疏宕"。我们先来看他为幼安《永遇乐·京口北固亭怀古》所和的一首《永遇乐·次稼轩北固楼词韵》：

> 云隔迷楼，苔封很石，人向何处？
> 数骑秋烟，一篙寒汐，千古空来去。
> 使君心在，苍崖绿嶂，苦被北门留住。
> 有尊中酒差可饮，大旗尽绣熊虎。

前身诸葛，来游此地，数语便酬三顾。

楼外冥冥，江皋隐隐，认得征西路。

中原生聚，神京耆老，南望长淮金鼓。

问当时，依依种柳，至今在否？

姜夔将辛弃疾比作诸葛亮，"中原生聚，神京耆老，南望长淮金鼓"明确地表达了对其北伐志向的支持。"桓温种柳"的典故则让我们想起稼轩《水龙吟》中那句"可惜流年，忧愁风雨，树犹如此"。

白石比稼轩小十四岁，从唱和的记录来看，应与其有所交往，作品中确有学习辛词的痕迹。按姜夔的自述，稼轩对他很欣赏，"深服其长短句"。这话应该不算自吹自擂，清代文学家刘熙载说道："白石才子之词，稼轩豪杰之词。才子、豪杰各从其类爱之。"但以今日大多数人眼光来看，白石这首和词比之稼轩原作，低了至少一个档次。能使大家欣赏他的，还是那首最负盛名的自制新曲《扬州慢》（淳熙丙申至日，予过维扬。夜雪初霁，荠麦弥望。入其城，则四顾萧条，寒水自碧，暮色渐起，戍角悲吟。予怀怆然，感慨今昔，因自度此曲。千岩老人以为有《黍离》之悲也）：

淮左名都，竹西佳处，解鞍少驻初程。

过春风十里，尽荠麦青青。

自胡马窥江去后，废池乔木，犹厌言兵。

渐黄昏，清角吹寒，都在空城。

杜郎俊赏，算而今重到须惊。

纵豆蔻词工，青楼梦好，难赋深情。

二十四桥仍在，波心荡、冷月无声。

念桥边红药，年年知为谁生？

一读此词，就知道姜夔是杜牧的铁杆粉丝，"春风十里扬州路""豆蔻梢头二月初""十年一觉扬州梦，赢得青楼薄幸名""二十四桥明月夜"，小杜关于扬州的名句如泉水般涌出。然而令杜郎如此迷恋的扬州，当年那些熙熙攘攘、人来人往的街市，在绍兴三十一年金主完颜亮南侵之后，被彻底洗劫摧毁。十五年后的淳熙三年冬至，二十二岁的姜夔路经扬州，这里已是满眼荠菜、野麦丛生的荒地。凄清的二十四桥下寒波荡漾，倒映出无声冷月，这月儿曾映照过此地的往日繁华。桥边的扬州名花红芍药依然顽强地存活着，从前它们到了春天绽放时，能引得人们笑语喧哗地前来观赏，如今只能"花无人赏花自开，寂寞开无主"了。这一切的败落、倒退，都是拜金兵的侵略所赐。连废池乔木都"犹厌言兵"，这四个字，传递出对战争的深深憎恶，尤其是这个"厌"字，拟人手法用得出神入化、无字可换。

小序中提到的"黍离"，是《诗经·国风·王风》中的一篇《黍离》：

> 彼黍离离，彼稷之苗。行迈靡靡，中心摇摇。
> 知我者，谓我心忧；不知我者，谓我何求。
> 悠悠苍天！此何人哉？
> ……

西周被犬戎所灭，周平王东迁后不久，朝中一位大夫路过西周故都镐京，只见原来的城阙、集市唯剩断壁残垣，郁郁葱葱的黍苗在其间已经繁茂地长成行列，曾经神圣的宗庙埋没在荒草丛中。他缓步行走在这片由都城繁华地而变成的农田上，悲不自胜，而做此诗。看到我眉头紧锁，理解我的人知道我是心中忧愁，不理解我的人以为我有什么贪求。仰首问天，导致这悲剧的罪魁祸首究竟是谁呢？这位大夫心里早有答案，却为尊者讳，不肯说出来。但不说大家也知道，自然是那位烽火戏诸侯的周幽王。自那以后，对故国沦亡破败、故土沧海桑田的感伤，就被称为"黍离之悲"，自号"千岩老人"的诗人萧德藻认为这首《扬州慢》便有此意。

| 白石先锋 |

萧德藻，字东夫，在当时是和陆游、杨万里、范成大齐名的诗人。他身后诗集由杨万里作序刊行，可惜元代时被毁失传，今人已无从读到，所以声名不如那几位显赫。

姜夔因为父亲姜噩与萧德藻是同科进士，便以故人之子的身份去拜见。萧德藻读了姜夔奉上的这首《扬州慢》，大为欣赏："老夫学诗数十年，今日总算交到一位朋友！世侄可有功名？"姜夔脸上一红："说来惭愧！晚辈学艺不精，四次参加乡试，均名落孙山。""那是考官有眼无珠。世侄可曾婚配？"姜夔一看，桃花运要来了，脸上又是一红，赶紧羞涩地摇摇头。萧德藻哈哈大笑：

松凌渡小红唱新词

"老夫有一侄女，既美且贤，尚待字闺中。世侄若不嫌弃，愿奉箕帚。"姜夔却之不恭，只好受之有愧啦。

几年之后，萧德藻到湖州做官，姜夔随行。路过杭州时，萧老介绍侄女婿认识了诗友杨万里。眼高于顶的杨诚斋对姜白石的词称赏不置，做诗勉励："尤萧范陆四诗翁，此后谁当第一功？新拜南湖为上将，更推白石作先锋。"意思是：尤袤、萧德藻、范成大、陆游四位老一辈诗人之后，年轻人之中谁能担起重任呢？就要数张镃（卜居南湖）和姜夔你们两位了。

小红低唱

杨万里又专门写了一封介绍信，让姜夔带着去苏州拜访退休闲居的范成大。白石绝对是个老诗人杀手，范石湖居然对他也是一见如故，称赞其翰墨人品有魏晋风流，两人结为忘年交。

绍熙二年冬，姜夔跑到范成大家踏雪寻梅，一住就是个把月。临别之日，对姜夔音乐才能甚为推崇的范老提了个要求："贤侄何不度新曲以咏此梅，留与老夫作个纪念？"这是白石的拿手好戏，于是取材林和靖名句"疏影横斜水清浅，暗香浮动月黄昏"，不多时便自制出《暗香》《疏影》两首新词牌。范成大拿着词谱反复哼唱，又叫来最擅歌舞的家伎小红，配以乐器，来了一段琴曲契合的表演，音节和谐婉转，美妙至极。范老大为喜悦："贤侄新词由小红如此唱来，真是此曲只应天上有，人间哪得几回闻？宝剑赠英雄，红颜配才子。小红，今日你便跟姜公子同去吧。"白石靠着做得一手好词，大老婆和小老婆都是别人主动送上门来给配齐的。

志得意满的姜夔吹着洞箫伴奏，小红一路缓缓低唱着新鲜出炉的《暗香》《疏影》。当天，两人便在雪中乘舟返家。路过苏州吴江的江南第一长桥垂虹桥时，白石又作七绝一首《过垂虹》：

> 自作新词韵最娇，小红低唱我吹箫。
> 曲终过尽松陵路，回首烟波十四桥。

蒙古崛起

虽然姜夔当时已名重天下，但多次应试都未能考中进士，一生漂泊江湖。

他郁郁而终三载后的宋宁宗嘉定十七年，皇帝赵扩驾崩，因为亲生儿子都早早天折，领养的远房宗室子弟赵昀捡漏登基（庙号理宗）。

赵昀是赵匡胤之子赵德昭的九世孙，这样皇位就从赵德芳一系（孝宗开始）传到了赵德昭一系手中。至此，"金匮之盟"所涉及的赵宋皇室脉系，都通过其后裔实现了"皇帝轮流做，明年到我家"的终极梦想。但赵德昭的后人显然比较点儿背，因为北方比金国更加强大而凶残的蒙古已经崛起。就在这一年，大侠郭靖的骑射恩师——神箭将军哲别病逝于西征胜利后的东归途中，他曾为成吉思汗痛击金国，攻灭西辽和花剌子模，大败俄罗斯和钦察联军。

理宗刚刚登基三年，宋朝两百年的宿敌——西夏亡于蒙古。再过七年，宋朝的另一个百年大敌——金国也被蒙古所灭。一个世纪前，为了夺回燕云十六州，北宋联手金国灭辽，随后又被金国所灭；如今南宋为了洗雪靖康之耻，联手蒙古灭金，随后会发生什么，似乎不是难以预测的事情。偏安江南已经一个世纪的南宋，开始独自抵抗世界历史上最强大的军事帝国，并坚持了将近五十年之久，这是蒙古对一个政权耗时最长的战争。

第三十五章

山河破碎风飘絮　不指南方誓不休

宋理宗宝祐四年，当时的蒙古大汗是成吉思汗的第四子拖雷的长子蒙哥，他前不久刚刚派遣弟弟忽必烈征服了地处云南的大理国。"南帝"一灯大师段智兴的曾孙、大理末代皇帝段兴智（是的，你没有看错，我也没有写错，他俩的名字就是存心来搞乱我们脑子的）被活捉后归降，段家的绝世武功——六脉神剑和一阳指在千军万马的战阵之中，也一筹莫展。

丨天祥宋瑞丨

对于易守难攻的四川盆地，蒙古人从北面、西面和南面形成了三面包抄之势。这一年的科举，考官和考生们的心情都很沉重。主考官王应麟将数十份优秀的殿试答卷奉呈皇帝，宋理宗赵昀注意到其中一份洋洋万言的策论提到"夫东南之长技，莫如舟师，我之胜兀术于金山者以此（韩世忠），我之毙逆亮于采石者以此（虞允文），而今此曹，反挟之以制我"，不由得心中一凛。

这名考生暗示蒙古人的下一个目标是攻占天府之国，然后重演当年晋朝灭东吴的"王濬楼船下益州"之战，他们将会打造强大的水师顺江东下。理宗当然深知江南政权面对从上游顺流而下的敌人水军时，长江天堑形同虚设，御敌卫国迫在眉睫。

理宗接着读下去："夫陛下自即位以来，未尝以直言罪士，不惟不罪之以直言，而且导之以直言。臣等尝恨无由以至天子之庭，以吐其素所蓄积。幸见录于有司，得以借玉阶寸地，此正臣等披露肺肝之日也。方将明目张胆，謇謇谔谔言天下事，陛下乃戒之以'勿激勿泛'。夫'泛'固不切矣；若夫'激'者，忠之所发也，陛下胡并与泛者之言而厌之耶？"

这就是明目张胆地在批评皇帝了，意思是：陛下您自即位以来，一直广开言路，非但不怪罪直言者，反而鼓励臣民直言无忌。我这么多年来对朝政攒了一肚子意见，正打算借着这份考卷好好提一提，您却突然在试题中告诫"不要过激、不要空泛"，这是要我把到了喉咙口的话再咽回去吗？空泛之言当然是烂文章，但过激之言总是出于耿耿忠心，您应该乐于见到才对，怎么能像讨厌空泛之言那样讨厌过激之言呢？

理宗边御览，边连连点头，批评得蛮有道理嘛！翻到落款一看，这考生姓文，名天祥，字履善。皇帝不禁大喜："天之祥，乃宋之瑞也！"大悦之下，御笔一挥，钦定其为状元，而主考官原来只将其拟为第五名。清末状元刘春霖也是因为名字意头好，被慈禧太后从考官原拟的第二名提为头名状元。看来名字起得好不好，很影响自身仕途。

据说文天祥出生时，他的祖父梦到一个小孩乘紫云而下，就给婴儿起名为"云孙"，字"天祥"；中了贡生后，改名为"天祥"，另取字为"履善"；经皇帝的金口玉言，自此改字为"宋瑞"。文天祥字宋瑞，和《红楼梦》里的贾瑞字天祥，都意在讨个祥瑞的好彩头。

王应麟上奏理宗："此卷忠肝义胆，好似铁石，微臣恭贺陛下选拔到了良材。"在这一年的进士名单中，除了文天祥，还有陆秀夫和谢枋得，宋末三大忠节之士聚于一榜，也是千古美谈。而这位伯乐考官王应麟，便是我们耳熟能详的启蒙读物《三字经》的作者。

| 暂得喘息 |

二十岁的文天祥果然是宋廷的祥瑞。他中状元三年后，不可一世的蒙古大汗蒙哥居然在御驾亲征重庆合川钓鱼城时，被飞石击中，伤重而亡。灭国四十、所向披靡的蒙古大军这次只能抬着灵柩，铩羽而归。因为蒙哥没有来得及留下遗诏，指定继承人，下面这些弟弟们开始争夺大汗之位。当时，拖雷的第四子忽必烈手握雄兵，正在围困鄂州，一得到消息，便立刻与南宋宰相贾似道议和，回师先去与拖雷的第七子阿里不哥拉开抢汗位的内战。

阿里不哥当时正留守在蒙古都城和林，他纠集了一帮贵族，推举自己为新一任大汗，得到了蒙古四大汗国中的钦察汗国（成吉思汗长子术赤的嫡次子拔都所建）、察合台汗国（成吉思汗次子察合台所建）和窝阔台汗国（成吉思汗三子窝阔台所建）的支持。忽必烈则干脆在燕京自立为大汗，得到了伊尔汗国（拖雷第六子旭烈兀所建）的支持。天无二日、国无二主，忽必烈和阿里不哥热烈对撕，南宋借此侥幸赢得了几年喘息时间。

| 尽作胡语 |

宋理宗景定五年，累得半死的忽必烈终于搞定了阿里不哥，其他不服气的汗国纷纷独立，各自为政，已经打下空前广大疆域的蒙古帝国就此分裂。同年八月，忽必烈下诏，燕京（金中都，金亡后称燕京）改名为中都，作建都的准备。同年九月，他发布《至元改元诏》，取《易经》中的"至哉坤元"，将年号由"中统"（忽必烈的大蒙古国所奉的年号）改为"至元"。至元八年年底，忽必烈取《易经》中的"大哉乾元"，将国号由"大蒙古国"改为"大元"，"元"的国号正式出现，忽必烈成为元朝的首任皇帝（庙号世祖）。

国内局势稳定后，忽必烈开始积极谋划新一轮的对宋战争。就在此时，宋理宗及时驾崩了，将烂摊子甩给了后任。赵昀没有儿子，被过继的侄儿赵禥即位（庙号度宗），改元"咸淳"。

从咸淳三年到咸淳九年，元朝丞相伯颜、大将张弘范率兵，围困由南宋大将吕文焕镇守的军事重镇襄阳。张弘范是元朝灭宋战争的主角，他父亲张柔原是家在河北保定府（今河北省保定市）的金国汉族将领，兵败后降蒙，一生服务于异族。张弘范出生时，金国已经灭亡四年，他本人始终食元之禄、忠元之事，并非某些人误以为的"投降元朝的汉人"，很难算典型意义上的汉奸。此人自幼由儒家名师教导，倒是文武双全，有词作《鹧鸪天·围襄阳》：

> 铁甲珊珊渡汉江，南蛮犹自不归降。
> 东西势列千层厚，南北军屯百万长。
>
> 弓扣月，剑磨霜，征鞍遥日下襄阳。
> 鬼门今日功劳了，好去临江醉一场！

这个汉人居然称本族同胞为"南蛮"，一下子就让人想起司空图的"汉儿尽作胡儿语，却向城头骂汉人"。长期不能收回中原失地，同胞相残那是迟早的事情。

吕文焕孤军死守襄阳六年，告急求援的军情雪片似的飞往临安，度宗在贾似道的蒙蔽下，居然一无所知。襄阳城到最后，内无粮草，外无救兵，最终陷落，吕文焕归降元朝。在金庸先生笔下，大侠郭靖、黄蓉夫妻与儿子郭破虏在此役中殉国，而他们的女儿郭襄却不知在哪里边游山玩水，边寻觅她的杨过大哥哥；号称领悟了"为国为民，侠之大者"的神雕大侠则不问世事，藏在古墓里，躲开了婚姻的潜在不稳定因素——郭二姑娘，否则说不定还能在小说中帮忙延续一下南宋的寿命。

　　襄阳一失，南宋大势已去，荒淫无度的宋度宗又适时地于咸淳十年驾崩，虽然死时还不满三十五岁，但至少不必当亡国之君了。奸相贾似道拥立度宗刚满三岁的嫡子赵㬎（xiǎn）为帝（史称宋恭帝），改元"德祐"。

力延社稷

　　拔掉了襄阳这颗钉子后，元朝大军旌旗南指。张弘范在率兵渡长江时，又赋诗《过江》：

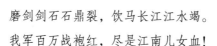

> 磨剑剑石石鼎裂，饮马长江江水竭。
> 我军百万战袍红，尽是江南儿女血！

　　诗写得很有气魄，和岳飞"笑谈渴饮匈奴血"有一拼，不过历史地位可是判若云泥。岳武穆的战袍上是异族侵略者的血，作为侵略者的张将军的战袍上，则满是本族同胞的鲜血。

　　到了风雨飘摇之秋，十八年前因为得罪权奸贾似道而默默无闻的文天祥才得以站到历史舞台的中央，开始了浓墨重彩的悲剧演出。时任赣州知州的他，接到勤王诏书后，捐出全部家资，招兵买马，聚集万人，入卫临安。有朋友劝阻道："现在元兵势大，你以这乌合之众万余人赴京，不是驱赶群羊去斗猛虎吗？"文天祥叹息一声道："我也知道事实如此，然而国家养育臣民三百余年，危急存亡之秋，征召天下的兵丁，却无一人一骑敢于响应，我深以为恨，所以不自量力，宁愿以身殉国，希望天下的忠臣义士听说后皆能后而奋起，依靠人多而成就功业。如此，还有望保全社稷。"

　　南宋末年，国家积贫积弱，不是文天祥一介书生就可以挽狂澜于既倒、扶大厦之将倾的。他临时拼凑的军队，在强大的敌人面前，不出意外地战败。元军一路催城拔寨、势如破竹，攻破襄阳后，仅花一年多时间就兵至临安城下。南宋众臣中，有主张投降的，有主张死守的，有逃出去准备长期抗战的，总之，朝廷上下乱作一团。

文天祥因其忠肝义胆，被火箭般提拔为右丞相兼枢密使，作为使臣，出城与元军主帅伯颜谈判。文丞相义正辞严地警告伯颜：虽然临安城破在旦夕之间，但江南闽广等地还未被元军占领，大宋文臣武将和百姓们不会臣服，胜败还很难料。阁下不如保留宋的政权，双方议定岁币金帛，元军尚可全师满载而还。

然而国家间的谈判最终靠的是实力，而不仅仅是勇气。伯颜对和谈不感兴趣，对文天祥倒是很感兴趣。他将文天祥拘禁起来，迫令其投降。既然求和不成，太皇太后谢道清做主，不满五岁的宋恭帝宣布退位，归降元朝。

对南宋众臣而言，在太后和皇帝率队投降的情况下，自己跟从着屈膝保命，也是名正言顺的。但依然有许多文臣武将保护恭帝七岁的哥哥赵昰（xià）和四岁的弟弟赵昺（bǐng）逃出临安，拥立赵昰为帝（庙号端宗），改元"景炎"，继续抵抗蒙古人的侵略。

年幼的赵㬎被送至上都，降封开府仪同三司、瀛国公。待他长到十八岁时，又被忽必烈遣送至吐蕃，学习藏文、佛经，十九岁时出家，法号"合尊"，专心于对佛经的研究和翻译。到了元英宗至治三年，已经五十二岁的赵㬎才结束了长达三十四年的喇嘛生活，也结束了长达四十七年的俘虏生活，得以客居大都。虽然得以再度踏上中原的土地，但他没能回到魂牵梦萦的江南故土。难以抑制对故国的怀念的他，写下了《在燕京作》：

> 寄语林和靖，梅花几度开？
>
> 黄金台下客，应是不归来。

试问西湖岸边的隐士林和靖，自我离开后，梅花开过几度？我这黄金台下的异乡之客，应该是再也不能返回故土了吧。"梅妻鹤子"的林和靖，以及西湖孤山上由他亲手栽种的梅花，代表的是江南故土的人与物。燕昭王所筑的黄金台，遗址位于今天的河北省定兴县，此处代指燕京。赵㬎以"黄金台下客"自嘲，看似好像在表明自己受到了元朝的礼遇，但他这个亡国之君所遭受的监视、排挤与屈辱，我们自然可以想见。读此诗，有没有令你想到李煜的"梦里不知身是客，一晌贪欢"，以及"无限江山，别时容易见时难"？赵㬎之诗与李煜之词，二者之间有着相同的家国之悲、思乡之苦，而且两人也有着相同的结局。尽管赵㬎不敢明目张胆地写"故国不堪回首月明中"，但"应是"这两个看似浅白的字所承载的满腔无奈与无限悲戚，自幼受儒学熏陶、登基后推行"以儒治国"之策的元英宗不可能读不出。最终，赵㬎被元英宗赐死。

| 照汗青 |

被囚的文天祥宁死不降，伯颜只好派人将他押解去大都。路经镇江时，文天祥乘隙逃走，一路辗转去南方寻找端宗，途中作《扬子江》：

> 几日随风北海游，回从扬子大江头。
> 臣心一片磁针石，不指南方誓不休。

文天祥历尽千难万险，到达端宗所在的福州，拜为右丞相，领兵在东南苦战抗元。景炎三年，九岁的端宗在海上遇到台风，座舟不幸倾覆，溺水被救起后因病夭折。左丞相陆秀夫、签书枢密院事张世杰（这两位与文天祥合称"宋末三杰"）扶六岁的赵昺即位（史称宋少帝），改年号为"祥兴"，退到广东崖山，誓将抵抗进行到底。

文天祥在广东、江西一带屡败屡战，艰苦支撑了两年多，最终不幸被张弘范的部队擒获，南宋的陆上抗元力量覆灭。文天祥吞下随身带着的二两龙脑（冰片）自尽，却没有死成。三年前，贾似道也企图服冰片自杀，未遂。明代李时珍《本草纲目》中说：龙脑本身无毒，所以文天祥和贾似道求死不得；而廖莹中（贾似道的幕下客）是用热酒送服龙脑才死的。

张弘范生擒文天祥后，如获至宝，反复诱降不成，便将其软禁在军中，随自己的船队一起去进攻南宋的最后一个据点崖山。途经位于珠江入海口的零丁洋时，崖山在望，张弘范又将文天祥请来自己的座船上相劝："宋军主将张世杰与我同宗，当年还曾在先父（张柔）军中效力过。请文丞相帮我写一封信，劝他率军归顺大元，必得公侯之爵，否则玉石俱焚、生灵涂炭，有何益哉？"说罢，也不管文天祥答应与否，便示意手下铺陈文房四宝。文天祥看着面前准备好的笔墨纸砚，默不作声，提起笔来在风浪颠簸的船上一笔一划地写下：

> 辛苦遭逢起一经，干戈寥落四周星。

山河破碎风飘絮，身世浮沉雨打萍。

惶恐滩头说惶恐，零丁洋里叹零丁。

人生自古谁无死？留取丹心照汗青！

　　这便是文天祥的千古绝唱《过零丁洋》。张弘范在旁一个字一个字地读下来，读到最后"照汗青"三字时，忍不住叹息一声："好诗！结句如同撞钟，余音不尽！"也不再劝，令人将文天祥送回本船，随后将桌上的诗稿仔细收藏起来。部下见张弘范对文天祥颇有钦佩之意，低声道："此人是敌国丞相，居心难测，大将军不可亲近。"张弘范摇头一笑："他是忠义之士，并无其他。"

崖山之悲

　　祥兴二年正月开始，元兵对崖山进行了持续二十多日的猛攻。先是火攻，未逞后又以陆军断绝宋军汲水和砍柴的道路。宋军士兵十几天里只得吃干粮、喝海水，由此引发呕吐、腹泻，战斗力大减。

　　在三次招降张世杰不果后，祥兴二年二月六日，即公元 1279 年 3 月 19 日，张弘范率水师发起总攻。双方共两千多艘战船，从清晨一直激战至黄昏。最终，宋军战败。

　　陆秀夫眼看突围无望，不愿少帝再如恭帝那样，北上当亡国之君，遂怀揣国玺（也有说法是将国玺系在少帝腰间），背着七岁的少帝纵身跳入大海，顷刻间便被汹涌的波涛吞没。其他船上的宫眷、大臣和将士，以及岸上的百姓听闻噩耗，十万人在震天的恸哭声中投海殉国。

　　文天祥在元军船上亲眼目睹了这惨烈的最后一战，怀着亡国之殇，他写下了《二月六日海上大战，国事不济，孤臣天祥坐北舟中》：

　　……

游兵日来复日往，相持一月为鹬蚌。

南人志欲扶昆仑，北人气欲黄河吞。

一朝天昏风雨恶，炮火雷飞箭星落。

谁雌谁雄顷刻分，流尸漂血洋水浑。

昨朝南船满崖海，今朝只有北船在。

昨夜两边桴鼓鸣，今朝船船鼾睡声。

......

已经突围出去的张世杰心如死灰，也在暴风雨中堕海。

从公元 960 年赵匡胤陈桥兵变、黄袍加身，至公元 1279 年崖山海战、宋祚灭亡，大宋享国约三百一十九年，这是中央之国在历史上第一次完全沦陷于外族。

立下大功的张弘范命人在崖山岩壁上刻下"镇国大将军张弘范灭宋于此"十二个大字。明代赵瑶在此处凭吊怀古时，写下七绝《登崖山观奇石》：

> 忍夺中华与外夷，乾坤回首重堪悲。
>
> 镌功奇石张弘范，不是胡儿是汉儿。

| 耻食周粟 |

张弘范摆酒庆功，又来劝文天祥："如今国家已亡，文丞相若能改心事奉我大元皇上，当不失宰相之位。"文天祥依然拒绝，张弘范只好派人送他去京师。路经大庾岭时，文天祥开始绝食，并作《南安军》一诗：

> 梅花南北路，风雨湿征衣。
>
> 出岭同谁出？归乡如不归！
>
> 山河千古在，城郭一时非。
>
> 饿死真吾志，梦中行采薇。

商朝末年，孤竹国有伯夷、叔齐兄弟俩。为了推让王位，两人先后来到岐山隐居，正好赶上周文王刚去世，周武王兴兵伐纣。两人拉着武王的马头劝谏道："您不先让父亲入土为安，就急着大动干戈，能算是孝么？您打算以臣弑君，能算是仁么？"武王手下的将士大怒，刚要对他们拳脚相加时，被姜太公制止了："此乃义士啊！"

这两位不识时务的义士被拽开让路，周军继续开拔。武王灭商以后，天下以周为宗主，伯夷、叔齐耻于吃周朝人种出来的小米，隐居在首阳山，采野菜充饥。野菜没有足够的热量和营养，两人饿死之前，合唱了一首歌："登彼西山兮，采其薇矣。以暴易暴兮，不知其非矣。"

这个典故叫作"耻食周粟"，伯夷、叔齐成为后世亡国而不肯投降之人的精神祖师。成语"以暴易暴"也是出自这个故事。

文天祥以此诗明志并开始绝食，没想到身体基础太好，八天后还啥事儿没有，便放弃了自尽的念头。

溢美之字

大家可能对一个问题感到疑惑：为何宋恭帝只有谥号而没有庙号呢？为了回答这个问题，我们来简要了解一下谥号、庙号、尊号和年号的区别。

先秦、两汉的统治者去世后，继任者或臣下会用一两个字来概括其一生的功过，这便是谥号。比如刘彻的谥号为"孝武皇帝"，后世简称其为"汉武帝"，"武"字既反映了他的武功赫赫，又反映了他的穷兵黩武、好大喜功、滥用民力。

据考证，谥号可能起源于西周时期。后人提到唐以前的统治者时，多以谥号相称。谥号分为表扬型的上谥（美谥）、批评型的下谥（恶谥）和同情型的中谥（平谥）。比如汉景帝谥号为"孝景皇帝"，"布义行刚曰景"，这是典型的上谥；后世所认定的"昏君与暴君的集合体"商纣王，"残义损善曰纣"，据说这是西周统治者为其定的下谥；汉哀帝谥号为"孝哀皇帝"，"恭仁短折曰哀"，这个"哀"字便带有同情的成分。

到了唐宋时期，皇帝们的谥号变得又香又长，统统是溢美之字，既起不到盖棺定论的作用，也不便于称呼；同时，从唐宋开始，统治者们一般都有庙号，因此后世就改用庙号来相称。比如，前文中提到的死于酒色过度的宋度宗赵禥，这样一个只做醇酒妇人之想的昏君，谥号居然是"端文明武景孝皇帝"，但他的一生和这里面的任何一个字都不沾边儿，而且念完这一行字，也要费些口舌，相比之下，用"宋度宗"这个庙号，称呼起来就简洁明了多了。

庙号是君王死后在宗庙中被供奉时所称呼的名号，起源于重视祭祀与敬拜的商朝。隋以前，并不是所有君王都有庙号。一般君王死后，会被供奉入宗庙进行祭祀，但在几代之后，就必须毁去原庙，于太庙中合并祭祀，这被称为"祧"。能配享庙号、得到子孙世代供奉的，通常是这三类君主：开国之主、建有大功业之主、中兴之主。例如西汉最终保留有庙号的只有四位皇帝：太祖高皇帝刘邦、太宗孝文皇帝刘恒、世宗孝武皇帝刘彻、中宗孝宣皇帝刘询；而东汉最终保留有庙号的只有三人：世祖光武皇帝刘秀、显宗孝明皇帝刘庄、肃宗孝章皇帝刘炟。

《礼记》记载："天子七庙，三昭三穆，与太祖之庙而七。"依照周礼，天子七庙，诸侯五庙，大夫三庙，士一庙，庶人不许设庙。皇家在太庙中设置七庙，供奉七代祖先，始祖神牌居中，万世不祧，其下是"左三昭，右三穆"，以左为尊，依次摆放列祖列宗的神牌。后世便用"七庙"来泛指帝王的宗庙，如贾谊的《过秦论》中就有"一夫作难而七庙隳"之句。

上庙号时，一般按照"祖有功而宗有德"的标准。太祖、世祖、太宗、高宗、中宗、世宗、仁宗等，都是常见的庙号。庙号和谥号同时表述时，要先庙号、后谥号，如"世祖武皇帝"。

宋恭帝被元英宗赐死时，南宋已亡多年，宗庙无存，也就没有庙号了，无法像他的先辈们那样，被称为"宋某宗"；而"恭"是元朝给他定的略带贬义的中谥，后世便称其为"宋恭帝"。

实际上，自三国起，庙号就滥觞了，除了亡国之君和政变中被推翻的皇帝之外，一般都有庙号。此外，因为谥号变成了冗长、无价值的溢美之词，庙号便代替谥号，起到了盖棺定论的作用。因此，后世在称呼从唐至明的皇帝时，一般称呼其庙号。不过，也有一个有趣的个例：唐玄宗的谥号是"至道大圣大明孝皇帝"，庙号是玄宗，终清一代，他被称为"唐明皇"，这是谥号性的称呼，因为要避康熙皇帝玄烨的讳。民国以后，人们才又称他为唐玄宗。

类似的避讳还有很多，例如：为避司马昭的讳，当时的人便称王昭君为"明君"；在唐朝，为避唐太宗李世民的讳，百姓们便称观世音菩萨为"观音菩萨"。

为了避现世皇帝的讳，不仅前朝的统治者、名人，以及宗教神明要被改称呼，连具体的事物和抽象的概念都不例外。例如：为避汉文帝刘恒的讳，北岳恒山曾经一度被改名为"常山"；我们所熟悉的馒头，最初被称为"蒸饼"，到了宋朝，为了避宋仁宗赵祯的讳，就改叫"炊饼"了；唐代司马贞撰写的《史记索隐》为"端月"一词下注称，为避秦始皇嬴政的讳，臣民便改称正月为"端月"；为避唐太宗李世民的讳，作为"六部"（吏部、户部、礼部、兵部、刑部、工部）之一的民部被改称"户部"。

综上所述，商朝是有庙号而无谥号；周朝因为开创了谥号制度，没有继承商朝的庙号制度，所以是有谥号而无庙号。秦朝的皇帝既无谥号也无庙号，是因为秦始皇认为"如此则子议父、臣议君也"，自认为"德兼三皇，功高五帝"的他，是绝对接受不了的，所以他自命为始皇帝，梦想着"后世以计数，二世三世至于万世，传之无穷"，没想到二世而亡。除上述情况外，谥号与庙号的礼制基本上自创建之日起，一直延续到清王朝灭亡。

接下来，再来聊聊尊号。尊号是指臣子们为了表达尊崇，给皇帝、皇后、先王上的称号，据说在秦末汉初就已经出现了。例如《史记·秦始皇本纪》就记载到，丞相李斯上奏秦始皇道："臣等谨与博士议曰：古有天皇，有地皇，有泰皇。泰皇最贵。臣等昧死上尊号，王为'泰皇'。"

一般皇帝在世时，群臣便会给他上尊号，随着皇帝在位时间的推移，尊号会不断加长，因此尊号通常和谥号一样，都是又香又长的，因为大臣们会极尽谄媚之能事，将众多溢美之字堆加于皇帝身上，如唐玄宗的尊号是"开元天地天宝圣文神武孝德应道皇帝"。也因如此，百姓很少称呼皇帝的尊号。

当然，也有削尊号的情况。例如，武则天在女皇位的证圣元年正月一日，加号"慈氏越古金轮圣神皇帝"。同月十六日，薛怀义因失宠而密烧天堂，火势延及明堂，致使二堂俱毁，她遂下诏重建明堂。同年二月，去"慈氏越古"之号。

唐中宗推翻武周、恢复唐朝后，为其母上尊号为"则天大圣皇帝"。武则天崩逝后，中宗遵其遗命，改称"则天大圣皇后"，以皇后身份葬入唐高宗的乾陵，其后累谥为"则天顺圣皇后"。现在大家明白了吧？"媚娘"是唐太祖赐给她的名字，"曌"是臣子（或她自己）为其名而造的字，"武则天"是世称。至于武则天的闺名叫什么，我们已经不得而知了，从她写给唐高宗的情诗《如意娘》推测，她的闺名可能是"如意"。

最后聊聊年号。年号是中国的传统社会用来纪年的一种名号。汉武帝即位后，首创年号"建元"，此后形成制度（在此之前，人们可能使用天干地支等方法来纪年）。历代帝王遇到"天降祥瑞"或内忧外患等大事、要事，一般都要更改年号，这被称为"改元"。藩属国采用宗主国的年号，被称为"奉朔"或"奉正朔"，象征归顺臣服。

一个皇帝所用的年号，少则一个，多则十几个，如唐高宗就有14个年号（估计是因为他老婆武则天热衷于改年号）；武则天从作为太后临朝称制，到作为女皇退位，共使用18个年号。明清的皇帝大多一人一个年号，故后世常以年号来称呼他们，如永乐帝、雍正帝等。

综上所述，我们举一个例子来进行区分：爱新觉罗·弘历，年号"乾隆"，后世常称其为"乾隆帝"；庙号"高宗"，谥号"法天隆运至诚先觉体元立极敷文奋武钦明孝慈神圣纯皇帝"，清史书常以"纯皇"简称；尊号同谥号。

读到这里，你可能要问了：商朝人是如何称呼君王的？看商朝历代君王谱系时，什么"太甲"啦、"帝乙"啦、"外丙"啦、"武丁"啦、"盘庚"啦，满眼都是甲乙丙丁，这些称呼是商王的庙号或名字吗？

商朝君王以天干为名号，史学界称之为"日名"。日名的礼制不仅出现于商王的世系中，也出现于所有商人的世系中。商人去世后才获得自己的日名，就像商以后的帝王将相们去世后才获得谥号。活着的商人是有自己的私名的，比如天乙的私名为"汤"，他就是商王朝的开创者商汤；帝辛的私名为"受"（一作受德），他就是我们再熟悉不过的商纣王。

现在大家就能区分清楚了吧？商纣王是子姓，名受，日名为帝辛，恶谥为纣，后世称其为纣王、商纣、殷纣。

第三十六章

宁可枝头抱香死　正气凛烈万古存

　　文天祥被送到大都以后，忽必烈知道他在宋朝遗民中有极高的声望，便派了许多元朝高官轮番来诱降、迫降，但他软硬不吃。就这样在冰冷潮湿的土室中关了两年多，居然百病不生，再次证明了身体素质杠杠的。

|正气凛烈|

　　文天祥觉得自己身上之所以能发生这样的奇迹，是因为自己像孟子所说的那样，"吾善养吾浩然之气"，邪气不胜正气，于是做了著名的《正气歌》：

> 天地有正气，杂然赋流形。
>
> 下则为河岳，上则为日星。
>
> 于人曰浩然，沛乎塞苍冥。
>
> 皇路当清夷，含和吐明庭。
>
> 时穷节乃见，一一垂丹青。
>
> 在齐太史简，在晋董狐笔。
>
> 在秦张良椎，在汉苏武节。
>
> 为严将军头，为嵇侍中血。
>
> 为张睢阳齿，为颜常山舌。
>
> 或为辽东帽，清操厉冰雪。
>
> 或为出师表，鬼神泣壮烈。
>
> 或为渡江楫，慷慨吞胡羯。
>
> 或为击贼笏，逆竖头破裂。
>
> 是气所磅礴，凛烈万古存。
>
> 当其贯日月，生死安足论。

地维赖以立，天柱赖以尊。

三纲实系命，道义为之根。

……

这首诗最激动人心之处，就是将十二位忠臣义士的壮举一气呵成地排比出来，恢宏磅礴、气贯长虹。"太史简""董狐笔""张良椎""苏武节""颜常山""出师表""击贼笏"的故事，在《唐诗为镜照汗青》中已经讲过，"渡江楫"则在本书前文中有记述。

将军头 侍中血

三国时，张飞帮助刘备反客为主抢益州，在战役中擒获了巴郡太守严颜。张飞牛哄哄地呵斥严颜："大军至，何以不降而敢拒战？"严颜回答："卿等无状，侵夺我州，我州但有断头将军，无有降将军也！"折了面子的张飞暴跳如雷，嗷嗷叫着令左右将严颜推出去砍头。严颜淡定地自己向外走："斫头便斫头，何为怒邪！"张飞很欣赏他的气节，将其释放，以宾客之礼相待。世人称赞翼德的肚量，而严颜也终未屈膝投降。这就是"为严将军头"。

西晋"八王之乱"中，御驾亲征的晋惠帝司马衷被成都王司马颖的军队围困，脸上中了三箭，百官和侍卫都作鸟兽散。唯有赶来的侍中嵇绍庄重地系好冠带，挺身在马车前保卫天子，结果为乱兵所杀，鲜血溅到惠帝的衣服上。司马衷是中国历史上智商倒数的皇帝。有一年大饥荒，官员向他报告很多百姓因没饭吃而饿死，他很好奇地问："何不食肉糜？"结果这句话成了不通世事、不知民间疾苦的典型代表。其实世人的这个看法，有点强人所难了，以司马衷的智商，你让他如何通世事、知民间疾苦呢？但是当战事结束后，侍从要为他浣洗衣服时，没想到这个大家眼中的傻子突然说了一句："那是嵇侍中的血，不要洗去。"可见一个人对另一个人的真心付出，是可以被感知、被铭记的，即使被付出的一方头脑并不那么灵光。

嵇绍年轻时初到都城洛阳，有人惊讶于他的丰神俊朗，跑去对善于品评人物的王戎赞扬道："嵇绍卓尔不凡，好似野鹤立于鸡群。"王戎叹了一口气："瞧您这大惊小怪的，只因没有见过他的父亲啊。"嵇绍的父亲嵇康与阮籍、王戎等人齐名，也在"竹林七贤"之列，他是世间会弹名曲《广陵散》的最后一人。当时正是"司马昭之心，路人皆知"之际，司马系的大红人钟会慕名

囚斗室俯仰歌正气

前去拜访嵇康，其实是想拉拢这位忠于曹魏的名士。嵇康知道对方的来意，头也不抬地一锤一锤专心打铁。钟会在旁边站了半天，说不上一句话，只能悻悻而去，临走时，嵇康问了一句："何所闻而来？何所见而去？"钟会答了一句："闻所闻而来，见所见而去。"钟会回去后，对司马昭说："嵇康不给我面子，就是不给您面子。"司马昭一听，我这儿正打算篡了曹魏的江山，不为我所用的人，断不能留！于是编了个罪名，把嵇康给杀了，《广陵散》就此失传。临刑前，嵇康从容不迫，索琴弹奏《广陵散》，并慨然长叹此曲"于今绝矣"。

由钟会与嵇康的对答，可见他的捷才。钟会是大书法家锺繇的幼子，出身颍川钟氏。他十三岁时，与哥哥钟毓一起觐见魏文帝，曹丕见钟毓紧张得满头大汗，而钟会神色如常，便先对哥哥来个明知故问："天气又不热，卿何故一头汗啊？"钟毓恭恭敬敬回禀道："战战惶惶，汗出如浆。"臣民见到真龙天子，既惧又敬的表现是正常的，其实皇帝也很享受这种感觉。曹丕又转头问弟弟："那么卿何故不出汗啊？"这是用钟毓那个中规中矩的回答来做套，钟会如果来一句"见皇帝需要紧张吗"，那曹丕会怎么想可就没人知道了。面对这个很难答得周全的问题，钟会不假思索地答道："战战栗栗，汗不敢出。"马屁拍得很明显，然而千穿万穿，马屁不穿，曹丕大喜，从此钟氏兄弟俩飞黄腾达。

睢阳齿 辽东帽

安禄山叛乱之时，张巡率数千士卒死守睢阳孤城，前后历经大小战斗四百余场，杀敌两万，斩将数百，最后箭尽粮绝，城破被俘。叛军主将尹子奇问他："听说您每次与我军交战时都大声呼喊，往往眼眶破裂、血流满面，牙都咬碎了。咱们本来无冤无仇，您何至于此？"张巡怒道："我要用正气消灭逆贼，只是力不从心而已！"尹子奇大怒，用大刀撬开张巡的嘴，只见果然只剩几颗牙了。左右劝道："此人素得士心，不可久留。"被俘当日，张巡就与部属三十六人一同被害。这便是与"为颜常山舌"齐名的"为张睢阳齿"。

曹丕登上帝位后，以钟繇为太尉、华歆为司徒、王朗为司空。这三公都是在汉末就名重海内的"先世名臣"，曹丕非常敬重。有一次退朝后，他很感慨地对左右说："此三公者，乃一代之伟人也，后世殆难继矣！"

咱们今天写的楷书，创始人正是这位钟繇，他与王羲之并称"钟王"。王朗有乐善好施之名，孙女王元姬是司马昭的夫人、晋武帝司马炎的生母。华歆是东汉太尉陈球的弟子，与郑玄、管宁、卢植等大儒是同门师兄弟，算是刘备的师叔。有一次，华歆和王朗同乘一条船避难，有个人求他们，让自己上船同他们一起避难，华歆不同意，王朗很大度地说："咱们船还有空位，为什么不救人一命呢？"后面的贼人越追越近时，王朗又着急了，想把那人赶下船去，华歆拦阻道："我当时不愿搭载他，就是担心现在的危险。但既然已经接纳他了，怎能在危急时抛弃他呢？"最终，他们带着那人一同逃离险境，世人就以此事分出了华、王两人的高下。

华歆当年与管宁做同窗时，一起在园中锄地种菜，只听当的一声，锄出来一片金子。管宁视若无睹，继续挥锄，就像刚刚锄到的是一片瓦石；华歆俯身捡起金子，很是开心，但偷偷看了一眼管宁的神色，想了想又将金子扔回地里。又有一次，两人同坐于一片席子上读书，只听得街上有高官的仪仗招摇过市，管宁听若无闻，继续苦读；华歆把书一丢，跑出去艳羡地观摩。等华歆看完热闹回来，只见管宁已将席子从中间割开："咱俩志趣不同，做不了朋友。"这个典故叫作"割席断交"。

在汉末的混乱纷扰中，华歆最终位极人臣，而管宁远避于辽东（今辽宁省辽阳市），一再拒绝朝廷的征召。他为什么一直避不出仕呢？因为在他看来，帮曹魏篡汉，便是助纣为虐。他终生安于清贫，以讲学为生，总戴着一顶标志性的黑帽，这就是"或为辽东帽，清操厉冰雪"。

开放观史

我们不能因此就认定华歆是贪慕财富功名之人。在同时代的很多人眼中，这是一位德行出众的高士。

华歆为官清正廉洁，任豫章太守时，为政清静，与民休息，百姓对他很是感激拥戴，以至于扬州刺史刘繇死后，扬州城的百姓共推华歆为刺史。华歆觉得无皇命而赴任，非人臣之礼，所以拒绝了，没想到扬州的百姓们竟然在豫章太守府外守候了几个月，最终还是被他婉言劝回。

曹丕即位初期，下诏要求大臣向他举荐独行特立的隐士，华歆便推举了早已与他断交的管宁。魏文帝曹丕驾崩，魏明帝曹叡即位后，封华歆为博平侯，增邑五百户，与之前的食邑累计为一千三百户，并于同年十二月改任其为太尉，华歆称病请求致仕，愿将太尉一职让与管宁。而禄米及皇帝的赏赐，他都振济了亲戚与熟人，而自己家中既无百金，也无十斗的存粮。朝廷每每将罚没为奴的年轻女子赏赐给大臣，只有华歆不收留，将她们全部嫁人。

同时代的统治者与才俊中，孙策赞其为"年德名望，远近所归"，曹丕尊其为"国之俊老"，曹叡感念他的"深虑国计"，曹植欣赏他的"清素寡欲，聪敏特达。存志太虚，安心玄妙。处平则以和养德，遭变则以断蹈义"，著《三国志》的陈寿对其评价为"清纯德素"，西晋名臣傅玄也认为他"积德居顺"。

在我们这些后人看来，不管是做蜀汉的臣子，还是做曹魏的臣子，抑或是东吴的臣子，只要为官一任、造福一方，那么这名大臣便值得肯定。而在从宋至清、以蜀汉为正朔的人眼中，主持了汉献帝禅位给曹丕的大典、在曹魏朝廷为官的华歆，是贰臣的典型代表。罗贯中在《三国演义》中安排他威逼汉献帝、收捕伏皇后，说他"助虐一朝添虎翼，骂名千载笑龙头"；京剧更是将其设定为凶暴奸诈的大白脸形象，总之就是典型的反面角色。不只是华歆，在会稽太守任内深获百姓爱戴的王朗，也作为汉室的贰臣，被罗贯中安排送给诸葛亮一顿骂死，如小丑般烘托着孔明这个天神。

小说、戏剧是文艺作品，为了艺术的需要，存在情节的虚构与夸张，以及脸谱化的人物塑造。即使是正史，不同的史官出于不同的立场，对相同的历史人物或历史事件，也会有不同的评价。写到这里，我不禁佩服起武则天这位女皇来——留下无字碑，是非功过，任后人评说，多少梦想后世对自己歌功颂德的须眉，远不及她坦然。

历史是一个任人打扮的小姑娘，史书中肯定存在夸大、遮掩、粉饰、歪曲的文字。某种意义上讲，对于历史，我们很难知道真相，这就需要我们以更为开放多元的视角去解读历史。

| 忠魂犹存 |

《正气歌》中的这段列举了十二位忠臣义士的排比，分为三组，每组各有句式，组与组之间产生句式变化，整体语感既和谐统一又富于变幻，其气势如长江大河奔流而下，无可阻挡。内容正气充盈，形式大气磅礴，内容与形式相得益彰、彼此激荡。

忽必烈读完此诗，心知招降无望，召见文天祥问道："你有何心愿？"

"天祥深受宋恩，身为宰相，岂能事奉二姓？愿赐一死足矣！"

临刑之前，文天祥整束衣冠，向南方下拜，正是"臣心一片磁针石，不指南方誓不休"，拜毕起身，从容赴死，享年四十七岁。妻子欧阳氏收殓时（欧阳氏是否来收殓遗体，记载不一，也有说法称，是十位江南义士冒死来为文天祥料理后事），发现丈夫衣带中写有一行小字："孔曰成仁，孟曰取义。惟其义尽，所以仁至。读圣贤书，所学何事？而今而后，庶几无愧。"

与文天祥同年上进士榜的谢枋得在宋端宗即位后，任江东制置使，招集义兵，艰苦抗元，终因实力悬殊而失败。南宋灭亡以后，谢枋得坚决不做元朝的顺民，长期流亡在福建的穷山野岭之间，以教书和织卖草鞋为生，过着极其困窘艰辛的生活。他穿着麻衣草鞋，日日面向东方痛哭，藉以悼念故国，其名篇《庆全庵桃花》，就是作于这段隐姓埋名、躲避暴元的日子：

> 寻得桃源好避秦，桃红又是一年春。
> 花飞莫遣随流水，怕有渔郎来问津。

初定的元朝拉拢汉族士大夫，隐居十二年后，谢枋得最终还是被找了出来。面对元朝先后五次的诱降，他都严词拒绝，并写下《却聘书》：

夷、齐虽不仕周，食西山之薇，亦当知武王之恩；四皓虽不仕汉，茹商山之芝，亦当知高帝之恩；况羹藜含糗于大元之土地乎？

大元之赦某屡矣！某受大元之恩亦厚矣！若效鲁仲连蹈东海而死则不可。今既为大元之游民矣，庄子曰："呼我为马者，应之以为马；呼我为牛者，应之以为牛。"世之人有呼我为宋之逋播臣者，亦可；呼我为大元游惰民者，亦可；呼我为宋顽民者，亦可；呼我为大元之逸民者，亦可。为轮为弹，与化往来；虫臂鼠肝，随天付予。若贪恋官爵，昧于一行，纵大元仁恕，天涵地容，哀怜孤臣，不忍加戮，某有何面目见大元乎？

某与太平草木，同沾圣朝之雨露，生称善士，死表于道曰："宋处士谢某之墓。"虽死之日，犹生之年。感恩戴德，天实临之！司马子长有言："人莫不有一死，死或重于泰山，或轻于鸿毛。"先民广其说曰："慷慨赴死易，从容就义难。"公亦可以察某之心矣！

在多次诱降失败后，地方官派兵强押谢枋得北上大都。一到大都，他便问太皇太后谢道清的坟墓在何处、宋恭帝现在何方，恸哭再拜，后被扣于悯忠寺（今法源寺），绝食五日而亡，为国尽节，至死未做元臣，这正是文天祥诗中的"饿死真吾志"。

同时代还有一大批南宋遗民，都是终生不肯降元，坚持使用宋恭帝德祐年号。宋末诗人兼画家郑思肖的《寒菊》一诗，抒发了他们共同的心声：

> 花开不并百花丛，独立疏篱趣未穷。
> 宁可枝头抱香死，何曾吹落北风中！

郑思肖原名郑之问，宋亡后改名为思肖，因为"肖"是"趙"（繁体的"赵"字）的一半。他擅长作墨兰，画得花叶萧疏，而且不画根土。无根的兰花，既象征南宋的国土根基尽失，也寓意他自己的飘零无依。他一生凄苦，一直过着寓居生活，即使这样，他依然将仅有的一点家产捐给寺院，并接济穷困的四邻乡亲。临终之时，嘱托朋友为他立一牌位，上书"大宋不忠不孝郑思肖"，说罢后与世长辞，享年七十八岁。

在南宋遗民中，有一位元朝高官"交章荐其才"的著名词人蒋捷，他于宋度宗咸淳十年登第，是南宋最后一科进士，亡国后，隐居在太湖之滨，辗转漂泊，不肯出仕。有一年春天，他乘船经过吴江时，写下代表作《一剪梅·舟过吴江》：

> 一片春愁待酒浇。江上舟摇，楼上帘招。
> 秋娘渡与泰娘桥，风又飘飘，雨又萧萧。
>
> 何日归家洗客袍？银字笙调，心字香烧。
> 流光容易把人抛，红了樱桃，绿了芭蕉。

别人眼里的一派明丽春光，在亡国之人看来，只有风雨飘摇后的一片春愁。不知道哪天才能回到家中，洗净客袍上的风尘，安安静静地点香调笙。在这种羁旅动荡的生活中，时光是最容易流逝的。不知不觉中，樱桃红，芭蕉绿，又要由春入夏了。末尾一句描述的自然现象本是平常，色彩却极绚丽，对于生命流逝无可奈何的惆怅情绪又非常能引起共鸣。此词一出，蒋捷便被时人称为"樱桃进士"。但他艺术成就最高、最为人熟知的作品，是这首《虞美人·听雨》：

少年听雨歌楼上，红烛昏罗帐。

壮年听雨客舟中，江阔云低、断雁叫西风。

而今听雨僧庐下，鬓已星星也。

悲欢离合总无情，一任阶前、点滴到天明。

听雨这种事，人在不同阶段与心境下，所见所感是不同的。比如温庭筠思念鱼玄机时，会听那"梧桐树，三更雨，不道离情正苦。一叶叶，一声声，空阶滴到明"；李清照孀居时，会听那"梧桐更兼细雨，到黄昏，点点滴滴"。蒋捷出身宜兴大族，年少时在歌楼上寻欢作乐、一掷千金，忙着"红烛昏罗帐"，哪有心思去听什么雨呢？如果醉生梦死的他抽空听了听雨，不过是"少年不识愁滋味，为赋新词强说愁"罢了。

镜头一闪，就到了二十年后，只见江阔浪高、黑云翻卷，一只失群孤雁在疾风中吃力地扇动着翅膀，发出绝望彷徨的哀鸣。一个神情落寞的中年人坐在颠簸于风浪中的客船上，默默地听着萧萧雨打篷，在兵荒马乱的岁月里，他不得不四处漂泊。镜头再一闪，又过了二十年，一位头发斑白的老人独坐在僧庐下倾听夜雨。面无表情的他，看上去似乎心如古井、波澜不惊，其实故国沦亡、晚年孤冷的感伤始终在他的心底挥之不去，让他又一次无法入眠，孤坐着直到东方既白。

这种诗词中少见的电影镜头般的语言，通过一个人少年歌舞风流、壮年羁旅飘零、老年凄清萧索的三幅画面，将一个朝代的衰亡过程从侧面展现出来，有黍离之悲。潜藏于更深一层中的，还有对人生如白驹过隙而逝者不可追的千古一叹。

|终必复振|

宋朝因为吸取了自安史之乱爆发至五代十国结束两百余年的乱世的教训，在开国之初，就定下了"重文抑武"的国策，导致军事上的孱弱，并因此屡遭外敌之侵辱。以此为代价，换来的是文官执政，所以几乎没有武将擅权、藩镇割据的相对稳定的统治局面。虽然要向辽、金、西夏等邻国缴纳岁币，但相对于战争所造成的兵连祸结、生灵涂炭、两败俱伤，这种通过经济手段解决矛盾的做法并不是毫无可取之处。

在经济方面，宋朝是唯一没有抑制工商业的朝代。相对于以往各朝，赵宋的官家们对国内商品经济和对外贸易给予了较高程度的鼓励，缔造了当时世界上最富庶的帝国。

在科技方面，英国科技史专家李约瑟认为，宋朝是中国"自然科学的黄金时代"。在文化方面，宋朝更是达到了中国古代社会的巅峰，而且具有很强的抵抗精神，在强大的蒙古横扫欧亚大陆后，尚能以东南一隅独立支撑数十年。她的灭亡，标志着"中央之国"第一次全面灭亡。

当时的征服者蒙古人，在攻打中国北方时，一路屠城，目的就是将天下所有的农田变为牧场。金章宗泰和七年时，全国户籍人口有五千多万，到蒙古灭金后，被屠杀得只剩下不到两成，中原地区千里无人烟，白骨遍地，死尸满井。忽必烈的宠臣、藏传佛教僧人杨琏真伽在浙江大肆开掘南宋皇陵，盗取墓中珍宝，还将遗骨抛于荒草之中，更将宋理宗的头骨做成饮器，献给其师尊——吐蕃"高僧""国师"八思巴。这样一个残暴的政权，自然是其兴也勃焉，其亡也忽焉。

可惜朱元璋所建立的明朝与宋朝相比，在皇权的膨胀、贸易的限制等方面都大开历史倒车，未能回到文明的巅峰。被禁锢的中华文明经过清朝的摧残，在短暂的民国时期还未恢复元气，就又被后续一系列空前惨绝的浩劫连番蹂躏，可谓多灾多难。

所幸中华文明有着深厚的历史根基，有着诗词曲赋、雕塑绘画、音乐书法等众多优美的文化载体，欣赏美和创造美的基因也一直在我们的民族中传承，正如"冬季之树木，虽已凋落，而本根未死，阳春气暖，萌芽日长，及至盛夏，枝叶扶疏，亭亭如车盖，又可庇荫百十人矣"，所以我相信陈寅恪先生所说：

"华夏民族之文化，历数千载之演进，造极于赵宋之世。后渐衰微，终必复振！"

附录

|（五代）宋朝重要词人年表|

冯延巳（903—960），字正中，五代十国时期南唐词人，仕于烈祖、中主二朝。对北宋初期的词人有较大影响。

李璟（916—961），字伯玉，南唐中主。词风清新，"小楼吹彻玉笙寒"是他所作的流芳千古的名句。

李煜（937—978），字重光，中主李璟第六子。南唐后主，世称"李后主"，是光耀千古的君主词人。降宋后最终被宋太宗所毒杀。

寇准（961—1023），字平仲。封莱国公，谥号"忠愍"，后世称"寇莱公""寇忠愍"。

林逋（967—1028），字君复，宋仁宗赐谥"和靖先生"。典故"梅妻鹤子"出自于他。

柳永（984—1053），原名三变，字景庄；后改名为永，字耆卿。因排行第七，又称"柳七"。曾任屯田员外郎，世称"柳屯田"。

范仲淹（989—1052），字希文，谥号"文正"，世称"范文正公"。其作《岳阳楼记》中"先天下之忧而忧，后天下之乐而乐"为千古名句。

张先（990—1078），字子野。曾任安陆县知县，人称"张安陆"，自称"张三影"。苏轼的忘年交。

晏殊（991—1055），字同叔，谥号"元献"，世称"晏元献"。与其子晏几道被分别称为"大晏""小晏"，与欧阳修并称"晏欧"。曾提携范仲淹、欧阳修、富弼、韩琦等。

石延年（994—1041），字曼卿。北宋文学家、书法家。欧阳修的好友。

宋祁（998—1061），字子京。有名句"红杏枝头春意闹"，世称"红杏尚书"。与欧阳修等人合修《新唐书》。

欧阳修（1007—1072），字永叔，号"醉翁""六一居士"。谥号"文忠"，世称"欧阳文忠公"。《新唐书》的主编之一，并独立完成《新五代史》。"唐宋八大家"之一。

苏洵（1009—1066），字明允，自号"老泉"。与其子苏轼、苏辙合称"三苏"。"唐宋八大家"之一。

司马光（1019—1086），字君实，号"迂叟"，谥号"文正"。因卒赠温国公，故世称"司马温公"。主持编纂了中国历史上第一部编年体通史《资治通鉴》。作为旧党领袖，是王安石的政敌。

王安石（1021—1086），字介甫，号"半山"。作为主张变法的新党领袖，是中国历史上著名的改革家。封荆国公，世称"王荆公"。"唐宋八大家"之一。

王观（1035—1100），字通叟。王安石的门生。

苏轼（1037—1101），字子瞻，号"东坡居士"，是宋代文学最高成就的代表。与其弟子黄庭坚并称"苏黄"，与辛弃疾并称"苏辛"，与欧阳修并称"欧苏"。"唐宋八大家"之一。也工于书法，为"宋四家"之一。

晏几道（1038—1110），字叔原，号"小山"。晏殊第七子。

苏辙（1039—1112），字子由，号"颍滨遗老"。与其兄苏轼被分别称为"大苏""小苏"。"唐宋八大家"之一。

黄庭坚（1045—1105），字鲁直，号"山谷道人"。与张耒、晁补之、秦观游学于苏轼门下，合称为"苏门四学士"。

李之仪（1048—1117），字端叔，号"姑溪居士"。早年师从范仲淹之子范纯仁，后师从苏轼。

秦观（1049—1100），字少游，世称"淮海居士"。被尊为婉约词的一代词宗。

米芾（1051—1107），字元章。"宋四家"之一。苏轼的好友。

贺铸（1052—1125），字方回，自号"庆湖遗老"。唐代诗人贺知章的后裔。因其貌丑，人称"贺鬼头"。有名句"梅子黄时雨"，人称"贺梅子"。与李之仪交好。

陈师道（1053—1102），字无己。"苏门六君子"之一。

周邦彦（1056—1121），字美成，号"清真居士"。旧时词论称他为"词家之冠""词中老杜"。

朱敦儒（1081—1159），字希真。有"词俊"之名。

李清照（1084—1155），号"易安居士"，有"千古第一才女"之称。其父李格非，为"苏门后四学士"之一。

岳飞（1103—1142），字鹏举，追谥"武穆"。抗金英雄。

陆游（1125—1210），字务观，号"放翁"。南宋著名文学家。作为史学家，著有《南唐书》。书法遒劲奔放，存世墨迹有《苦寒帖》等。与范成大、杨万里交好。

范成大（1126—1193），字至能，号"石湖居士"。绍兴二十四年进士。与陆游、杨万里、尤袤合称南宋"中兴四大诗人"。

杨万里（1127—1206），字廷秀，号"诚斋"。与虞允文、范成大、张孝祥同为绍兴二十四年进士。

朱熹（1130—1200），字元晦，号"晦庵"。谥号"文"，世称"朱文公"。是程颢、程颐三传弟子李侗的学生，与二程合称"程朱学派"。是唯一非孔子亲传弟子而享祀孔庙者，位列"大成殿十二哲者"。

张孝祥（1132—1170），字安国，号"于湖居士"。唐代诗人张籍的七世孙。绍兴二十四年状元。

朱淑真（1135—1180），号"幽栖居士"。有《断肠诗集》《断肠词》传世。

辛弃疾（1140—1207），字幼安，号"稼轩"，被称为"词中之龙"。与李清照并称"济南二安"。

陈亮（1143—1194），字同甫，号"龙川"，世称"龙川先生"。辛弃疾的好友。

姜夔（1154—1221），字尧章，号"白石道人"。朱熹、辛弃疾的好友。

文天祥（1236—1283），字宋瑞，一字履善，自号"文山""浮休道人"。抗元英雄，与陆秀夫、张世杰并称"宋末三杰"。

蒋捷（1245—1305），字胜欲，号"竹山"。有名句"流光容易把人抛，红了樱桃，绿了芭蕉"，时人称为"樱桃进士"。

｜宋朝历代皇帝年表｜

太祖 赵匡胤（927—976），陈桥兵变，黄袍加身，建立北宋。960—976年在位，共16年。终年50岁，死因存有争议。

太宗 赵光义（939—997），赵匡胤之弟。登基后改名为赵炅。976—997年在位，共21年。结束了五代十国的分裂割据局面，基本统一了中原地区，但两次攻辽均告败。病逝，终年59岁。

真宗 赵恒（968—1022），太宗第三子。997—1022年在位，共25年。与辽达成"澶渊之盟"；御制《劝学诗》。执政前期缔造了"咸平之治"，但后期沉溺于"天书降临""东封西祀"等迷信活动中，广建宫观，劳民伤财，致使举国骚然、社会矛盾加深。病逝，终年55岁。

仁宗 赵祯（1010—1063），真宗第六子。1022—1063年在位，共41年。是两宋在位时间最长的皇帝，缔造了"仁宗盛治"。病逝，终年54岁。

英宗 赵曙（1032—1067），濮王赵允让之子，过继给仁宗为嗣。1063—1067年在位，不到5年。曾向宰辅们提出裁救积弊的问题。英年早逝，终年35岁。

神宗 赵顼（1048—1085），英宗长子。1067—1085年在位，共18年。即位后立即命王安石推行变法，新旧党争由此开始。英年早逝，终年38岁。

哲宗 赵煦（1076—1100），神宗第六子。1085—1100年在位，共15年。在位初期，太皇太后高氏听政，废除王安石新法，任用司马光等旧党人士。亲政后，起用章惇、曾布等新党人士，贬斥旧党之人。新旧派系互相报复，党争加剧。英年早逝，终年24岁。

徽宗 赵佶（1082—1135），神宗第十一子。1100—1126年在位，共26年。著名的艺术家皇帝，在位期间，任用蔡京等奸臣，致使朝政腐败、民不聊生。在"靖康之变"中被金人俘获，宗室成员几乎全部被押解北上，北宋灭亡。被金太宗封为昏德公，度过9年屈辱不堪的俘虏生活后，病逝于五国城，终年54岁。

钦宗 赵桓（1100—1156），徽宗长子。金人南下攻宋，徽宗急忙禅位，赵桓被迫即位。在位仅 1 年 2 个月，即在"靖康之变"中被俘。被金太宗封为重昏侯，最后病死于五国城，终年 57 岁。

高宗 赵构（1107—1187），徽宗第九子。建立南宋，坚持偏安政策，因杀岳飞而留下历史污名。1127—1162 年在位，共 35 年，后禅位成为太上皇。病逝，终年 81 岁。

孝宗 赵昚（1127—1194），太祖七世孙，被高宗收为嗣子。初名为赵伯琮，后改名为赵瑗。被认为是南宋最杰出的皇帝，缔造了"乾淳之治"。1162—1189 年在位，共 27 年，后禅位成为太上皇。病逝，终年 68 岁。

光宗 赵惇（1147—1200），孝宗第三子。体弱多病（可能患有精神疾病）、平庸懦弱，使得李后干政。与孝宗长期不和。在位仅 5 年，即被韩侂胄等人尊为太上皇。病逝，终年 54 岁。

宁宗 赵扩（1168—1224），光宗与李后次子。与金达成"嘉定和议"。1194—1224 年在位，共 30 年。晚年崇信道教，可能是吞丹致死，终年 57 岁。

理宗 赵昀（1205—1264），赵匡胤之子赵德昭九世孙，被宁宗收为嗣子。亲政初期缔造了"端平更化"；后期任用奸佞，沉缅酒色，联合蒙古灭金。1224—1264 年在位，共 40 年。病逝，终年 60 岁。

度宗 赵禥（1240—1274），荣王赵与芮之子，被理宗收为嗣子。国难当头之际，纵情声色，将军国大权交于奸臣贾似道。1264—1274 年在位，共 10 年。死于酒色过度，终年 35 岁。

恭帝 赵㬎（1271—1323），度宗次子，"宋末三帝"（宋恭帝赵㬎，宋端宗赵昰，宋末帝赵昺）之一。1276 年，太皇太后抱着不满 5 岁的他出城降蒙，后被送至大都。18 岁时，被元世祖忽必烈送入吐蕃为僧。因作怀念故国之诗，被元英宗赐死，终年 53 岁。

端宗 赵昰（1269—1278），度宗庶长子，恭宗之兄。不满 10 岁即夭折。

帝昺 赵昺（1272—1279），度宗幼子。崖山之败后，陆秀夫背着年仅 8 岁的他跳海殉国，南宋灭亡。

* 本附录采用大致纪年，可能与不同资料有细微差别。